DIE MAUREN

ATLANTIS – ALTE KULTUREN

Michael Brett · Werner Forman

DIE MAUREN

Islamische Kultur in Nordafrika und Spanien

Atlantis Verlag
Luzern und Herrsching

Für Annabell

Als ob der Fluß ein Pergamentstück wär'
Mit Zeilen, die die sanfte Brise schreibt,

Liest du im Astgewirr der Bäume hier,
Der Schrift, die auf dem Wasserspiegel treibt.

Ibn Sa'id, Las Banderas 66

Seite 1: Sitzender Musikant, Detailabbildung einer Elfenbeinverzierung in einer Wandverkleidung. Aus der Fatimidenzeit, 11. bis 12. Jahrhundert.

Unten: Die Christen bereiten sich auf die Schlacht vor: Detail aus einem Fresko des 13. Jahrhunderts, auf dem die Eroberung Mallorcas dargestellt ist.

(Die Originalausgabe erschien unter dem Titel »The Moors«)
Übersetzung: Thomas Münster
Umschlaggestaltung: Bine Cordes, Weyarn

ISBN: 3-7611-0684-X

Inhalt

Prolog

Die obere Kapelle des Palastes der Könige von Mallorca in Perpignan. Das Königreich Mallorca, das von einer Seitenlinie des Königshauses von Aragón regiert wurde, war zu Beginn des 14. Jahrhunderts etwa fünfzig Jahre lang vom Königreich Aragón getrennt, bevor es wieder mit dem Mutterland vereinigt wurde.

In der Stadt Perpignan, weit unten im Süden Frankreichs, stehen gegenüber dem Eingang des Palastes der Könige von Mallorca zwei übereinandergebaute Kapellen. In der unteren Kapelle läßt ein Echo, das fast zwölf Sekunden lang dauert, den Eindruck entstehen, sie habe die Ausmaße einer Kathedrale. Die Ursache für die gute Resonanz ist, wenigstens teilweise, das Vorhandensein zweier breiter flacher Alkoven, die wie Lautsprecher aus den Ecken zur Rechten und zur Linken des Allerheiligsten in den Raum weisen. Das Auge des Besuchers bleibt sofort auf diesen beiden Alkoven haften, denn nach Jahrhunderten der Vernachlässigung sind sie, abgesehen von der Decke, die einzigen Teile des Raumes, an denen sich die Bemalung aus dem 14. Jahrhundert erhalten hat. Nach oben hin laufen die Alkoven rund zu, jedoch nicht kugelförmig wie Halbkuppeln, sondern eher konisch wie Halbtrichter. Diese Halbtrichter verlaufen nach innen auf einen Fluchtpunkt an der Rückwand der Nische zu. Von diesem Fluchtpunkt gehen rote, blaue, grüne und goldene Streifen aus, wie die Strahlen der aufgehenden Sonne. Diese Streifen werden von dem flachen Rundbogen begrenzt, der sich über jede dieser Nischen wie ein Heiligenschein spannt. Das Band, das diesen Heiligenschein abgrenzt, ist selbst nur ein Teil eines Zierstreifens, der ringsum an den Wänden der Kirche verläuft. Nur über der schmalen Eingangstür und den beiden Alkoven hebt er sich, um deren Konturen zu betonen. Der Zierstreifen selbst ist rot und mit schwarzen und dunkelblauen Rechteckmustern wie eine Stickerei auf einem Tuch bemalt. Diese Musterung wirkt im Vergleich zu der feinblättrigen Steinmetzarbeit unter der Kirchenkuppel geradezu abstrakt. In der oberen Kapelle ist dieser Kontrast noch deutlicher, denn dort besteht die Steinmetzarbeit aus figürlichen Heiligendarstellungen, und die hohen bunten Glasfenster erinnern stark an die nordeuropäischen Kirchen. Man kommt der Deutung dieses merkwürdigen Musters näher, wenn man das Augenmerk mehr auf den goldenen Untergrund der rechteckigen Arabesken richtet. Jetzt wird man feststellen, daß es sich bei dieser auf den ersten Blick abstrakten Kombination von horizontalen und vertikalen Balken in Wirklichkeit um eine Schrift handelt, um eine fremde Schrift in einer fremden Sprache. Die Sprache ist arabisch, und die Worte – obwohl die Schrift im Laufe der Jahrhunderte fast unkenntlich geworden ist – bedeuten: „LA ILAH ILLA LLAH WA MUHAMMAD RASUL ALLAH – Es gibt keinen Gott außer Gott, und Mohammed ist sein Prophet.“

Der Aufstieg

Die Säulen der Gebetshalle der Großen Moschee von Córdoba, die im Jahre 785 vom Emir Abd al-Rachman I. erbaut wurde und im Verlauf der nächsten zweihundert Jahre dreimal erweitert wurde.

Die Säulenreihen laufen von Norden nach Süden auf die Wand zu, die den Mihrab, die Nische, welche die Gebetsrichtung anzeigt, enthält. Einige der Säulen stammen noch aus römischen oder westgotischen Gebäuden. Darüber spannen sich die Halbbögen, welche die Balken der flachen Holzdecke und die Dachgiebel tragen. Da die Säulen sehr kurz waren, erhielt man die Höhe des Raumes dadurch, daß man die Bögen in zwei Lagen, eine über der anderen, erbaute. Das Ganze sieht aus wie ein steinerner Hain, dessen Äste sich über die zahllosen Gänge zwischen den steinernen Stämmen breiten.

Roderich, der König von Spanien, war dem Untergang geweiht. Denn, so erzählt die Legende, als er in Toledo den Thron bestieg, weigerte er sich, nach der Sitte seiner Vorfahren ein weiteres Schloß an der Türe zum „Hause der Weisheit" anbringen zu lassen. Statt dessen befahl er, die Türe zu öffnen, und betrat zum Schrecken seines Volkes das Haus. Drinnen stand er vor dem Tisch Salomons, des Sohnes Davids, der über und über mit Gold, Silber und Juwelen übersät war. Auf diesem Tisch lag auch ein Schmuckkästchen, auf dessen Seiten Reiter mit Lanzen, Bogen und gezogenen Schwertern abgebildet waren. Diese Reiter waren mit Tierhäuten bekleidet und trugen Turbane auf dem krausen Haar. In dem Kästchen lag ein Pergament, auf dem geschrieben stand: Wenn dieses Haus und dieses Kästchen, in weiser Absicht bisher verschlossen, dereinst geöffnet werden, so wird das Volk, dessen Abbild auf diesem Kästchen zu sehen ist, nach Andalusien einfallen, und das Königreich wird ausgelöscht werden. Als Roderich dies gelesen hatte, begann er seine Tat zu bereuen und weinte bitterlich. Doch es war bereits zu spät, denn das Heer der Araber war bereits im Anmarsch. In der großen Schlacht sah Roderich die Gestalten, die er auf dem Kästchen gesehen hatte, in Lebensgröße wieder. Er war vor Schrecken wie gelähmt, als Tarik, der Anführer der feindlichen Horden, ihn niederstreckte.

Diese Geschichte ist prophetisch, und der Ausgang steht von vornherein fest. Für denjenigen, der sie niedergeschrieben hat, war die Eroberung Andalusiens bereits eine historische Tatsache. Es mußte dem Autor dieser Geschichte ganz selbstverständlich erscheinen, daß sich ein so wichtiges Ereignis, das durch den Willen Gottes lange vorherbestimmt war, in einem solchen Omen ankündigte. Als die Eroberer Andalusiens im Jahre 711 die Meerenge von Gibraltar überquerten, herrschten sie bereits über ein Gebiet, das bis an die Grenzen Indiens reichte. Sie hatten das alte Perserreich zerstört, Syrien und Ägypten aus dem Herrschaftsbereich von Byzanz herausgebrochen – Gott war ganz offensichtlich auf ihrer Seite. Die Einverleibung Spaniens war nur ein weiterer Beweis seiner Gewogenheit.

Gottvertrauen hieß die Erklärung für diesen erfreulichen Umstand, nicht nur für die Eroberer, sondern auch für deren Nachkommen. Die Siegreichen gehörten alle einer Religionsgemeinschaft an. Die Männer, die hundert Jahre vor der Niederlage Roderichs als erste die Religion angenommen hatten, hatten geschworen, den Glauben zu verbreiten. Dies waren die Araber, die sich *Muminun* (die Gläubigen) nannten, und ihr Führer hieß Amir al-Muminin (Befehlshaber der Gläubigen). Nichtaraber, denen sie gestatteten, ihren Glauben anzunehmen, mußten sich nicht nur dem Gott der Araber unterwerfen, sondern auch der Herrschaft der Araber selbst. Diese Unterwerfung hieß *Islam,* und der sich Unterwerfende hieß *Muslim* und war der persönliche Untertan desjenigen Arabers, der diese Unterwerfung entgegennahm. Mit diesen Abhängigen zusammen bildeten die Araber eine Armee.

Als 642 Ägypten erobert wurde, erschienen die Ägypter den Arabern als Steuerzahler viel zu wertvoll, um in den Kreis der Muslime aufgenommen zu werden. Doch die Araber waren zahlenmäßig nicht sehr stark und brauchten für ihre Eroberungen neue Verbündete und Rekruten. Weit westlich des Nils, in der Wüste Libyens und in den Bergen des Atlas-Gebirges, lebten die Berber-Völker. Das waren im wahrsten Sinne des Wortes Barbaren, die am Rande des griechischen und römischen Reiches gelebt und ihre eigene Sprache beibehalten hatten. Diese Sprache, deren Dialekte bis in die Atlantik-Regionen hinein gesprochen wurden, war ein entfernter Verwandter des Semitischen, der Sprache der Araber.

Die Berber-Völker zogen mit ihren Viehherden durch die Wüste, züchteten in den Oasen der Sahara Datteln oder lebten in kleinen Dörfern in den Hügeln und Tälern des Atlas-Gebirges. Sie hatten ein ausgeprägtes Stammesbewußtsein und regierten sich selbst durch die Gesetze ihrer Clans. Streitigkeiten wurden durch Fehde ausgetragen. Weise Männer oder Männer mit Kriegserfahrung hatten zwar einen gewissen Einfluß, doch ihr Wort galt keineswegs immer und wurde keineswegs immer als Gesetz anerkannt.

Elvira-Ware aus dem Gebiet von Granada aus der Zeit des Omajjaden-Kalifats im 10. Jahrhundert. Die Flasche, deren Hals fehlt, ist mit vier Hasen in grüner und manganschwarzer Farbe verziert. Die Lebendigkeit der Bewegung der Tiere, die traditionsgemäß in den Rahmen der geometrischen Musterung eingepaßt sind, ist einer der Reize der Töpferkunst jener Zeit im Maghreb.

Das Vorrücken der Araber nach Westen bestand anfänglich nur aus sporadischen Überfällen. Man machte Gefangene, die entweder als Sklaven verkauft oder als Rekruten in die Armee eingegliedert wurden. Später wurde der regelmäßige Nachschub an. Sklaven und Rekruten mit den unterworfenen Völkern durch Verträge festgelegt, die die genaue Anzahl von Männern, Frauen und Kindern bestimmten, welche die libyschen Provinzen zu liefern hatten. Um 670 fühlten sich die arabischen Heere stark genug, um gegen Karthago, die byzantinische Provinzhauptstadt Nordafrikas, im Rahmen eines Generalangriffes auf Byzanz vorzugehen. Der Angriff, der vom Herrscher der Gläubigen in Damaskus befohlen wurde, sollte das Oströmische Reich, das mit seiner Hauptstadt am Bosporus die Nachfolge des alten Römischen Reiches angetreten hatte, auslöschen. Der erste Angriff jedoch schlug fehl. Daraufhin errichteten die Araber etwa 120 km südlich Karthagos ein Kairawan, was soviel wie Lager bedeutet.

Dieses Lager befand sich am Fuß der Hügel, die das trockene Land des Südens und des Ostens vom höher gelegenen, fruchtbaren Land im Norden und Westen trennten, auf der natürlichen Grenze zwischen der Wüste und dem milderen Mittelmeerklima. Das Kairawan, war eine rechteckige Anlage, deren Seiten nach den Haupthimmelsrichtungen hinwiesen. In der Mitte des Lagers stand eine Befestigung, die den Kommandanten beherbergte und als Kernzelle der Verteidigungsanlage, als Exerzierplatz, als Gebetsplatz und vielleicht auch als Marktplatz diente. Um diesen Befestigungskern herum ließen sich die Araber mit ihren Frauen und Kindern und den abhängigen Berbern nieder, und bald wurde aus dem ehemaligen Kairawan eine Stadt mit Namen Kairuan. Von Massengebeten und Predigten in Zucht gehalten, gelang es den Bewohnern von Kairuan in den letzten Jahren des 7. Jahrhunderts, die Stadt Karthago einzunehmen und zu zerstören. Wenige Kilometer von der Ruine entfernt entstand das heutige Tunis. Größere Schwierigkeiten bereitete den Arabern die Unterwerfung der Berber-Stämme der Berge, deren Häuptlinge sich als rechtmäßige Nachfolger der christlichen Kaiser hier in der ehemaligen Provinz Afrika fühlten.

Die Provinz Afrika, die im Arabischen Ifrikija heißt, erstreckte sich von Tripolis bis ins östliche Algerien. Ifrikija wurde nach seiner Eroberung durch die Araber zu einer Provinz des arabischen Reiches. In Kairuan, das die Hauptstadt dieser neuen Provinz wurde, baute man den ehemaligen Stadtkern zu einer Moschee aus, während der Gouverneur gegenüber der südlichen Mauer ein „Regierungshaus“ bezog. Die lateinisch sprechende christliche Bevölkerung der Provinz wurde, wie die Ägypter, zu Untertanen gemacht und mußte die alten Steuern zuzüglich zu einer islamischen Kopfsteuer für jeden männlichen Erwachsenen bezahlen. Die Berber aus den Bergen und der Wüste dagegen unterwarfen sich Allah und den Arabern und sorgten so dafür, daß die Araber für die Armee immer neue Rekruten bekamen. Berber-Häuptlinge wurden die persönlichen Schützlinge von adligen Arabern. So wurde Ifrikija, als Musa ibn Nusair im Jahre 705 zum Gouverneur ernannt wurde, zur Basis für die Eroberung des Westens, des Maghreb.

Die arabischen Armeen überquerten zügig die Algerische Hochebene bis Tlemcen und kamen bald auch bis Tanger. Von der Hafenstadt Ceuta aus setzte der Berber-Schützling des Musa ibn Nusair mit seinem Heer zu dem Felsen über, der von nun an seinen Namen tragen sollte: Gibraltar = Dschebel al-Tarik, was soviel heißt wie: „Berg des Tarik“. Vor sich hatte Tarik das Reich der Westgoten, der Nachkommen jener Germanenstämme, die im 5. Jahrhundert Europa überrannt hatten. Von Toledo aus beherrschten die Westgoten als Kriegeraristokratie die Völker Spaniens. Sie stützten sich dabei vor allem auf die alten römischen Städte, besaßen aber auch große Landgüter. Die Westgoten waren Christen und hatten enge Bindungen an die Kirche. Im Jahre 711 marschierte ihr König Roderich mit seinen Truppen nach Süden, um sich dem Heer Tariks entgegenzustellen. In einer Schlacht in der Nähe von Cádiz fiel Roderich, und Tarik konnte schnurstracks nach Toledo weitermarschieren, um den königlichen Schatz sicherzustellen. Im Jahre 712 folgte Musa ibn Nusair dem Berber-Heer mit seinen Arabern. Die

Westgoten, die sich von ihren spanischen Untertanen, Juden wie Christen, abgesondert hatten, gingen innerhalb eines Jahrhunderts vollkommen in den Reihen der neuen Herren des Landes auf. Lediglich ein Name wie Ibn al-Kutija, „Sohn einer Gotin", konnte an die Vergangenheit der Goten erinnern.

Musa und Tarik kehrten im Jahre 715 nach Damaskus zurück. Sie brachten sagenhafte Beute mit, unter anderem den „Tisch des Salomon", der einmal im „Haus der Weisheit" des Roderich gestanden haben soll. Dies war einer der Höhepunkte in der Geschichte der Omajjaden, der Dynastie, die den Posten des „Herrschers der Gläubigen" zu einem erblichen Amt gemacht hatte. Zu den Porträts besiegter Herrscher, die den Kusair-Amra-Palast in Syrien zierten, gesellte sich nun auch das Porträt des Königs Roderich. Er war in guter Gesellschaft, denn auch die Kaiser von Persien, Byzanz und Abessinien waren dort bereits abgebildet. Spanien, die „Andalusische Insel", wurde in das riesige Reich eingegliedert und von Kairuan aus durch einen Gouverneur verwaltet. Die Hauptstadt dieser neuen Provinz wurde die Stadt Córdoba am Fluß Guadalquivir (arabisch: Wadi al-Kabir = der große Fluß), wo die Araber das Schloß in Beschlag nahmen und davor einen großen Platz für Gebet und Musterung freimachten. Die Eroberer trieben Steuern in Form von Geld oder Naturalien ein, während ihre Führer das Land unter sich aufteilten.

Doch zufrieden war keiner. Musa und Tarik zerstritten sich. Musas Sohn wurde nach seiner Hochzeit mit der Witwe Roderichs ermordet. In Kairuan wurde der Gouverneur Yazid von seiner Berber-Leibwache umgebracht. Die Rivalitäten und Eifersüchteleien unter den Siegern wurden durch ständige neue Eroberungszüge nur mühsam unterdrückt. Man durchstreifte das Grenzland der Wüste, segelte als Piraten nach Sizilien, Sardinien und den Balearen und überquerte die Pyrenäen bis hin zur Loire. Ein ständiger Menschenstrom zog von Ägypten aus in Richtung Westen, um an den Beutezügen teilzunehmen; umgekehrt gab es ostwärts einen nie versiegenden Strom von Sklaven, der von Córdoba aus über Tanger, Tlemcen, Kairuan und Tripolis ins Zentrum der arabischen Macht verlief. Verbündete Berber-Stämme schlossen sich den arabischen Raubzügen gegen ihre noch nicht unterworfenen Nachbarstämme an und setzten auch in großer Zahl nach Spanien über. In Spanien gab es einen Berber-Aufstand, der sich gegen die ungerechte Aufteilung der Beute und des eroberten Landes richtete. Ein Fünftel der Beute floß in die Staatskasse. Was davon übrigblieb, wurde in sehr ungleichen Portionen an die Truppen verteilt. So erhielt zum Beispiel ein Berittener dreimal soviel wie ein Fußsoldat. In Nordafrika revoltierten die Berber, als der Versuch gemacht wurde, sie wie Ungläubige zu besteuern. Man hatte ihnen nicht nur die jungen Männer für die Armee weggenommen, sondern auch ihre Töchter in die Harems von Damaskus verschleppt und ihr Jungvieh wegen der wertvollen Häute getötet.

So kamen die Eroberungen bald zum Stillstand. Innerhalb der Armee waren die Berber gegen die Araber aufgebracht. Die Araber selbst waren untereinander tief zerstritten und splitterten sich in Fraktionen auf, je nachdem, ob sie einem nord- oder südarabischen Stamm angehörten. Diejenigen, die schon länger im Westen waren, widersetzten sich den Neuankömmlingen aus dem Osten, die jeder neue Gouverneur in seinem Gefolge mitführte. Die Gouverneure selbst erschienen mit einem großen Gefolge von Sklaven, Leibwächtern, Günstlingen und Vertrauten, die sie dem mächtigen arabischen Provinzadel ungefragt vor die Nase setzten. Als in Marokko ein arabisches Reiterheer von Berber-Horden überwältigt wurde, löste sich Andalusien vom Reich ab. Die unausbleibliche Folge war ein mörderischer Bürgerkrieg.

Der Konflikt weitete sich aus und griff auch auf das Mutterland über. Nicht nur daß die Autorität des „Herrschers der Gläubigen" in Frage gestellt wurde, sondern die Omajjaden-Dynastie selbst stand auf dem Spiel. In Nordafrika beanspruchten die Berber für sich das Recht, den Kalifen und Nachfolger des Propheten selbst wählen zu dürfen. Ein Kalif nach dem anderen wurde in Tanger oder Tunis ausgerufen, alles Männer, deren Herkunft etwas nebulös war. Diese Kalifen wurden entweder von ihrer eigenen Anhängerschaft gestürzt oder vom arabischen Adel besiegt, der sich anschickte, die Macht in Ifrikija zurückzuerobern, nur um sie für sich zu behalten. Am östlichen Ende des Reiches wurde der Ruf nach einem Kalifen, der aus der Familie des Propheten stammen sollte, laut, und die Araber und Perser der Provinz Khurasan verbündeten sich zu einem gemeinsamen Aufstand. Unter schwarzen Bannern marschierten die Rebellen nach Damaskus, wo sie im Jahre 750 die Omajjaden überwältigten und die meisten umbrachten. Den Platz der Omajjaden nahmen jetzt die Abbasiden ein, die die Anhänger eines Mannes waren, der für sich beanspruchte, ein direkter Abkömmling von Abbas, dem Onkel des Propheten, zu sein. Einer der wenigen Überlebenden des Massakers unter den

Ein Fatimiden-Reiter auf einer Schale, die in der Ruine des Fatimiden-Palastes von Sabra außerhalb Kairuans gefunden wurde. Sie stammt aus dem 10. oder 11. Jahrhundert. Die klare Zeichnung der Gesichtszüge und der großen Augen sind ein Stilmittel, das der ausdrucksstarken Kunst der ägyptischen Kopten entstammt, die ihren Ursprung in spätrömischer Zeit hat. In einfacher, fast stilisierter Form zeigt dieses Bild einen Reiter, der mit einem Speer bewaffnet und mit einer gestreiften Tunika und einem Turban, dessen Enden um den Hals geschlungen sind, bekleidet ist. Da er weder eine Rüstung hat noch andere Waffen mit sich führt, ist es wohl eher die Darstellung eines Jägers als die eines Kriegers.

Omajjaden war der Prinz Abd al-Rachman, dem es im Jahre 755 gelang, zu fliehen und sich nach Spanien abzusetzen.

Innerhalb eines Jahres wurde Abd al-Rachman von allen kriegführenden Parteien in Andalusien als Herrscher anerkannt.

Bis zu seinem Tod im Jahre 788 regierte er ein unabhängiges Land, wobei er sich der Berber und der neu eingewanderten Syrer bediente, um den Einfluß der arabischen Herrenschicht zurückzudrängen, die mit Musa ibn Nusair ins Land gekommen war und zusammen mit dem alten Westgotenadel die neue Herrscherkaste bildete. Die Gefolgschaft des Prinzen bestand aus Berbern, vielleicht ein paar Negern, aber in zunehmendem Maße auch aus Leuten, deren Heimat nördlich der Pyrenäen war. Diese Männer, die die Araber „Slawen" nannten und die ursprünglich wohl als Sklaven gekauft worden waren, waren zumeist gut ausgebildete Soldaten; in Anerkennung ihrer Verdienste waren sie dann freigelassen worden. Sie galten als „primitiv", denn sie sprachen kein Arabisch. Dafür aber schuldeten sie niemandem außer dem Prinzen Loyalität. Der königliche Hof, der im befestigten Palast von Córdoba residierte, wurde bald zu einem Hofstaat von Kammerherren und Wesiren.

Der neuen Dynastie der Abbasiden war es indes nicht gelungen, den Maghreb unter seine Kontrolle zu bringen. Unter der Führung des arabischen Soldaten Ibrahim ibn al-Aghlab wurde die Provinz Ifrikija unabhängig. Die Berber-Völker im Süden und Westen erlangten wieder ihre Autonomie, und im nördlichen Marokko gründete ein weiterer Flüchtling aus Arabien die Stadt Fes.

Der Herrscher Andalusiens sah sich einer schweren und blutigen Aufgabe gegenüber. Abd al-Rachman regierte über ein Land, das noch nicht vollständig erobert war. Oben im Norden des Landes hatten sich die Könige von Asturien und die Basken-Völker erfolgreich einer Eingliederung in den arabischen Herrschaftsbereich widersetzt. Doch deren Staatswesen waren nicht entwickelt genug, um eine ernsthafte Bedrohung der arabischen Herrschaft darzustellen. Sie weigerten sich auch, Karl den Großen bei seinem Angriff auf den arabischen Vorposten Saragossa im Jahre 778 zu unterstützen. Im Gegenteil überfielen die Basken den Troß des fränkischen Heeres und töteten dabei Roland, den Herzog der Bretagne im Paß von Roncesvalles, der die Nachhut befehligte. Doch bei den Nordspaniern nahm mit der Zeit, vor allem unter dem Einfluß des Christentums, die Bereitschaft zu, den Feind im Süden anzugreifen. Die Grenze des arabischen Herrschaftsbereiches verlief vom Oberlauf des Ebro den Duero entlang bis zur Atlantik-Küste. Diese riesengroße ungeschützte Grenzzone war ein Tummelplatz für

Über der Eingangstür des Kalifen Hakam II. in der westlichen Wand der Großen Moschee von Córdoba sind die dreidimensionalen Arkaden des Innenraums in einer einzigen Reihe von ineinander verschränkten Bögen zusammengefaßt, die wie ein Relief in die rot-weiße Wand geschnitten sind. Der hufeisenförmige Bogen der Eingangstür und die blattförmigen Bögen, die die durchbrochenen steinernen Gitterfenster rechts und links der Eingangstür überspannen, geben die Formen des Mihrabs und der Säulengänge wieder, wie man sie innerhalb der Moschee antrifft. Die Motive, die aus dem Innenraum der Moschee entnommen waren, um die flache Außenwand zu gestalten, wurden nicht nur im muslimischen Spanien, sondern auch im christlichen Europa kopiert.

Die kunstvoll ausgearbeitete Kuppel über dem Mihrab der Großen Moschee von Córdoba, die der Kalif Hakam II. im Jahre 965 errichten ließ, ist ein altes Symbol für den Himmel. Sie wird von ineinander verschränkten Bögen getragen, die viel schwerer sind als die Balken im Dach der Gebetshalle. Um das Gewicht zu tragen, verlaufen die Bögen auf den Säulenreihen darunter sowohl längs als auch quer und bilden so ein schachtelförmiges Gitterwerk, dessen Einschnitt auf der linken Seite des Bildes zu sehen ist. Auf diese Weise wird ein dichter, zierlicher Vorhang um den Mihrab geformt.

Banditen und Beutejäger. Die drei Städte Toledo, Mérida und Saragossa waren die nördlichen Wachtposten von Al-Andalus und als solche in ständigem Verteidigungszustand. Durch diese permanente Kriegsbereitschaft entwickelten die Städte ein Selbstbewußtsein, das für die Zentralregierung in Córdoba früher oder später zur Bedrohung werden mußte. Im Jahre 797 erhob sich Toledo gegen den Enkel Abd al-Rachmans. Nach Niederwerfung des Aufstandes ließ der Emir die Vornehmsten der Stadt hinrichten und ihre Leichen in einen Graben werfen. Doch Gefahr für den Emir drohte auch aus den eigenen Reihen. Im Jahre 808 wurde eine Verschwörung königlicher Onkel und Vettern aufgedeckt, die einem Vetter des Emir zur Macht verhelfen sollte. 72 Verschwörer wurden entlang der Straße über die große Römerbrücke gekreuzigt.

Diese strenge Monarchie war die einzig lebensfähige Herrschaftsform, die die arabischen Eroberungen bewahren konnte. In dem Maße, wie sich die Monarchie im 9. Jahrhundert festigte, erhielten auch die religiösen Einrichtungen eine endgültige Form. Die Moscheen und die Gebetsplätze in den Zentren der Garnisonsstädte wurden schon im Verlauf des 8. Jahrhunderts durch größere und prächtigere Anlagen ersetzt. Die alte Orientierung nach den Himmelsrichtungen wurde beibehalten. Ebenso wurde der Festungscharakter der Gebäude durch dicke Mauern und hohe, stabile Türme aufrechterhalten. Durch einen Hof, der von einem Säulengang umgeben war, gelangte man in die Gebetshalle, an der sich rechts und links des Mittelganges ein Säulenbogen neben dem andern spannte. Am Ende des Mittelganges, auf halber Höhe der Südwand, stand der Mihrab-Bogen, eine halbkreisförmige Nische, die die Gebetsrichtung anzeigen sollte. In der sonst fast dämmrigen Halle stellte der Mihrab den einzigen hellen Fleck im Raum dar, denn er wurde durch ein Fenster in der Kuppel des Gebäudes erhellt. Neben dem Mihrab stand die Kanzel, von der aus der Imam, der Gemeindevorsteher, beim Großen Freitagmittag-Gebet zur Gemeinde der Gläubigen sprach. Es war nicht nur ein Akt der Frömmigkeit, der die muslimischen Herrscher diesen pompösen Rahmen für den ernsten

Augenblick schaffen ließ, in dem sich die Muslime zum wichtigsten Gebet der Woche niederknieten. Denn die Predigt wurde in seinem Namen als dem rechtmäßigen „Herrscher der Gläubigen" abgehalten. Diese Loyalitätszeremonie fand landauf, landab an jedem Freitagmittag in jeder Moschee statt.

Die Große Moschee von Córdoba, mit deren Bau Abd al-Rachman I. im Jahre 785 begonnen hatte, wurde von Abd al-Rachman II. im Jahre 848 fertiggestellt. Die Moschee von Kairuan wurde 836 von Grund auf neu errichtet und 863 eingeweiht. Dieses Wachstum entsprach dem Wachstum der religiösen Gemeinde, die einmal aus der Besatzungsarmee bestanden hatte, doch allmählich einen Querschnitt durch die Gesamtbevölkerung repräsentierte.

Die Gemeindemitglieder lebten nach den Regeln der „Sunna", der überlieferten Gewohnheiten und Aussprüche des Propheten. Der grobe Rahmen für die Sunna war durch das fünfmalige tägliche Gebet, durch alljährliche Fastenzeit und durch das Gebot der Pilgerschaft nach Mekka gesetzt. Der Ruf, mit dem der Muezzin die Gläubigen zum Gebet aufforderte, war für den gläubigen Muslim genauso verpflichtend wie das Läuten der christlichen Glocken. Innerhalb dieses Rahmens wurde das Leben von Gesetzesvorschriften bestimmt, die dem Gläubigen helfen sollten, dem Propheten nachzueifern.

Ursprünglich war das Gesetz der Gemeinde vom „Herrscher der Gläubigen" kraft seiner weltlichen Autorität geschaffen worden. Doch bereits im 9. Jahrhundert war es zum größten Teil schriftlich fixiert. Die Scharija, das Gesetz, war ein perfekter Verhaltenskodex, ursprünglich einmal in Form des Koran als der Offenbarung des Willens Gottes und durch die Worte und Taten seines Propheten Mohammed aufgestellt. So ein Gesetz konnte nicht von Menschen geschaffen oder verändert werden, so ein Gesetz mußte man studieren und ihm gehorchen. Nur qualifizierte Gelehrte und Juristen waren in der Lage, das schriftlich fixierte islamische Gesetz so zu interpretieren, daß es für jeden Aspekt des menschlichen Daseins anwendbar wurde – ganz gleich, ob es sich dabei um Gebetsvorschriften, Erbschaften, Besitzfragen, um das Steuerzahlen, ums Handeltreiben oder um Kämpfen, Stehlen oder Töten handelte. Diese gelehrten Juristen

Eine Seite aus dem Koran des 9. Jahrhunderts, der aus Irak, dem Sitz des Abbasiden-Kalifats, dem damaligen Zentrum der islamischen Welt, stammt. Für den heiligen Text des Buches Gottes und für Inschriften auf Stein und Holz, auf Ziegeln oder als Mosaik verwendete man die kufische Schrift, die nach der Stadt Kufa am Euphrat benannt wird. Der Einfluß Iraks beschränkte sich nicht nur auf die Religion, sondern bestimmte auch das höfische Leben im Palast der Omajjaden in Spanien, die trotz ihrer Feindschaft gegen die Abbasiden begierig die feine Lebensart der Höfe von Bagdad und Samarra imitierten.

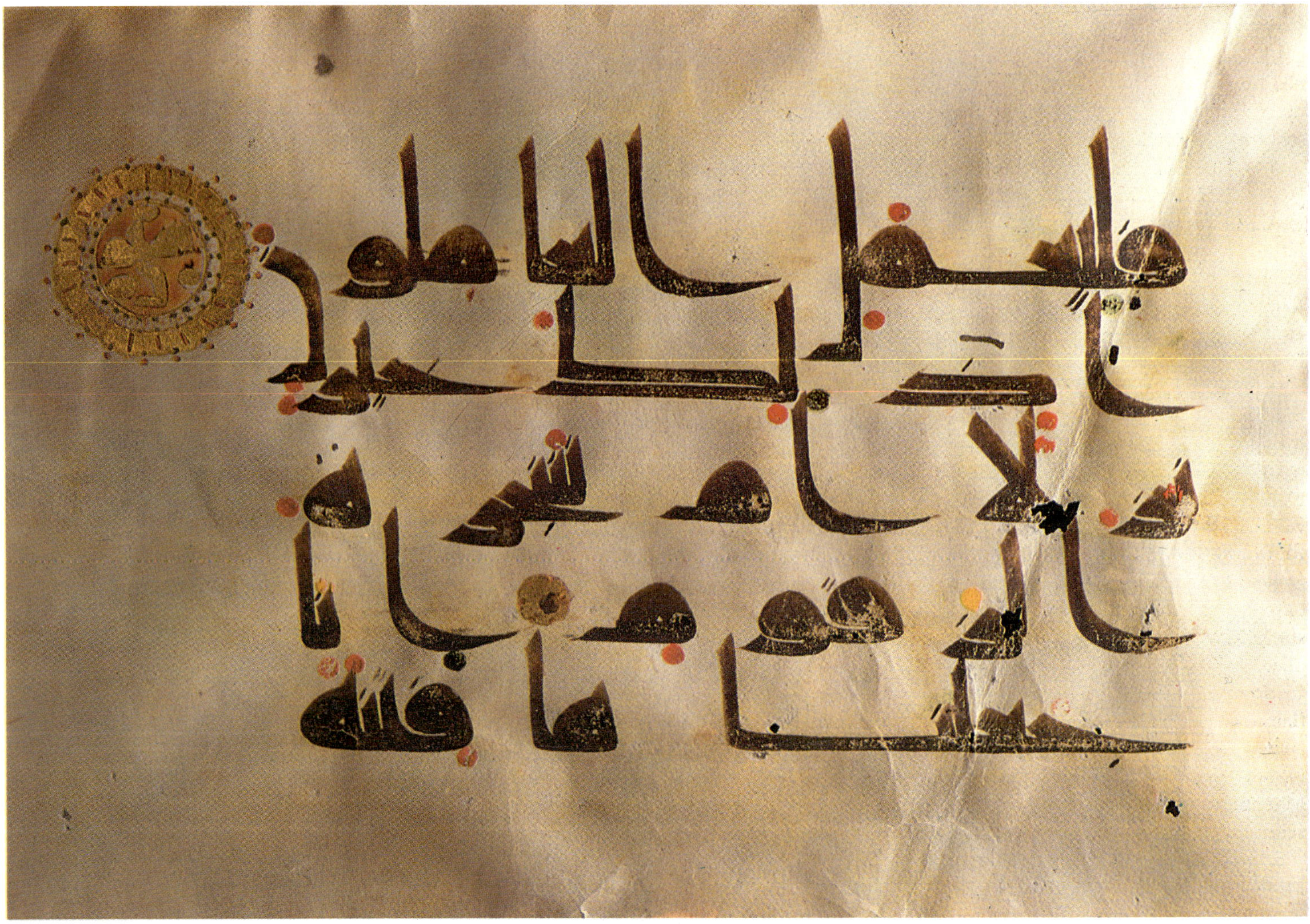

reichten ihre Weisheit von Meister zu Schüler weiter, so daß die Authentizität des Glaubens seit den Tagen des Propheten garantiert war. Um schwierige Probleme zu klären, bedienten sich diese Juristen einer Denktechnik, die aus einem komplizierten System von Frage und Antwort bestand. Der berühmte Rechtsgelehrte Sahnun aus Kairuan hat diese Technik in seinem Lehrbuch *Mudawana* systematisch angewendet und dabei alle Probleme in Form von Fragen gekleidet, welche an eine geistige Autorität gerichtet werden. Auf diese Weise schuf er eine vollständige Auslegung des Gesetzes, die sich in ihrer Methode an der Juristenschule der Malikiten orientierte. Die Ursprünge dieser Schule gehen auf die Juristen von Mekka und Medina zurück. Sie setzte sich von der in Syrien und in Irak gepflegten Lehrmethode ab. Die Malikiten-Schule wurde dann die wichtigste theologische Autorität im Maghreb.

Diese Juristen betrachteten sich nicht als Richter. Das Äußerste, was man von ihnen erwarten konnte, war, daß sie sich zu einem anstehenden Rechtsstreit äußerten und erklärten, wie sie das Gesetz für diesen speziellen Fall interpretieren würden. So eine Meinungsäußerung galt aber nicht als verpflichtend und stellte schon gar nicht ein Urteil dar, welches vollstreckt werden mußte. Diese weisen Männer, die das Gesetz hüteten und vor Verfälschung bewahrten, hatten eine heilige Scheu davor, ihm aktiv Geltung zu verschaffen. Menschliche Entscheidungen konnten niemals vollkommen sein, und ein verbindliches Urteil barg immer die Möglichkeit eines Fehlurteils in sich. Derjenige aber, dem im Namen des Gesetzes so ein Irrtum unterlief, versündigte sich an Gott. Die Durchsetzung und Ausführung des Gesetzes war Sache des Sultans. Sein religiöser Auftrag bestand – wenigstens in der Theorie – darin, dem göttlichen Befehl Gehorsam zu verschaffen.

Bei dieser Aufgabe wurde der Sultan von einem Kadi unterstützt. Das Amt des Kadi war ursprünglich einmal geschaffen worden, um innerhalb der Gemeinschaft der Gläubigen die Interessen des Herrschers zu vertreten. Als der göttliche Charakter des islamischen Gesetzes als Doktrin im 8. Jahrhundert festgelegt wurde, wuchs auch das Ansehen des Kadi. Der Umgang mit dem islamischen Gesetz verlieh ihm schließlich eine eigene, vom Sultan unabhängige Autorität. Der Kadi Ibn Ghanim weigerte sich sogar, sich in Gegenwart des Herrschers von Ifrikija zu erheben, da er sich ja als Vertreter des göttlichen Gesetzes sah. Den Rechtsgelehrten wiederum widerstrebte es sehr, das Amt des Kadi anzunehmen. Als der Gelehrte Sahnun von seinem Sultan gezwungen wurde, diesen Posten zu übernehmen, sagte er: „Heute hat man mich ohne Messer geschlachtet."

Aus der Sicht des Monarchen war die Gerichtsführung des Kadi mit ihren festen Regeln der Verhandlungsführung und Beweisfindung für die Staatsgeschäfte zu langsam und nicht rationell genug. So kam es, daß die Monarchen es sich vorbehielten, in Kriminalfällen, in Steuerfragen und bei Klagen gegen Ungerechtigkeit der Staatsdiener selbst Recht zu sprechen, und zwar nach eigenem Gutdünken. Der Kadi dagegen, der in Übereinstimmung mit der Scharija pflichtbewußte Gerichtsverhandlungen führte, wurde zunehmend für Fragen der Religionsordnung und der Schicklichkeit, für Hochzeiten, Ehescheidungen, Erbschaftsangelegenheiten und ähnliche Dinge zuständig.

Im großen und ganzen arbeiteten die gelehrten Juristen mit den weltlichen Machthabern gut zusammen. Wenn die Gelehrten im Schatten der Kolonnaden der großen Moscheen ihre Schüler im Kreis um sich versammelt hatten, dann vergaßen sie nicht, zu betonen, daß es auch dem ungerechten Herrscher gegenüber eine Gehorsamspflicht gab. Natürlich mußte man versuchen, ihn durch Proteste umzustimmen. Im allgemeinen waren die Juristen gewillt, die Taten des Herrschers durch ihre Interpretation des Gesetzes zu sanktionieren. Doch die emotionalen Energien, die durch Predigt und gemeinsames Gebet freigesetzt wurden und einst Araber und Berber zu einer unschlagbaren Armee zusammengeschweißt und unter anderem zum Sturz der Omajjaden-Dynastie geführt hatten, fanden nicht nur in den Gebetshallen der großen Moscheen oder in den Koran-Schulen der Gelehrten ein Zuhause. Außerhalb der offiziellen religiösen Institutionen erwuchsen dem Islam volkstümliche Prediger, die ihre Zuhörerschaft mit flammenden Worten mitzureißen verstanden. Dies waren zumeist Laienprediger oder Asketen, deren religiöser Eifer die Volksmassen schnell für eine „gerechte" Sache mobilisieren konnte. Ein Monarch, dessen Frömmigkeit nach Ansicht dieser heiligen Männer zu wünschen übrigließ und der anerkannte religiöse Sitten mißachtete, riskierte sehr leicht, von aufgebrachten Volksmassen vom Tron gefegt zu werden.

Solche religiösen Tumulte provozierten unter der Bevölkerung Córdobas ein Gemetzel durch die Truppen des Emirs Hakam I. Im Laufe des 9. Jahrhunderts jedoch konnte dieser gefährliche Fanatismus in den Kampf gegen ungläubige Fremde umgeleitet

„La ilah illa llah – Es gibt keinen Gott außer Gott." Diese Worte umgeben die beiden sitzenden Gestalten im Garten Eden. Die Seidenweberei wurde im 9. Jahrhundert vom Kalifen Abd al-Rachman II. ebenso wie die Tiraz-Fabriken und die Palastwerkstätten, in denen man das Tuch herstellte und zu Kleidung verarbeitete, eingeführt. Tiraz war ursprünglich der Name für das Tuch, doch später bezeichnete das Wort vor allem die langen Inschriftenbänder, die meist die einzigen Verzierungen waren. Córdoba war das Zentrum der spanischen Manufakturen, wurde aber später von Almería übertroffen. Der Wert des Materials, der durch die Verwendung von Gold- und Silberfäden erhöht wurde, entsprach der Schönheit der abgebildeten Motive. Der Stil der Abbildungen war ägyptisch oder persisch, geht aber auf die alte mesopotamische Kunst zurück, in der symmetrische Figuren, rechts und links von einem Baum oder etwas Ähnlichem, einander gegenüberstehen.

Hier wird ein Detail aus einem Fragment gezeigt, welches zu einem größeren Wandbehang aus Gold und Seide gehörte, der im Grab des Bischofs Gurb (gestorben 1284) in der Kathedrale von Barcelona gefunden wurde.

werden. Im Jahre 827 schifften sich die Männer von Ifrikija zur langwierigen Eroberung Siziliens, das damals noch zu Byzanz gehörte, ein. Der religiöse Eifer hatte ein institutionalisiertes Ventil gefunden. Für den frommen Muslim gab es noch eine andere Möglichkeit, den Glauben gegen seine Feinde zu verteidigen: Die Küste von Ifrikija wurde damals durch Burganlagen verteidigt, die den Namen Ribat trugen. Die Ribats wurden von kleinen Garnisonen von Bogenschützen verteidigt, die nach der byzantinischen Flotte Ausschau hielten und ihre „heilige Wache" nach den Stunden des Gebets einteilten. Solche Murabitun, „Männer des Ribat", konnte man auch an den Inlandsgrenzen Andalusiens antreffen, wo sie den wahren Glauben gegen christliche Überfälle verteidigten. In dem Maße, wie die Eroberung Siziliens vorankam und die Bedrohung durch Byzanz abnahm, verloren die Ribats an der Küste Ifrikijas ihre rein militärische Bedeutung. Die Besatzungen der Ribats lebten weiterhin ein Soldatenleben, jedoch ohne militärischen Auftrag, eher wie Mönche. Das Wort Ribat wurde einerseits zu einem Synonym für den Heiligen Krieg, erhielt aber die Nebenbedeutung „ein friedvolles frommes Dasein führen".

Auch diejenigen, die um der Beute willen nach Sizilien übergesetzt waren, konnten sich als Mitglieder der großen Muslim-Gemeinde betrachten. Im 9. Jahrhundert war das Wort Islam, das soviel wie „Unterwerfung unter den Willen Gottes" bedeutet, der allgemeingültige Name für die Religion der Mohammedaner geworden. Die Menschen, die diesen Glauben annahmen, fanden Aufnahme in eine geistige Gemeinschaft, deren Einfluß vom Atlantik bis zu den Grenzen Indiens und Chinas reichte. Dieses riesige Gebiet wurde ständig von einem Ende zum andern von Händlern, Handwerkern, Soldaten, Gelehrten, Flüchtlingen und Staatsbeamten durchquert. Viele, die im Westen dieses Reiches aufgebrochen waren, um zu den östlichen Zentren der Macht zu gelangen, kamen nicht weiter als bis Kairuan. Diese große Stadt mit ihrer Moschee, den Koran-Schulen und dem fürstlichen Hofstaat lag an der lebenswichtigen Route, die von Andalusien bis nach Indien führte, war ein genaues Abbild der muslimischen Zivilisation, die sich bis an die Grenzen der damaligen Welt erstreckte. Die religiösen, militärischen, politischen und wirtschaftlichen Energien, die einmal zu der Errichtung dieser Stadt geführt hatten, waren jetzt frei geworden, um in Sizilien einen weiteren Muslimstaat auf fremdem Boden zu errichten.

Die Muslime belagern die byzantinische Stadt Messina auf Sizilien, die sie in den Jahren 842 bis 843 eroberten. In Taormina, im Süden des Landes, konnten sich die Griechen allerdings noch sechzig Jahre länger halten. Die „Sarazenen" werden in dieser illustrierten Chronik des 11. Jahrhunderts des Geschichtsschreibers Johannes Skylitzes mit den Augen der Byzantiner gesehen. Ihr turbanartiger Kopfschmuck ist das charakteristische Merkmal der Muslime.

In Nordafrika wuchs die muslimische Bevölkerung durch den Import von Sklaven aus Europa und dem Sudan-Gebiet und dadurch, daß Wüstenstämme sich in die neue Gesellschaft eingliederten, ständig an. Durch die Kolonisierung des Atlas-Gebirges und

der Wüste wurde das Wachstum weiter beschleunigt – ein weniger spektakulärer Vorgang als die Eroberung Siziliens, aber deshalb nicht weniger bedeutend. Im Westen der Provinz Ifrikija hatten jene Berber-Stämme, die Mitte des 8. Jahrhunderts an den großen Aufständen teilgenommen hatten, eine Sekte gebildet, deren Anhänger auf einem Gebiet verstreut lebten, das vom Algerischen Plateau bis zur Atlantik-Küste reichte. Diese Berber organisierten in den Oasen und unter den Nomadenstämmen der Sahara den Trans-Sahara-Handel, um die Märkte des Mittelmeerraumes mit Negersklaven aus dem inneren Sudan-Gebiet und Gold von den Ufern des Niger zu versorgen. Sie trieben ihren Einflußbereich an der Südflanke des Atlas-Gebirges nach Westen voran, bis sie sich den Idrisiden, den Herrschern von Fes, stellen mußten. Schließlich konnten sie ihre Hände auch auf die Silber- und Kupferminen des südlichen Marokko legen. Unter den Berbern lebten auch viele Murabitun, „Männer des Ribat“. Diese heiligen Männer überschritten die hohen Pässe des Atlas, um sich in den Schluchten und Tälern an der Nordseite des Gebirges in Klostergemeinschaften niederzulassen. Siedler, Händler, Soldaten und heilige Männer, sie alle bewegten sich immer weiter westwärts von den Zentren des Islam weg, bis sie in die entferntesten Winkel Nordafrikas gelangten.

Die lateinisch sprechenden Christen von Ifrikija waren den Berbern, die den Islam ohne Schwierigkeiten angenommen hatten, da ihnen diese Religion mehr als das Chri-

Der Ribat von Sousse. Er wurde im Jahre 780 als Festung, Moschee und Fluchtburg für die muslimische Gemeinde der kleinen Hafenstadt für den Fall eines byzantinischen Angriffs von See her errichtet. Im Jahre 821 erhielt er seinen Turm als Beobachtungsposten. Die Kuppel über dem Mihrab der kleinen Gebetshalle im ersten Stock des Gebäudes steht genau über dem schlichten Eingang. Die Zinnen, die mit Pfeilschlitzen ausgestattet sind, wiederholen sich auch am inneren Rand der Brüstung, die den Innenhof umschließt, so daß das Dach selbst dann verteidigt werden konnte, wenn die Tore gestürmt worden waren.

Die südliche Flanke des Hohen Atlas von Marokko, die sich vom Rand der Wüste zu alpiner Höhe erhebt und in ihren Gipfeln eine Höhe von 3000–4000 m erreicht. Die hochgelegenen Wiesenhänge dienen den Herden der Sahara-Nomaden ebenso wie den Berber-Stämmen des Hochgebirges, die in den fruchtbaren Tälern der Nordhänge leben, als Weideplätze. Diese wilden Berber-Stämme haben sich der Tatsache gerühmt, daß sie bereits im 7. Jahrhundert von den legendären arabischen Helden der ersten Eroberungszüge unterworfen und zum Islam bekehrt worden waren. Und in der Tat überschritten erst im 9. Jahrhundert die Idrisiden von Fes die östliche Gebirgsflanke, um im Tal des Dra und des Sous nach Silber und Kupfer zu suchen. Das westliche Ende des Gebirgsmassives wurde von Süden nach Norden von handeltreibenden Nomaden und heiligen Männern, die entlang der nördlichen Sahara westwärts weiterzogen, überquert. Diese Leute kamen oft von weit her, sogar aus Ifrikija. Die Händler, die Aghmat am Flußlauf des Tensift nördlich des Gebirges kolonisierten, und die Murabitun oder heiligen Männer, die sich in den Tälern des Flusses Nfiss unterhalb Tinmels niederließen, bezogen die Berber-Stämme in die sich ständig ausbreitende Gesellschaft und Wirtschaft der neuen islamischen Zivilisation mit ein. Besonders die Murabitun, die im Namen Gottes bei Stammesfehden vermitteln oder die Stämme zu islamischen Bruderschaften zusammenschließen konnten, gaben den Völkern des Hohen Atlas in der Geschichte des muslimischen Westens eine ausschlaggebende Kraft.

stentum lag, zahlenmäßig weit unterlegen, und etwa im 12. Jahrhundert verlieren sich ihre Spuren ganz. In Spanien, wo die Christen in der Überzahl waren und die Völker des Nordens die Araber im Namen des Kreuzes bekämpften, nahm der Bevölkerungsanteil der Christen aber gleichermaßen ab. Viele Spanier taten es dem Westgotenadel nach und traten zum Islam über. Solche „Neuaraber", die von den Arabern Muwallad (Adoptivkinder) genannt wurden, nahmen mit der neuen Religion auch die Sprache und die Sitten der Araber an. Andere wiederum, die „Mozaraber" (Scheinaraber) genannt wurden, nahmen zwar die arabische Sprache an, blieben aber dem Christentum treu. Mit der Zeit hatte sich die arabische Sprache nämlich als Sprache der gehobenen Gesellschaft und der Verwaltung durchgesetzt. In der modischen Welt des 9. Jahrhunderts gab die Kenntnis der arabischen Sprache einem gebildeten Christen erst die Qualifikation für eine Karriere im Staatsdienst. Solche arabisch sprechenden Christen waren für Regierungsgeschäfte, die sich mit der nichtmuslimischen Bevölkerung befaßten, und für die arabischen Herren von großem Nutzen. Auch unter diesen Christen bestand eine starke Tendenz, die arabische Kultur und Lebensart anzunehmen. Dieser Umstand forderte den vergeblichen Protest des christlichen Klerus heraus. Der Priester Eulogius stachelte seine Anhänger dazu auf, dadurch den Märtyrertod zu provozieren, daß sie öffentlich den Propheten verfluchten. Die Hinrichtung dieser Märtyrer in Córdoba war nur das Vorspiel zu einem Pogrom, das in der Hauptstadt eine Welle von Übertritten zum Islam zur Folge hatte.

Einen größeren Erfolg hatte der Islam bei den analphabetischen Bauern, für die, genau wie für die Berber, das Arabische eine Fremdsprache blieb. Für diese Bauern bedeutete die Herrschaft der Araber eine Freiheit, die sie unter den Westgoten nie gekannt hatten. In dem Maße, wie die Wirtschaft prosperierte und damit auch das Bevölkerungswachstum zunahm, ließen sich auch Araber im Umkreis der Städte auf dem flachen Land nieder. Der Umstand, daß Muslime christliche Frauen heiraten durften, aber christliche Männer niemals Muslim-Frauen, war auch ein sehr wesentlicher Grund für das schnelle Anwachsen des muslimischen Bevölkerungsteils. Doch unabhängig vom Rückgang des Christentums blieb das Spanische, ein spätlateinischer Dialekt, auch für die Angepaßten als Sprache lebendig – vielleicht für viele buchstäblich als Muttersprache. Ebenso wie die Berber-Sprache in Nordafrika überlebt hat, ebenso widerstand auch das Spanische einer Verdrängung durch das Arabische.

Die arabische Aristokratie Andalusiens, die den Berber-Frauen immer mehr die blonden Sklavenmädchen aus dem Norden vorzog, verwandelte sich innerhalb eines Jahrhunderts vom Aussehen her in Europäer. Dieses Gemisch aus Rassen, Sprachen, Religionen und Kulturen war jedoch nicht so leicht unter Kontrolle zu halten. In Ifrikija herrschte die Dynastie der Aghlabiden recht und schlecht über eine aufrührerische Bevölkerung. Außerhalb der Städte, in den Hügeln des Hinterlandes, hatten die kriegerischen Berber-Häuptlinge wieder die Macht in den Händen. So kann es nicht verwundern, daß Völker wie die Kutama, die in den Bergen des östlichen Algerien zu Hause waren und der Willkür der kleinen und der großen Potentaten ausgesetzt waren, einem Propheten bereitwillig folgten, der die korrupte Regierung in Kairuan als Teufelswerk verfluchte.

Ziyad ibn Aflah, der Sohn eines Günstlings des großen Kalifen Abd al-Rachman III., war Polizeichef, Gouverneur von Córdoba und schließlich auch Wesir. Er ließ sich in den Jahren 969 bis 970 dieses runde Schmuckkästchen aus Elfenbein schnitzen. Darauf sah man eine Gestalt – die sehr wohl er selbst sein konnte – zu Gericht sitzen, mit Pferd oder Falken jagen oder, wie auf dem hier abgebildeten Detailbild, in großem Staat reisen, mit gekreuzten Beinen und in der Haltung eines Königs.

Der Prophet hieß Abu Abd Allah. In Syrien und in Irak wurde die Dynastie der Abbasiden mittlerweile von der gleichen Art von Revolte bedroht, die sie ein Jahrhundert zuvor an die Macht gebracht hatte. Für das Jahr 903 war die Ankunft des Mahdi, des „von Gott Geleiteten", geweissagt worden. Als Abkömmling von Ali und Fatima, der Tochter Mohammeds, wurde er erwartet, um die göttliche Gerechtigkeit auf Erden wieder neu zu errichten. Abu Abd Allah, der ausgesandt war, um den Boden für den Meister vorzubereiten, kam aus Vorderasien und feierte sofort Triumphe. Seine Kutama-Horden vertrieben den letzten Aghlabiden aus Kairuan. Der Mahdi Ubaid Allah sollte sich bald als der erste Fatimiden-Herrscher etablieren. Die Fatimiden planten, von Ifrikija aus Ägypten zu erobern, um von dort aus nach Bagdad weiterzumarschieren und den Anspruch ihres Kalifen auf den Thron geltend zu machen. Zunächst einmal aber schickten sie ihre Abgesandten nach Andalusien.

Zu diesem Zeitpunkt war die Macht Córdobas schon fast erloschen. Die Zentralregierung wurde gehaßt, verachtet und ignoriert. Von Saragossa im Nordosten bis Sevilla im Südwesten hatten überall in den größeren Städten Muwallad oder Araber die Macht ergriffen. Manchmal waren die Verbindungen dieser kleinen Herrscher zu den christlichen Fürsten des Nordens besser als zur Hauptstadt des Landes. Die Flußtäler wurden von Berber-Hirten und ihrem Vieh durchstreift, während sich die Berber-Häuptlinge auf den umliegenden Bergen in Burgen niederließen. Der Rebellenhauptmann Ibn Hafsun,

„Der Löwenwürger". Das sogenannte „Gilgamesch-Motiv" heißt so nach der mesopotamischen Legende vom königlichen Helden, dessen Stärke die des Tieres übertrifft. Dieses Tuch wurde im muslimischen Spanien des 12. Jahrhunderts in persischem Stil aus Gold- und Seidenfäden gewebt. Hier wird ein Ausschnitt des Tuches gezeigt, das im Grab des Bischofs Bernardo Calvo von Vich gefunden wurde.

bedrohte von seiner Bergfestung Bobastro in der Nähe von Granada aus sogar die Hauptstadt Córdoba.

Diese Zustände änderten sich erst 912 mit dem Amtsantritt Abd al-Rachmans III., der im Alter von 21 Jahren die Regierungsgeschäfte übernahm. Zwanzig Jahre später war Bobastro eingenommen, und das rebellische Toledo hatte sich nach langer Belagerung ergeben. Die Macht des Emirs von Córdoba war wieder bis an die Grenzen des Landes zu spüren. Der Omajjaden-Emir nahm wieder den Titel Kalif, „Herrscher der Gläubigen", an. Damit war er wie seine Vorfahren in Damaskus wieder der unumstrittene Nachfolger Mohammeds als Führer der Gemeinde der Gläubigen. Nach so vielen Jahren wurde von diesem Titel erstmals wieder Gebrauch gemacht, um dem Anspruch seines Feindes Mahdi Ubaid Allah entgegenzutreten, der sich ebenfalls als Führer der islamischen Welt ausgab. In den Augen der Anhänger der Sunna waren die Fatimiden Ketzer, und die Bitterkeit des Religionshasses verstärkte noch die politische Rivalität der beiden Führer. Als in Nordafrika schließlich der Krieg entbrannte, fegte er die kleinen, unbedeutenderen Dynastien hinweg, und die Berber-Häuptlinge waren gezwungen, Farbe zu bekennen und sich auf die eine oder die andere Seite zu schlagen.

Oben: Eine christliche Glocke, die wahrscheinlich aus dem 9. oder 10. Jahrhundert stammt und im Verlauf des 11. Jahrhunderts in eine Moschee-Lampe umgewandelt wurde. Nachdem man sie nach Algier gebracht hatte, wurde sie im 16. Jahrhundert von den Spaniern zurückgewonnen.

Rechts: Ein Eingangstor in den Mauern der Alcazaba, der Zitadelle von Málaga, die im 11. Jahrhundert nach der Eroberung der Stadt durch den Herrscher von Granada wiederaufgebaut wurde. Dies spielte sich nach dem Ende des Kalifats und dem Verfall der Omajjaden-Herrschaft in Spanien ab.

Auf diese Weise wurde der islamische Westen, der Maghreb, von zwei militärischen Großreichen, dem Fatimiden- und dem Omajjaden-Reich, in zwei Lager gespalten. Um ihren Führungsanspruch zu betonen, stellten beide Parteien ungeheure Armeen auf, in denen Christen, Berber und Sudan-Neger neben der beweglichen Kavallerie als Fußtruppen dienten. Je nach Bedarf konnten diese Armeen mit Sturmgerät und Belagerungsmaschinen ausgerüstet werden oder in einer Flotte von Galeeren in See stechen. Das Hauptquartier dieser Armeen war im jeweiligen Herrscherpalast untergebracht. Aus den Hauptquartieren wurde nach den Worten des Chronisten „keine Armee ausgeschickt, die nicht siegreich war, und kein Banner flatterte dort außer dem des Sieges". Der Fatimiden-Palast stand in Mahdia, der „Stadt des Mahdi", an der tunesischen Küste und war eine einzige riesige Festung. Die Omajjaden-Festung lag bei Al-Zahra, „der Strahlenden", und bedeckte eine Fläche von einigen 1000 Quadratmetern. In dieser Festung gab es Wohnhäuser, Gärten und Pavillons für die königliche Familie und ihre Dienerschaft. Für die Minister, Beamten und das Wachpersonal und die vielen Hunderte von Menschen, die eine königliche Residenz benötigt, gab es riesige Verwaltungsgebäude. Der Monarch, der inmitten all dieses Getümmels stand, mußte eine starke Persönlichkeit sein, wollte er sich in diesem Meer von Luxus, Ehrgeiz und Intrigen durchsetzen.

Abd al-Rachman III. verstarb im Jahre 961, sein Sohn Hakam II. im Jahre 976. Während Hakam mit dem Sammeln von Büchern beschäftigt war, schmiedete der Hof hinter seinem Rücken Komplotte. Als der Sohn Hakams, Hischam, im zarten Alter von elf Jahren den Thron bestieg, wurde er sehr rasch vom Kammerherren und obersten Minister Ibn Abi Amir zur Seite gedrängt. Dieser Mann, der sich den Titel Al-Mansur, „der Eroberer" zulegte und von niederer Herkunft war, regierte im Namen des jungen Kalifen mit rücksichtsloser, aber wirkungsvoller Politik. Der Diktator ließ sich flußaufwärts von Córdoba eine eigene Festung, Al-Zahira, errichten, von wo aus er die Regierungsgeschäfte führte. Alljährliche Kriegszüge, an denen er persönlich teilnahm, führten ihn hinauf in den christlichen Norden und sogar bis zum Schrein des heiligen Jakobus von Compostela. Christliche Gefangene mußten die Glocken und die Türen der berühmten Kirche bis nach Córdoba schleppen. Aus den Glocken wurden Lampen für die Große Moschee hergestellt, die Al-Mansur zur heutigen Größe ausbauen und erweitern ließ. Als er starb, wurde er nicht nur als großer Feldherr, sondern auch als frommer Mann begraben und lebte seither als Almanzor in der Legende weiter. Die Macht Andalusiens war niemals so groß wie zum Zeitpunkt seines Todes im Jahre 1002. Doch das System stand auf wackeligen Füßen. Bereits sieben Jahre später wurde der zweite Sohn Almanzors, dem die militärischen Fähigkeiten seines Vaters fehlten, vernichtend geschlagen. Als die Cordobaner, die Berber und die hohen Militärs in den folgenden Jahren je ihre eigenen Kalifen ausriefen, revoltierten die Provinzstädte erneut. Das Jahr 1031 markiert das Ende der Omajjaden-Dynastie, ihres Kalifates und ihres Reiches.

Ifrikija war ein ähnliches Schicksal beschieden. Die Fatimiden eroberten das ägyptische Hinterland und schickten sich im Jahre 972 an, Kairo zu erobern. Ihre Stellvertreter in Ifrikija, die Berber-Fürsten der Ziriden-Dynastie, regierten unterdessen in Kairuan angesichts einer starken religiösen Opposition, sinkenden Wohlstands und wachsender Unzufriedenheit. Im Jahre 1048 wies der Ziriden-Sultan Muizz die Oberhoheit seines fatimidischen Lehnsherren in Kairuan zurück. Dies war ein Teil des Versuches, das zerstrittene Land zu einigen. Doch dann stürzte eine tragende Säule dieses Gebäudes in sich zusammen. Der Sultan hatte das arabische Beduinen-Volk der Banu Hilal dafür bezahlt, die lebenswichtige Karawanenstraße, die entlang der libyschen Küste bis nach Tripolis hinein führte, zu kontrollieren und zu sichern. Die Beduinen waren anscheinend mit dem kahlen Landstrich, den der Sultan ihnen als Lebensraum zugewiesen hatte, nicht zufrieden. Vergeblich baten sie den Sultan um das Recht, sich weiter im Innern Ifrikijas ansiedeln zu dürfen. Aus Rache zogen die Beduinen vor die Tore Kairuans, wo sich ihnen der Sultan mit seinen Truppen entgegenstellte. Seine Armee wurde von den Nomaden vollkommen aufgerieben, und der Sultan verließ, nachdem er nirgendwo Unterstützung fand, seine Hauptstadt und zog sich nach Mahdia an der Küste zurück. Nachdem der Herrscher seine Residenzstadt aufgegeben hatte, verließ auch der größte Teil der Einwohner die Stadt. Nur die Juristen blieben bei ihrer Großen Moschee, der ersten im islamischen Westen, um die alte Hauptstadt wenigstens noch als Zentrum der Gelehrsamkeit lebendig zu erhalten.

Der Untergang

Die Mauren verteidigen Mallorca. Die Insel wurde im Jahre 1229 durch Aragón erobert. Diese Eroberung wurde ein beliebtes Thema in der katalanischen Kunst. Diese Fresken, von denen hier ein Ausschnitt gezeigt wird, wurden etwa fünfzig Jahre später im Palacio Berenguer de Aguilar zu Barcelona von einem unbekannten Künstler gemalt, von dem man annahm, daß er ein Maure sei. Der Name Maure war die Bezeichnung, die die Christen den Muslimen Andalusiens und Nordafrikas gaben. Er leitet sich aus einem alten Wort für Nordafrika ab, das sich im Namen Mauretanien erhalten hat, der römischen Bezeichnung für das nördliche Marokko. Mit dem Begriff sollte Dunkelhäutigkeit, sogar schwarze oder negroide Gesichtsfarbe angedeutet werden – in dem Sinne, wie man sich Othello in Shakespeares „Mohr von Venedig" vorzustellen hat. Als Unterscheidung von hellhäutigen Muslimen wurde es sogar notwendig, von „weißen Mauren" zu sprechen. Das Wort Mauren vor allem mit Dunkelhäutigkeit in Verbindung zu bringen, kommt wahrscheinlich daher, daß im Lauf der Jahrhunderte ungeheuer viele Sklaven aus dem westlichen und mittleren Sudan importiert wurden, die als Diener, Soldaten oder Konkubinen Verwendung fanden. So wurde es schließlich möglich, daß der große marokkanische Sultan Abu al-Hassan in der Mitte des 14. Jahrhunderts den Beinamen „der Schwarze" erhielt. Aber die Identifizierung der Anhänger des fremden Glaubens mit der Farbe Schwarz stammt wohl eher aus der Vorstellung, daß diese vom Teufel, dem schwarzen Feind, angeführt würden. Bildlich dargestellt wird diese Vorstellung auf dem Fresko, in dem man einen Neger unter der Fahne Mohammeds auf der Höhe des Turmes stehen sieht.

Die Bewohner der Balearen waren für ihren geschickten Umgang mit der Schleuder berühmt.

Die schöne Zaynab, so wurde erzählt, war die Königin von Aghmat im Norden des Hohen Atlas. Jedermann machte ihr den Hof, doch sie wies alle zurück und sagte, daß nur derjenige, der den ganzen Maghreb regierte, sie heiraten sollte. Die Männer, die sie abgewiesen hatte, haßten sie und sagten von ihr, sie sei eine Hexe mit dem zweiten Gesicht, zu der die Kobolde, die unter der Erde lebten, redeten. Aber als Abu Bakr, der Herrscher der Sanhaja aus der Wüste südlich der Berge, sich ihr vorstellte, stimmte sie einer Ehe zu. Sie führte ihn mit verbundenen Augen unter die Erde und zeigte ihm bei Kerzenlicht einen riesigen Schatzhaufen, den Gott ihm durch ihre Hand geschenkt habe. Wie sie ihn hineingeführt hatte, so führte sie ihn auch wieder hinaus. Als er jedoch in die Wüste zurückkehrte, um seine Feinde zu bekämpfen, gab Abu Bakr seinem Vetter Yussuf ibn Taschfin die Zaynab zur Frau. Von der Stadt Marrakesch aus, die Abu Bakr in der Nähe von Aghmat gegründet hatte, eroberte Yussuf Marokko. Als Abu Bakr aus dem Süden heimkehrte, mußte er feststellen, daß man vor ihm die Tore verschlossen hatte. Daraufhin zog er sich für immer in die Sahara zurück, während Yussuf seinerseits nach Spanien weitermarschierte. So wurde die Prophezeiung der Königin erfüllt.

Wie bei Tarik, so auch bei Yussuf: Die Legende hat den Anfang der Geschichte aus der Kenntnis des Ausgangs heraus umgeformt und dabei übernatürliche Mächte auftreten lassen, um einer heroischen Erzählung den würdigen Rahmen zu verleihen. Der Bräutigam, für den die Königin Zaynab vorherbestimmt war, ist niemand anderer als der Erretter des Islam im Maghreb, der gekommen war, um dem wahren Glauben mit dem Schwert wieder Geltung zu verschaffen. Das Böse, das er bekämpfte, war die Bosheit der islamischen Welt, deren Treulosigkeit viel schändlicher war als die offene Ungläubigkeit der Christen. Mitte des 11. Jahrhunderts war Andalusien auf dem Höhepunkt wirtschaftlicher Blüte. Die Stadtstaaten, deren Herausbildung durch das Kalifat Abd al-Rachmans unterbrochen worden war, hatten sich nach dem Zusammenbruch von Almanzors Herrschaft schnell zu vollkommen unabhängigen Fürstentümern unter den sogenannten Kleinen Königen entwickelt. Diese Aufsplitterung war die Antwort auf die Frage, wer Andalusien regieren sollte. Durch ihre Unabhängigkeit entwickelten diese städtischen Zentren einen ungeheuren Reichtum. Mit jedem neuen Stadtherrn und jeder neuen Regierung veränderte sich das Bild der Städte schrittweise. In Granada und Toledo herrschten die Berber, in Almería und in Denia die Araber und ihre Proselyten. Rassische Feindseligkeiten schufen zwischen den Städten erbitterte Fehden, doch die Feindseligkeiten waren örtlich begrenzt, und man war sich der Gemeinsamkeiten der arabischen Kultur – die übrigens in dieser Zeit eine literarische Hochblüte erlebte – trotz allem bewußt. Unter den Städten war Sevilla die größte, reichste und extravaganteste Stadt Andalusiens, auch wenn es von Abu al-Mutadid, „dem Gott hilft", beherrscht wurde, der sich einen Garten mit den Schädeln seiner Feinde füllen ließ und jedem der Schädel eine Pergamentrolle mit dem Namen des Opfers in die Ohrenhöhle steckte, damit er den Namen seines ehemaligen Widersachers nicht vergessen konnte. Sevilla war auch die Stadt Ibn al-Mutamids, „der sich auf Gott verläßt", der für seine Königin Itimad und deren Hofdamen einen Hof seines Palastes mit Parfüm in einen Sumpf verwandeln ließ, damit die Damen darin barfüßig wie Bauernmädchen planschen konnten.

Im Norden jedoch hatten sich die Grafen und Könige der christlichen Länder erstaunlich schnell von den Schlägen erholt, die ihnen Almanzor zugefügt hatte. Damit erhärteten sie eine Grundregel mittelalterlicher Kriegskunst, die besagt, daß ein Schlachtensieg wenig Wert hat, wenn ihm nicht die Besetzung der feindlichen Städte und Festungen folgt. Jetzt, wo die militärische Organisation des Kalifats demontiert war, begannen die Kampfgruppen der Christen wieder zu wachsen und sich zu einem gemeinsamen Schlag gegen einen uneinigen Feind zusammenzufinden. Nachdem christliche Hirtenvölker aus dem Norden allmählich in das Niemandsland zwischen Duero und Tajo eingewandert waren, forderten zuerst Navarra und später Kastilien von den kleinen Königen Tribut in Form von Gold. Der Tribut, den sie untereinander aufteilten, wurde von den Christen in erster Linie dazu verwendet, nun Pferde, Waffen und Rüstungen zu kaufen. In zweiter Linie wurde das Geld auch zur Instandhaltung der Pilgerstraße nach Compostela verwendet.

St. Jakobus von Compostela (Santiago) war der Schutzpatron aller Kämpfer gegen den Islam. Seit der Entdeckung seiner sterblichen Überreste, die auf wundersame Weise im 9. Jahrhundert aus dem Heiligen Land herbeigeschafft worden waren, hatte sein Grab weit oben im Nordwesten des Landes unzählige Pilger aus ganz Westeuropa angezogen. Der Pilgerweg, der über die Pyrenäen nach Compostela führte, war mit zahlreichen Brücken, Stegen und Rasthäusern versehen, in denen die Pilger nach dem Tagesmarsch Aufnahme finden konnten. Viele dieser Rastplätze waren Klöster, Gründungen der Mönche des französischen Ordens von Cluny, der das Land, auf dem die Klöster errichtet wurden, geschenkt erhalten hatte. Auf dem langen Pilgerweg gab es auch Städte. Diese waren meist als Siedlungen französischer Kaufleute entstanden, die zur Versorgung der Pilger ins Land geholt worden waren. Durch die Beteiligung der Franzosen an der Organisation der Wallfahrt ergoß sich ein Pilgerstrom über Nordspanien, der Menschen aus Frankreich, Deutschland und Italien herbeiführte. Die Mönche von Cluny, dessen Äbte dem Papst treu ergeben waren, trugen erheblich dazu bei, die spanische Provinzialkirche an Rom zu binden und den Angriffen auf das Muslim-Gebiet den Charakter von Kreuzzügen zu verleihen.

Die Muslime des Westens, die auf den Handelsrouten und Pilgerstraßen der ganzen islamischen Welt vom Atlantik bis nach China reisten, hätten in den Kakadus und Löwen, die auf diesem Stück Seide abgebildet sind, bestimmt den chinesischen Einfluß erkannt. Wahrscheinlich stammt das Stück aus Zentralasien oder Persien oder wurde im 14. Jahrhundert in Italien als Imitation der orientalischen Mode hergestellt.

Die Mozaraber, die arabisierten Christen des Südens, stellten sehr bald fest, daß in dem Maße, wie sich die christlichen Herrscher für sie interessierten, eine Entfremdung zwischen ihnen und der muslimischen Bevölkerung stattfand. Auf der anderen Seite fuhren die Muslim-Fürsten bereitwillig darin fort, christliche Soldaten aus dem Norden in ihre Dienste zu nehmen. Aus Asturiern, Basken und Katalanen rekrutierten die Muslim-Herrscher christliche Söldner. Männer aus dem Norden, die bereit waren, im muslimischen Süden Dienst zu tun, konnten sich eine profitträchtige Karriere ausrechnen. Der Kastilier Rodrigo Diaz de Bivar kämpfte für die Herrscher von Saragossa gleichermaßen gegen Muslime wie gegen Christen. Damit errang er sich den arabischen Titel „Al-Sayyid al-Mubariz", „Herr und Sieger"; da er arabisch sprach und wie ein Araber lebte, bewegte er sich ohne Mühe zwischen den beiden Gesellschaften hin und her.

Was ihn der Politik des muslimischen Spanien entfremdete und ihn schließlich zu El Cid Campeador, dem Nationalhelden eines christlichen Landes, werden ließ, war das Ausmaß, das der Konflikt zwischen den beiden Religionen nach 1085 angenommen hatte. In diesem Jahr war Alfons VI. von Kastilien vom Tributfordern zur Eroberung übergegangen. Toledo fiel als erste große Muslim-Stadt in die Hände der Christen. Von hier aus lag der Weg zum Guadalquivir, dem Herzen Andalusiens, offen vor ihm. Mutamid von Sevilla bat daraufhin Yussuf ibn Taschfin, den Herrscher von Marokko, um Hilfe. Bei Badajoz fügte Yussuf im Jahre 1086 den Eindringlingen eine böse Niederlage bei und kehrte im Jahre 1090 in den Süden zurück, um Mutamid selbst und all die kleinen Könige außer den Banu Hud von Saragossa fortzujagen. Die Fürsten von Andalusien endeten als Gefangene in der marokkanischen Stadt Aghmat und blieben nicht mehr lange am Leben. Abd Allah von Granada schrieb seine Memoiren; Mutamid der Dichter beklagte sein trauriges Los, während seine Frau und seine Töchter durch Spinnarbeiten den Lebensunterhalt verdienten.

Yussuf entstammte einem Volk, das am äußersten Horizont der islamischen Welt lebte. In den Bergen des Hohen Atlas hatten die Murabitun, die heiligen Männer des Islam, den Glauben im Sinne der gelehrten Männer im weit entfernten Kairuan hochgehalten. Die Entschlossenheit dieser Islam-Gelehrten, Ifrikija vom Makel der Ketzerei zu befreien, fand weit im Westen bei den Murabitun von Marokko eine eifrige Unterstützung. Sie wachten darüber, daß die Doktrinen der Gelehrten nicht etwa von anderen Glaubenssätzen ausgehöhlt wurden. Von den Bergen des Hohen Atlas machte sich ein frommer Mann mit Namen Ibn Yasin nach Süden auf, um die Völker der Sahara, die

Der Turm der Großen Moschee von Kairuan, vom Eingang der großen Gebetshalle aus gesehen. Die Moschee mit ihren massiven äußeren Ziegelwänden in irakischem Stil und mit ihrem großen befestigten Turm wurde im 9. Jahrhundert als Zentrum einer großen Stadt errichtet. Als die Stadt im 11. Jahrhundert als Hauptstadt Ifrikijas aufgegeben wurde, blieb die Moschee als ein Denkmal vergangener Größe einer Stadt der Heiligen und Gelehrten stehen.

„verschleierten Männer", aufzusuchen. Schon sein Name kennzeichnete ihn als Propheten. Die arabischen Namen der Buchstaben Y und S heißen Ya und Sin. Diese beiden Silben sind der Titel eines Koran-Kapitels, dessen Eröffnungsvers so lautet:

„Ya Sin! (O Mensch!)
Bei dem weisen Koran!
Siehe, du bist wahrlich einer der Gesandten
auf dem rechten Pfad!
Die Offenbarung des Mächtigen, Barmherzigen
sollst du einem Volk zur Warnung geben,
dessen Väter nicht gewarnt wurden und das sorglos ist."

Als Mann Gottes mit so eindeutigem Missionsauftrag schmolz er seine Anhänger bald zu einer Armee zusammen. Diese Männer, für die gemeinsames Gebet ebenso wichtig war wie militärisches Exerzieren und die für die kleinste Verfehlung gegenüber den Geboten Allahs ausgepeitscht wurden, wurden Al-Murabitun, Almorawiden, genannt, denn wie die „Männer des Ribat" von Ifrikija hatten sie sich zum gemeinsamen Kampf für den Glauben zusammengefunden.

Oben: Eine Gazelle oder Antilope, das Symbol für Schönheit und Anmut, ist das Sinnbild für den Geliebten. Auf dieser Schale aus der Fatimiden-Periode ist sie wunderbar dargestellt.

Unten: Der Wadi Ziz fließt südlich aus dem Hohen Atlas, um sich in der Weite der Sahara zu verlieren. An ihm entlang führt die Route, die von Fes über die Berge nach Sijilmasa in der Oase Tafilelt hinüberführt, den Ausgangspunkt für die Reise durch die Sahara nach dem Sudan.

Die Kriegführung in der Wüste erhielt ein neues Gesicht: Die Reiterei wurde nun um eine starke Kerntruppe von Infanterie aufgestellt. Die vorderen Reihen der Infanterie waren mit langen Lanzen bewaffnet, um den Feind auf Abstand zu halten, während die hinteren Reihen Köcher voll leichter Wurfspeere trugen. Solange die Flagge erhoben war, stand die Armee aufrecht im Kampf, und wenn sie gesenkt wurde, setzte sich die Armee wie ein Mann zu Boden, reglos wie ein Berg, und ohne jemals in unkontrollierte Verfolgungsjagden auszubrechen. Diese Armee, deren Verhalten durch die strenge Disziplin des gemeinsamen Gottesdienstes geformt worden war, war in der Lage, schwere Niederlagen in Mauretanien einzustecken und den Tod ihres Führers Ibn Yasin zu überleben, ohne auseinanderzufallen. Die Armee, deren Vormarsch vom Dröhnen unzähliger Trommeln begleitet wurde, überrannte die gesamte Sahara und deren nördliche und südliche Randgebiete. Nachdem sie den Hohen Atlas überquert hatte, gründete sie die Stadt Marrakesch. Unter der Führung Yussuf ibn Taschfins eroberte sie die Länder nördlich des Atlas-Gebirges bis hinauf zur Stadt Tlemcen. Von der Höhe einer Säule, die aus den Schädeln erschlagener Feinde errichtet worden war, rief Yussuf seine Anhänger zum Dankgebet für den Sieg über Alfons VI. auf. Dieser Sieg bedeutete die Wiedervereinigung von Al-Andalus und die Eingliederung des Landes in den riesigen Herrschaftsbereich, der sich auf beiden Seiten der Straße von Gibraltar erstreckte. Im Kampf gegen dieses Reich erwarb El Cid sich seinen Ruhm. Er eroberte Valencia, das er bis zu seinem Tod im Jahre 1099 verteidigte. Seinen letzten Kampf gewann er – so erzählt die Legende –, als sein Leichnam in voller Rüstung dem Feind entgegenritt. Erst nachdem Jimena, die königliche Gattin des Cid, sich nach Kastilien zurückzog und die Stadt hinter sich abbrennen ließ, fiel die Stadt in die Hände der Almorawiden.

Die Almorawiden waren auf Distanz zu ihren neuen Untertanen bedacht. Jede größere Stadt hatte ihre eigene Garnison, die die Truppen beherbergte. Das Erscheinungsbild der verschleierten Männer und die ungewöhnliche Freiheit, die die Sahara-Frauen in den Augen der andalusischen Muslime genossen, trugen von selbst dazu bei, diesen Abstand aufrechtzuerhalten. In ihrer Abgeschiedenheit galt nur das islamische Gesetz, und nach dem islamischen Gesetz regierten sie auch das Land. Yussuf ibn Taschfin, der den Titel „Herrscher der Muslime" annahm, holte sich für jedes wichtige

Gesetz die Zustimmung der Islam-Gelehrten ein. Diese Juristen wurden von ihm bezahlt, mit in die Schlacht genommen und hatten auch in der Ratsversammlung seiner Regierung einen festen Platz. Ihre Aufgabe bestand darin, die irdische Rechtsprechung in Übereinstimmung mit der Scharija zu bringen. Auf diese Weise wurde das religiöse Erbe des Ibn Yasin in der Regierungspolitik der Almorawiden fortgesetzt.

Diese Politik stand im Gegensatz zu der sonst geübten Regierungspraxis der Sultane, die sich, als Inhaber der irdischen Macht, nur sehr grob an den Geboten der Scharija orientierten. Die Politik war bei der einheimischen Bevölkerung äußerst populär, denn sie beschränkte die Steuerlasten auf das Maß, das der Koran bestimmte. Bei den Juden und Christen war sie weniger populär, denn sie zwang sie durch religiöse Intoleranz, in den Norden zu emigrieren. Die Unzufriedenheit unter der einheimischen Aristokratie, die Yussuf ibn Taschfin so verächtlich ihrer alten Macht beraubt hatte, wuchs während der Regierungszeit seines Sohnes Ali. Ali, der mehr als Theologe denn als Krieger erzogen worden war, erzielte durch seine Strenge eher noch mehr Gereiztheit bei seinen Untertanen. Doch die Almorawiden-Herrscher konnten sich zunächst sicher fühlen, denn sie waren enorm reich. Einerseits findet sich andalusische Handwerkskunst auf Grabsteinen in der Nähe von Gao am Niger, und andererseits floß das Gold von Ghana über Marrakesch in Richtung Norden. Der Silberdenar, der im Maghreb die Standardwährung darstellte, wurde allmählich vom Golddenar der Almorawiden verdrängt. Gold in solchen Mengen konnte nicht nur Luxusgüter, welche die Almorawiden als eine Folge ihrer Stärke und Tugendhaftigkeit betrachteten, kaufen, sondern auch ergebene Diener und Beamte. Viele Jahre lang wurde Nordafrika von einer Beamtenschaft verwaltet, die hauptsächlich aus Katalanen bestand. Auch wenn der Regent noch so viele Schwächen hatte und die Einfälle der Christen nach Andalusien seit der Eroberung Saragossas im Jahre 1118 immer ernster wurden, das Reich der Almorawiden hielt bis zum Tod Alis im Jahre 1143 stand.

Innerhalb von vier Jahren nach dem Tod Alis brach das Reich unter erbitterten Abwehrkämpfen an allen Fronten zusammen. Im Süden hatte das Vorbild der Almorawiden ansteckend gewirkt. Die Täler der Berge oberhalb Marrakeschs, von wo aus Ibn Yasin zu den Sahara-Völkern aufgebrochen war, beherbergten jetzt einen neuen Pro-

Oben: Gazelle aus Goldbronze auf matter weißer Glasur gemalt. Keramikarbeiten aus dem 11. Jahrhundert wie dieser ägyptische Teller, fanden in der Fatimiden-Zeit vom Osten aus über ganz Ifrikija und Andalusien Verbreitung. Für den Rohling, die Glasur und die goldene Bemalung mußte jedes Werkstück dreimal gebrannt werden. Dies war eine weitverbreitete Form früher islamischer Töpferkunst.

pheten. Ibn Tumart, der viele Jahre im Osten zugebracht hatte, war in den Maghreb zurückgekehrt. Nachdem er die Unmoral und sittliche Verwahrlosung der Bewohner von Tunis angeprangert hatte (wo Frauen aus der Sahara unverschleiert durch die Stadt reiten durften) und er sich mit den Gelehrten der Almorawiden angelegt hatte, mit denen er über das Wesen Allahs debattiert hatte, war er gezwungen, zu seinem Geburtsort in die Berge zu fliehen. Bei seinen eigenen Leuten, den Berber-Stämmen des Hohen Atlas, wurde seine Botschaft sehr bald personalisiert. Ibn Tumart gab sich als Mahdi, den Gott zur Erneuerung des wahren Glaubens auf die Erde geschickt hatte, zu erkennen. Seine Anhänger, das Volk der Masmuda, wurden unter dem Namen Al-Mowahiddun, die Almohaden, die die Einheit Gottes verfochten, bekannt.

Diese Almohaden forderten von ihrer uneinnehmbaren Gebirgsfestung Tinmel aus die Almorawiden heraus, die das flache Land beherrschten. Zehn Jahre lang verharrte Abd al-Mumin, der Stellvertreter Ibn Tumarts, in Wartestellung, bevor er im Jahre 1141 seine Truppen nordostwärts auf das Mittelmeer zu führte, wobei er sich wohlweislich in den Bergen hielt. Im Jahre 1144 schließlich fühlte er sich stark genug, um die Almorawiden-Festung Tlemcen zu bedrohen. Obwohl der neue Almorawiden-Emir Ibn Taschfin ihnen entgegentrat, blieben sie doch am Ende siegreich. Auf der Flucht stürzte Ibn Taschfin zu Tode, als er des Nachts beim Überspringen einer Schlucht vom Pferde fiel. Abd al-Mumin kommandierte einen Teil seiner Armee ab, der das herrenlose Tlemcen einnehmen sollte, und rückte selbst weiter gegen Fes vor, das nach neunmonatiger Belagerung fiel. Jetzt schickte er die Brüder Ibn Tumarts weiter nach Spanien und wandte sich mit seiner Armee nach Süden, wo er nach elfmonatiger Belagerung Marrakesch einnahm und die dortigen Almorawiden vernichtete.

In Spanien gelang es dem Almorawiden-Führer Ghanija, der ständig von Kastilien angegriffen wurde, nicht, mit den Revolten fertig zu werden, die beim Tod Ibn Taschfins ausgebrochen waren. Als die Almohaden nach Andalusien übersetzten, floh er mit seinen Anhängern nach Mallorca. Jetzt, wo er mit seiner militärischen Widerstandskraft am Ende war, brach die unpopuläre Almorawiden-Herrschaft in sich zusammen. Doch diese Herrschaft wurde nicht sogleich durch eine andere abgelöst. Das christliche Spanien, das in den drei Königreichen Portugal, Kastilien und Aragón eine feste Gestalt angenommen hatte, erstreckte sich bereits über mehr als die Hälfte der spanischen Halbinsel. Diese Monarchien, die durch Eroberungen gewachsen waren, brauchten immer mehr Land, das sie an den Adel vergeben konnten, und immer neue Städte, die sie besteuern konnten, um damit die Kriege zu finanzieren. Als die Almorawiden das Land verlassen hatten, einigten sich die drei Königreiche darüber, wie sie das muslimische Spanien unter sich aufteilen wollten, wenn der Krieg erst einmal gewonnen war. Und trotzdem, die einzelnen Führer des muslimischen Andalusien zogen Bündnisse mit ihren aggressiven christlichen Nachbarn einer Herrschaft der Marokkaner vor. Einer dieser Führer, Ibn Mardanisch aus Murcia, übernahm die Kontrolle über den östlichen Teil des Gebietes, und zwar als tributpflichtiger Lehnsmann der Königreiche Kastilien und Aragón. Die Brüder Ibn Tumarts wurden wieder aus Sevilla vertrieben. Abd Al-Mumin, „Herrscher der Gäubigen", in seiner Eigenschaft als Kalif und Nachfolger des Mahdi oberster Führer der islamischen Welt des Maghreb, unternahm nichts dagegen. Statt dessen wandte er sich der Eroberung Ifrikijas zu.

Auf dieser andalusischen Schale aus dem 10. Jahrhundert aus Elvira hält ein Falke die Zügel eines Pferdes. Unter der Glasur wurde das Bild aus einer Lösung von Kupfer, Schwefel und Magnesium auf weißen Grund gemalt.

Zu der Zeit, als Yussuf ibn Taschfin Marokko eroberte und Wilhelm der Eroberer nach England einfiel, hatten andere Normannen, die sich in Süditalien ein eigenes Herzogtum aufgebaut hatten, damit begonnen, die Muslim-Herrschaft in Sizilien zu bedrängen. Als die Almorawiden schließlich besiegt waren, war auf Sizilien bereits ein normannisches Königreich mit der Hauptstadt Palermo entstanden. Dies war ein Staat, in dem Französisch, Lateinisch, Griechisch und Arabisch gleichberechtigt nebeneinander gesprochen wurden. Kirchen und Schlösser erbaute man im Stil der Moscheen Nordafrikas, und ein Islam-Gelehrter konnte sich dort fast – wenn nicht sogar ganz – zu Hause fühlen. Die Normannen wurden indessen von ihrer Abenteuerlust auf die See hinausgetrieben. Die Eroberung von Tripolis im Jahre 1146 war der erste einer Reihe von Erfolgen, die dem Normannenkönig Roger II. schließlich die Kontrolle über die nordafrikanische Küste bis nach Sousse im Norden verliehen.

Die Flucht Hassans, des letzten schwachen Ziriden-Fürsten von Mahdia, an den Hof des Almohaden Abd al-Mumin in Marrakesch brachte den Normannen jedoch einen neuen gefährlichen Gegner. In zwei Feldzügen bewegte sich das Heer der Almohaden auf zwei reichlich mit Brunnen und Proviant ausgestatteten Routen rasch in Richtung Osten. Das Bergland im östlichen Algerien wurde annektiert, und Tunis, das mittlerweile die größte Stadt von Ifrikija geworden war, wurde eingenommen. Die marokkanische

Flotte, die gleichzeitig der Küste entlangsegelte und mit der Landstreitmacht Schritt hielt, erlaubte es Abd al-Mumin, die Normannen in Mahdia zu Wasser und zu Lande einzuschließen. Normannische Galeeren, die man aus Sizilien herüberschickte, waren nicht in der Lage, die Blockade zu durchbrechen. Als Volksaufstände die Normannen von den anderen Küstenstädten abschnitten, konnte die normannische Garnison ausgehungert und zur Aufgabe gezwungen werden. Im Hinterland wurden die arabischen Nomadenstämme niedergeworfen und von Abd al-Mumin für den Einsatz im spanischen Krieg rekrutiert. Zum gleichen Zeitpunkt, als Ibn Mardanisch, Herr von Murcia, mit seinen Truppen auf Córdoba zu marschierte, bereitete Abd al-Mumin seine Armee für die Eroberung Andalusiens vor. Für diesen Zweck hatte er die Festung Ribat al-Fath, „Ribat des Sieges", errichten lassen, von der die heutige Stadt Rabat ihren Namen hat.

Doch bevor sein Heer sich einschiffen konnte, starb Abd al-Mumin im Jahre 1163. Es dauerte nun eine Reihe von Jahren, ehe sein Sohn Abu Yakub als sein Nachfolger anerkannt und als Oberhaupt der Almohaden-Bewegung unumstritten war. Doch schließlich, im Jahre 1172, fiel Murcia, und ganz Nordafrika und das islamische Spanien wurden zu einem einzigen großen Reich vereint. Die Brüder und die Söhne des Kalifen setzte er zu Gouverneuren über die größeren Provinzen ein. Bei ihrer Amtsführung wurden sie von den almohadischen Scheiks unterstützt und manchmal auch durch solche

Eines der „Tore zum Paradies", wo sich die Gläubigen im Kampf gegen den Unglauben das ewige Leben erringen konnten, ist der Ribat von Monastir an der Küste Ifrikijas. Die Festung wurde im 11. Jahrhundert völlig umgebaut, so daß nur noch die Südseite, die im Jahre 796 erbaut worden war, erhalten blieb. Der ältere Teil mit seinem kleinen Rundturm wird von einem großen neuen Kastell umgeben, das viel höhere Befestigungsanlagen hat. Doch der alte Bau wurde nach wie vor als heilige Stätte verehrt. Während die Mauern der Anlage Schutz gegen die Normannen Siziliens boten, legte man außerhalb der Mauern einen Friedhof an. Von 1057 bis 1148, als Mahdia die Hauptstadt der Ziriden war, wurden die sterblichen Überreste ihrer Herrscher auf dem Seeweg nach Monastir gebracht.

Oben: In diesem Ausschnitt aus einer Seidenarbeit des 12. oder 13. Jahrhunderts, die wahrscheinlich aus Almería stammt, sitzen zwei Figuren auf traditionelle Art einander gegenüber. Es könnten Musikanten sein, die ein tamburinähnliches Instrument spielen. Zwischen ihnen hängt eine Lampe in Form einer Vase, wie man sie oft aus buntem Glas sieht. Textilien wie diese wurden als Tributleistung oder als Geschenk gegeben; sie wurden zu den Schätzen gelegt und galten als gute Kapitalanlage. Solche Seidentücher galten als wertvoll genug, um bei großen Geschäften als Zahlungsmittel Verwendung zu finden.

Rechts: Die unvollkommene Vollkommenheit. Der ungedeckte Turm der unvollendeten Hassan-Moschee in Rabat. Das Bauwerk wurde vom Almohaden-Kalifen Abu Yussuf Yakub al-Mansur zur Feier seines großen Sieges über die Christen bei Alarcos in Spanien im Jahre 1195 begonnen. Nach seinem Tod jedoch wurde der Bau nicht fortgeführt. In der Architektur dieser späten Periode haben sich die ineinander verschränkten Bögen, die den Mihrab der Großen Moschee von Córdoba umgeben, zu einer Gitterfläche entwickelt, die die Strenge dieses hohen, geraden Minaretts auflöst.

ersetzt. Diese Scheiks waren die Stammeshäuptlinge, die die Stämme des Masmuda-Volkes um Ibn Tumart angeführt hatten. Jetzt bildeten sie und ihre Familien die Aristokratie der Bewegung. Sie waren die Kommandanten der Armee und stellten für die jüngeren Mitglieder der königlichen Familie eine Art moralischer Autorität dar. Aus den Reihen der Kinder dieser Scheiks wurde eine Körperschaft von Gelehrten gebildet, die man nicht nur in der Kunst der Kriegführung unterrichtete, sondern auch mit der Aufgabe betraute, die Lehrsätze des Mahdi zu bewahren und gegen Abweichler zu verteidigen. Diese Männer trugen grüne Gewänder und weiße Turbane, hatten wollene Umhänge und gingen in Ledersandalen. Sie begleiteten den Landesherrn auf seinen Reisen und dienten ihm auch als Verwalter für die größeren Städte. Die Reihen der Almohaden-Krieger wurden durch Einheiten von Berufssoldaten, die man in Marrakesch für den Dienst in Spanien verpflichtet hatte, erweitert, und auf diese Weise wuchs die Armee ständig. Nachschub an Truppen gab es auch von den kriegerischen Nomadenstämmen des Algerischen Hochplateaus und aus den Ebenen Ifrikijas, denn die Stammeshäuptlinge dieser Nomadenstämme wurden in den Ebenen als Steuereinzieher und Rekrutenwerber eingesetzt.

Andalusien wurde stark befestigt. Von der Stärke des muslimischen Reiches beunruhigt, förderten die christlichen Könige die Gründung von drei mönchischen Ritterorden, deren Aufgabe die Verteidigung der Landesgrenzen sein sollte. Die Orden trugen die Namen Santiago, Alcántara und Calatrava. Sie ahmten das islamische Konzept des Ribat nach, der ursprünglich auch ein militärisches Instrument für den Heiligen Krieg war. Doch die große muslimische Rückeroberung, die die Christen befürchtet hatten, blieb aus. Im Jahre 1184 fiel der Kalif Abu Yakub in einer Schlacht mit den Portugiesen. Sein Sohn und Nachfolger Abu Yussuf wurde sofort angegriffen – allerdings aus einer vollkommen unerwarteten Ecke: Die Almorawiden, die sich auf die Balearen zurückgezogen hatten, schifften sich nach Ifrikija ein. Marodierend und plündernd gelang es Ali und seinem Bruder Yahja ibn Ghanija, das Land unter ihre Kontrolle zu bekommen. Es bedurfte schon der persönlichen Anwesenheit des Kalifen, um sie in die Wüste zu treiben. Sofort nach seinem Sieg wandte sich Abu Yussuf wieder nach Spanien, um sich mit Kastilien auseinanderzusetzen. Im Jahre 1195 errang er in der Schlacht bei Alarcos einen gewaltigen Sieg. Doch kaum war die Schlacht vorbei, da rührten sich im Osten bereits wieder die Almorawiden.

Die langen Gewaltmärsche, welche die Almohaden-Armee von einem Ende des Maghreb zum anderen bewältigen mußte, waren sowohl eine Herausforderung als auch ein Beweis für die militärische Stärke des Reiches. Abu Yussuf, der nach dem triumphalen Sieg von Alarcos den Titel „Al-Mansur" annahm, hatte diese Demonstration militärischer Stärke bitter nötig. Sein Vetter Abu Yakub, der in Sevilla residiert hatte, war in Religionsfragen recht tolerant gewesen. Unter seiner Herrschaft war der Unterschied zwischen der Doktrin der Almohaden, die das islamische Recht nach den Lehren des Ibn Tumart befolgten, und der übrigen Muslim-Bevölkerung, die den Koran nach der Tradition der Malikiten-Schule interpretierte, nicht übertrieben betont worden. Die Haltung des Kalifen war von einem seiner Schützlinge, dem Philosophen Ibn Ruschd (Averroes), in dem Satz zusammengefaßt worden, es gäbe zwei Arten von Glauben: Gläubigkeit für die Massen und Verständnis des Glaubens für die Elite. Abu Yussuf aber, der sich vornehmlich in Marrakesch nahe dem Ursprung der Almohaden-Bewegung aufhielt und von den Scheiks, die die Führer der religiösen Gemeinde waren, umgeben war, schickte Ibn Ruschd vom Hof. Darüber hinaus verbot er die Malikiten-Schule und ließ deren Bücher verbrennen. Statt dessen sollte das islamische Gesetz nach der Lehre des Ibn Tumart Anwendung finden, der die Gelehrten angewiesen hatte, die Traditionsschriften beiseite zu schieben und sich ihre Meinung direkt aus dem Koran und den Überlieferungen zu bilden.

Dieser Befehl, die seit Jahrhunderten angesammelte Gelehrsamkeit, deren Wahrhaftigkeit gerade durch die Kontinuität der Weitergabe von Lehrer zu Schüler, von Buch zu Buch garantiert wurde, zu verbieten, stellte eine Verleugnung der tiefen Überzeugung der Sunniten dar. Die Sunniten waren der Überzeugung, sie seien dem Gebot und dem Vorbild Mohammeds seit der Gründung des Islam treu gefolgt, in dem sie nach der Sunna lebten. Diese tiefgreifende Reform des Islam im Maghreb war jedoch zu Anfang nicht gegen die malikitische Bevölkerungsmehrheit gerichtet, sondern gegen die orthodoxen Almohaden selbst. Denn der Sultan hatte nicht nur die gelehrten Schriften der Malikiten-Schule für zweitrangig erklären lassen, sondern sogar die Koran-Interpretationen, die der Mahdi Ibn Tumart seinen Anhängern hinterlassen hatte, ihrer Autorität entkleidet und im Vergleich zu den Originalschriften des Islam als zweitrangig eingestuft.

Ziegelmosaiken aus der zerstörten Madrasa, dem Koran-Seminar, das der Zijaniden-Sultan Abu Taschfin in den Jahren 1318 bis 1337 erbauen ließ. Ihre raffinierten geometrischen Figuren gehen nach außen hin unendlich weiter. Um diese Muster und ihre mehr als hundert traditionellen Formen, deren jede einen eigenen Namen hatte, ausführen zu können, mußte ein Handwerker ein Leben lang lernen.

Für die Almohaden war es aber ein Glaubenssatz, daß die Schriften Ibn Tumarts, in denen er den Koran und die alten Manuskripte interpretierte, selbst die letzte Offenbarung Allahs seien. Für die Scheiks als die militärische und religiöse Elite der Almohaden-Bewegung war die Betonung, daß die Werke des Mahdi die oberste Autorität sein müßten, ein Argument gegen die uneingeschränkte Macht des Abu Yussuf. Der Kalif, der als Nachkomme Abd al-Mumins der Hüter der Lehre des Mahdi sein sollte, wurde von den Scheiks mit dem Entzug ihrer Unterstützung bedroht.

Abu Yussuf al-Mansur starb im Jahre 1199, ohne sein letztes Denkmal, die Hassan-Moschee von Rabat, fertiggestellt zu haben. Die Moschee ist auch heute noch unvollendet. Doch die Auseinandersetzung über die Glaubenssätze überlebte ihn. Unter dem neuen Kalifen Al-Nasir, „dem Siegreichen", trieb der Lauf der Ereignisse das muslimische Reich rasch einer Lösung dieser Probleme zu. Das Reich mußte damals einen Zweifrontenkrieg führen, aus dem Al-Nasir herauszukommen versuchte. Im Jahre 1203 eroberte seine Truppe endlich die Almorawiden-Inseln Mallorca und Menorca. 1205 bis 1207 eroberte er Tunis und dessen Hinterland von dem Almorawiden Yahja ibn Ghanija zurück. Dort setzte er den Scheik Abu Muhammad al-Hafsi als Vizekönig ein und stattete ihn mit den Vollmachten aus, die es diesem erlauben sollten, das Land unabhängig von Marrakesch zu regieren. Nachdem er sich durch die Ernennung dieses energischen und fähigen Mannes der Verantwortung für die östliche Provinz entzogen hatte, konnte sich der Kalif auf den Feind in Spanien konzentrieren, der dort gerade dabei war, gegen ihn eine große Koalition aufzubauen. Der Papst hatte zu einem Kreuzzug gegen die Muslime aufgerufen, der Ritter aus Frankreich, Portugal, Kastilien und Aragón zum entscheidenden Schlag gegen die Ungläubigen in einem Heer vereinte. Die Armee der Almohaden, die, wie sie glaubte, von den Männern Andalusiens verräterisch im Stich gelassen worden war, wurde in der Schlacht von Las Navas de Tolosa vernichtend geschlagen. Nur die Pest hielt die Christen davon ab, den Siegeszug fortzusetzen. Al-Nasir zog sich nach Marrakesch zurück, wo er abdankte und starb.

Die große Krise kam im Jahre 1227, als der Kalif Al-Adil im Teich seines Palastes ertränkt wurde. In Marrakesch wurde diese Gelegenheit von den Scheiks der Almohaden dazu wahrgenommen, den ihnen genehmen Kandidaten aus der königlichen Familie zu bestimmen. Doch der Bruder des Ermordeten, Al-Mamun, der Gouverneur von Al-Andalus, bestritt ihnen das Recht zu einem solchen Schritt. Um die Scheiks jeglicher religiöser Autorität zu entkleiden, ging Al-Mamun noch weiter als sein Vorfahre Abu Yussuf, der Sieger von Alarcos, indem er die Autorität des Mahdi Ibn Tumart gänzlich leugnete. Während Abu Yussuf nur behauptet hatte, die alten Schriften seien den Koran-Interpretationen des Mahdi vorzuziehen, leugnete Al-Mamun die Bedeutung des Mahdi und seiner Offenbarungen gänzlich. Statt dessen hielt er wieder die Doktrinen der Malikiten-Schule hoch. Von König Ferdinand III. mit einer Truppe kastilischer Ritter ausgerüstet, setzte er nach Marokko über, um Marrakesch zu erobern und die Scheiks zu massakrieren. Seine Herrschaft über Marokko ging noch auf seinen Sohn über, aber die Handlungsweise Al-Mamuns gab das Signal für einen raschen, drastischen Szenenwechsel im Maghreb.

Nachdem sich die Almohaden von dem Nachfolger Abd al-Mumins derart verraten sahen, suchten sie sich in Abu Zakarija, der seinem Vater im Amt des Vizekönigs von Ifrikija gefolgt war, einen neuen Führer. Der Berber-Fürst Yaghmurasin von Tlemcen, der zuvor ein loyaler Untertan der Kalifen war, erklärte sich jetzt zum unabhängigen Herrscher. In Spanien errang Ibn Hud, ein Nachkomme der Herrscher von Saragossa, die Herrschaft über ganz Andalusien mit Ausnahme Sevillas. Als er sich jedoch weigerte, seinem christlichen Lehensherrn die Stadt Córdoba zu übergeben, nahm der König im Jahre 1236 die Stadt im Sturm. Dieser erste große Einbruch in das Muslim-Land, seit Toledo und Saragossa über hundert Jahre zuvor gefallen waren, wurde gnadenlos ausgenutzt: Aragón eroberte Valencia, und Portugal überrannte die Algarve. In Ibn al-Achmar, einem Andalusier arabischer Abstammung, fand König Ferdinand einen weiteren Verbündeten. Als Gegenleistung für seine Anerkennung als Herrscher von Granada eroberte Ibn al-Achmar im Jahre 1248 die Stadt Jaén für den König. Mit Hilfe Granadas eroberte der König von Kastilien im Jahre 1248 Sevilla.

Noch mindestens weitere zwanzig Jahre, in deren Verlauf Murcia an Kastilien fiel und nur das Bergland um Granada unter muslimischer Herrschaft verblieb, führten die christlichen Könige gegen ihre neuen Untertanen Krieg. Sie vertrieben die Muslime aus den Städten, um mit deren Häusern verdiente Ritter zu belohnen, und setzten auf den Landgütern christliche Herren ein. Die an Kastilien gefallenen Ländereien, auf denen zuvor viele Menschen von intensivem Ackerbau gelebt hatten, wurden jetzt von wenigen

Die Mauern von Tlemcen. Im 12. Jahrhundert wurden die Mauern von den Almorawiden erweitert und im 13. und 14. Jahrhundert von den Zijaniden von Grund auf verstärkt, als sie die Stadt zur Hauptstadt ihrer Dynastie machten und sie zum Objekt wiederholter Angriffe durch die Mariniden von Fes wurde. Die Stadt Tlemcen, durch die der Goldhandel aus dem Sudan von der Wüstenstadt Sijilmasa seinen Weg zum Mittelmeer nahm, war die wirtschaftliche Hebelkraft, mit der die Zijaniden-Herrscher ihre Machtansprüche durchsetzten. Die Macht der Zijaniden wuchs ganz beträchtlich. Gestützt auf den Handel, die Stärke und Loyalität von Tlemcen und die Bündnisse mit arabischen Nomadenstämmen, dehnten die Zijaniden unter der Regierung Abu Taschfins in den Jahren 1318 bis 1337 ihre Macht über das Gebiet des heutigen Algerien aus. Doch der Erfolg des Sultans provozierte die Marokkaner, und nach zweijähriger Belagerung stürmten sie schließlich die Stadt, wobei Abu Taschfin mit dem Schwert in der Hand umkam. Tlemcen errang schließlich wieder seine Unabhängigkeit, doch dieser Zijaniden-Staat des 15. Jahrhunderts war nur noch ein Schattenbild seiner früheren Größe und mußte in einer Umgebung kriegerischer Stämme leben.

kastilischen Adligen für die Viehzucht verwendet. Nur um Valencia herum gelang es der Muslim-Bevölkerung, unter großen Schwierigkeiten ihr eigenes Wirtschaftssystem aufrechtzuerhalten. Muslimische Flüchtlingsströme ergossen sich nach Nordafrika oder drängten sich im Bergland von Granada, wo der Boden mit immer größerer Intensität kultiviert wurde. Unter der vorsichtigen Diplomatie des Ibn al-Achmar und seiner Nachfolger, der Fürsten der Nasriden-Dynastie, lebte dort ein trotziger islamischer Patriotismus auf.

Der Verlust von Al-Andalus und seines Herzlandes im Tal des Guadalquivir war für die Muslime von Dauer. Sevilla, die größte der andalusischen Städte, wurde die Residenzstadt der Könige von Kastilien. Dort lebten sie wie arabische Monarchen im zivilisatorischen Komfort des Südens, den ihnen ihre Muslim-Untertanen bieten mußten. Die Muslime, die geblieben waren, wurden Mudejaren genannt, nach dem arabischen Wort „Mudajjan", was soviel wie „die Gezähmten" bedeutet. Muslimische Architekten lehrten die Christen im Stil der Mudejaren zu bauen. Das war eine recht merkwürdige Situation, in der Alfons, der Sohn Ferdinands des Eroberers, seiner Förderung arabischer Gelehrsamkeit den Titel „der Weise" verdankte, während seine Herrschaft gleichzeitig darauf abzielte, eben die Gesellschaft, deren Gelehrsamkeit er so nobel förderte, zu zerstören.

Während die christlichen Königreiche noch dabei waren, ihre Beute zu verdauen, entstanden bereits neue Beziehungen zu den muslimischen Herrschern von Granada und Nordafrika. Die Hafsiden von Tunis beanspruchten die Souveränität über den gesamten islamischen Westen. Doch dies war ein nomineller Anspruch: Die Idee eines großen, vereinten islamischen Reiches im Westen war immer noch lebendig, doch in der Realität der Politik war die Existenz einer Vielzahl von Einzelstaaten das Ende jeder Einigkeit. Versuche einzelner christlicher wie muslimischer Staaten auf der Iberischen Halbinsel und in Nordafrika, sich zu neuer Größe aufzuschwingen, scheiterten sogleich am Zusammenrücken eifersüchtiger Nachbarn.

Der Angriff, den König Ludwig IX. von Frankreich im Jahre 1270 mit einem Kreuzfahrerheer auf Tunis führte, endete sehr schnell, als der alte König während der Belagerung der Stadt an der Pest verstarb. Eine größere Gefahr für die Muslime stellte Aragón dar, als es gegen Ende des Jahrhunderts Anstrengungen unternahm, aus Mallorca, Menorca, Sardinien, Sizilien und den Küsteninseln von Ifrikija einen Seestaat zu errichten. Piraterie und Eroberungsgelüste – von religiösem Eifer gefärbt – wurden jedoch den Bedürfnissen der Handelsstadt Barcelona, des großen Hafens des aragonesischen Königreiches, untergeordnet. Die katalanischen Kaufleute von Barcelona führten nämlich regen Handel mit Tunis. Von dort erhielten sie Wolle, Wachs und Leder aus Nordafrika und die Gewürze aus dem Mittleren Osten, die sie als Zwischenhändler nach Europa weiterleiteten. Die Könige von Aragón begnügten sich deshalb mit einer jährlichen Tributzahlung der Hafsiden und der Garantie von Privilegien für die königlichen Untertanen in den Häfen Ifrikijas. Mit den Zijaniden, der von Yaghmurasin gegründeten Dynastie, wurden ähnlich günstige Vereinbarungen getroffen, um das Gold geliefert zu bekommen, welches über Tlemcen aus dem westlichen Sudan herangebracht wurde. Im Jahre 1291 ließ sich Aragón von Kastilien die Anerkennung dieser besonderen Interessen im mittleren und östlichen Maghreb zusichern und bot dafür als Gegenleistung die Anerkennung kastilischer Interessen in Marokko an.

Marokko hatte sich inzwischen jedoch wieder zu einer ansehnlichen Macht emporgearbeitet. In Marrakesch vollkommen isoliert, wurden die letzten Abkömmlinge des Abd al-Mumin im Jahre 1269 von den Banu Marin, einem Berber-Volk, das am Rand

Der Alcázar von Sevilla, der für Pedro den Grausamen und Gerechten, den König von Kastilien, Mitte des 14. Jahrhunderts mit Hilfe Granadas wiederaufgebaut wurde. Gebaut um die einzelnen Höfe, die das typische Merkmal des Palastes sind, war der Palast der Ausgangspunkt für die legendären Abenteuer, die der König bei nächtlichen Ausflügen in den Straßen der Stadt erlebte. Vom Thron verjagt, wurde Pedro von Eduard, dem Schwarzen Prinzen, für kurze Zeit auf den Thron zurückgerufen, als jener im Jahre 1367 nach Spanien einmarschiert war.

der Sahara lebte, gestürzt. Diese Berber hatten zuvor bereits Fes erobert und in fünfundzwanzigjährigen Kämpfen ein neues marokkanisches Reich aufgebaut. Ohne einen Propheten oder Mahdi zu benötigen, folgten sie dem Beispiel Ibn Taschfins und Abd al-Mumins. Im Jahre 1275 setzten sie nach Spanien über, besiegten Kastilien und ergriffen in den Streitigkeiten der christlichen Königreiche Partei. Gegen Ende des Jahrhunderts belagerten sie nicht weniger als acht Jahre lang die Stadt Tlemcen. Mit dem Amtsantritt des großen Sultans Abu al-Hassan im Jahre 1331 fiel schließlich die Stadt. Neun Jahre später jedoch wurde die marokkanische Armee von einem vereinten portugiesischen, kastilischen und aragonesischen Heer, dessen Masse gepanzerter Ritter sie nicht standhalten konnte, zermalmt. Vier Jahre später, nachdem zuvor die marokkanische Flotte zerstört worden war, wurde die Hafenstadt Algeciras übergeben, und die lange Geschichte marokkanischer Invasionen der Iberischen Halbinsel war damit beendet. Abu al-Hassan wandte sich der Eroberung Ifrikijas zu. Zwar wurde Tunis im Jahre 1347 erobert, doch der Sultan wurde von seinem Sohn Abu Inan, der in Marokko gegen ihn rebellierte, vertrieben und starb als Flüchtling im Schnee des Atlas-Gebirges. Abu Inan eroberte alles zurück, was sein Vater im westlichen Maghreb verloren hatte, doch das große Reich brach zusammen, als Abu Inan 1358 auf dem Krankenlager von seinem Wesir erstickt wurde, der seinem eigenen Kandidaten zum Thron verhelfen wollte. Mit Abu Inan starb Marokkos Größe.

Granada aber, unter der Nasriden-Dynastie, überlebte. Die zweite Hälfte des 14. Jahrhunderts, als Nordafrika angesichts des Mariniden-Abenteuers erschüttert war, war für den spanischen Stadtstaat eine Periode gesellschaftlicher Hochblüte. Produkte der Handwerker Granadas, die über Almería und Málaga exportiert wurden, mußten das sudanesische Gold einbringen, mit dem sich der Staat die Verschonung vor christlichen Angriffen erkaufen konnte. Da die Grenzen Granadas sicher waren, konnte es sich sein Sultan Muhammad al-Ghani, „der Herrliche“, erlauben, seinen Einfluß jenseits der Meerenge geltend zu machen und sogar einen Gegenkandidaten für den Thron Marokkos zu unterstützen. Der Reichtum der Stadt erlaubte es ihm auch, die Alhambra, die Palastfestung oberhalb der Stadt, fertigzustellen.

Doch die Zeiten änderten sich. Im 15. Jahrhundert gelangte Portugal zu militärischer und politischer Macht. Als die Mariniden-Herrschaft auf wenig mehr als die Gegend um Fes geschrumpft war, eroberten die Portugiesen zuerst Ceuta, dann Tanger und eine ganze Kette von Häfen entlang der marokkanischen Atlantik-Küste. Im Jahre 1479 wurden Kastilien und Aragón durch die Hochzeit König Ferdinands und Königin Isabellas auch politisch vereint. Die Verbindung der beiden Kronen sollte durch einen demonstrativen Akt der Läuterung des Glaubens symbolisiert und gestärkt werden: Der letzte Muslim-Staat auf spanischem Boden mußte fallen. Zehn Jahre erbitterten und hartnäckigen Krieges, in welchem die Festungen Granadas eine um die andere erobert oder ausgehungert wurden, endeten im Jahre 1492, dem Jahr des Kolumbus, als die katholischen Majestäten die Alhambra betraten und Abu Abd Allah, Boabdil, der letzte der Nasriden, hinaus ins Exil ritt.

Die Alhambra-Vase ist ein herrliches Beispiel für die Handwerkskunst im Königreich Granada. Sie gibt ihren Namen einer ganzen Klasse von Vasen, die im 14. Jahrhundert in Málaga hergestellt wurden. Unglasierte Vasen, die diese Form mit den zwei flügelartigen Henkeln haben, wurden zur Aufbewahrung von Wasser verwendet. Diese herrlichen Stücke aber, wie das auf unserer Abbildung, waren oft mehr als einen Meter hoch und wurden meist als Dekorationsstücke verwendet. Manchmal waren sie mit Inschriften versehen, und in mindestens einem Fall stand darauf ein ganzes Gedicht in Goldbuchstaben, das dem Eigentümer Ehre, Reichtum und Glück wünscht.

Die Gesellschaftsstruktur

„Als der Herrscher der Muslime sich entschlossen hatte, für sein Königreich und für seine Regierung eine Stadt bauen zu lassen, um darin Wohnungen für seinen Hof und für sein Gefolge zu schaffen, ritt er am Sonntag, dem dritten Tag des Monats Schawwal im Jahre der Hedschra 674, mit den Architekten und Baumeistern und Handwerkern hinaus zu den Ufern des Flusses Fes, um den geeigneten Bauplatz auszusuchen. Der Zeitpunkt für den Baubeginn wurde von den gelehrten Mathematikern Abu l-Rabi Sulajman al-Ghajjasch und Abu Abd Allah Muhammad ibn al-Habbak errechnet, so daß die Gründung unter günstigen Sternen, zu einem glücklichen Zeitpunkt, unter Segen und Gnade des Herrn stattfand, was für die Langlebigkeit der Stadt, ihr wirtschaftliches Wachstum und die Beständigkeit ihrer Schätze Gutes versprach. Als die Mauern dieser glücklichen Stadt errichtet waren, befahl Abu Yussuf, Herrscher der Muslime, den Bau einer großen Moschee für das Freitagsgebet. Mit dieser Arbeit wurden Abu Abd Allah ibn Abd al-Karim al-Jududi und Abu Ali ibn al-Azrak, der Gouverneur von Meknes, beauftragt. Die Kosten, die für diesen Bau anfielen, sollten aus den Einkünften der Olivenölpresse von Meknes bestritten werden. Außer den Baumeistern arbeiteten nur christliche Gefangene aus Spanien an dem Bauwerk. Im Jahre und 677 wurde die große Moschee fertiggestellt und eingeweiht. Der Bau der jetzigen Kanzel wurde von Al-Gharnati, „dem Granader“, ausgeführt, der ein Meister der Intarsienkunst war. Ein Jahr später wurde auch diese Kanzel fertig und ihrer Bestimmung übergeben. Im Jahre 679 brachte man den großen Kronleuchter an, der 400 Quintar und 15 Ratel (etwa 400 kg) wog und der nicht weniger als 187 Glaslampen hatte. Dieser Kronleuchter wurde von Meister Al-Hijazi, „der aus dem Hedschas in Arabien kommt“, angefertigt und durch die Kopfsteuer, die auf die Juden erhoben wurde, finanziert. Im gleichen Jahr wurde auch die Einfriedung gebaut, die den Monarchen vor den Augen der Öffentlichkeit verbergen sollte. Auch die Souks, die Basarstraße, die vom „Tor der Brücke“ bis zum „Tor der Sanhaja-Quellen“ verliefen, wurden im gleichen Jahr erbaut. Auch ein großer Hammam, ein öffentliches Badehaus, wurde gebaut, und der Herrscher der Muslime – Gott sei seiner Seele gnädig – befahl all seinen Ministern und Gouverneuren, sich innerhalb der Stadtmauern ein Haus zu bauen, und so geschah es auch.“[1]

Eine Residenzstadt wie diese (von den Mariniden zu Beginn ihrer Herrschaft erbaut) war sowohl ein Instrument als auch ein Symbol für königliche Herrschaft. Die Regierungsform war die einer Monarchie, und die Stadt, die den König beherbergte, wurde als ein Denkmal seines Ruhms erbaut. Dieser Ruhm erstrahlte um so heller, weil er dem Ruhm Gottes diente. Und die Errichtung des Gotteshauses wird deshalb auch mit besonderer Sorgfalt beschrieben. Die Mittel, die für den Bau aufgewendet wurden,

Sousse. Der Ribat im Vordergrund wird von den Mauern umschlossen, die im Jahre 859 errichtet wurden. Die Mauern bildeten eine Enklave für die frommen Asketen, die die Besatzung bildeten. Die Mauern, die zur Kasba auf dem Hügel führen, wurden zum Schutz der Stadt erbaut, die nach der Invasion von Sizilien im Jahre 827 hier entstand.

Links: Der Mihrab der kleinen Moschee von Sidi Bel Hassen in Tlemcen, die am Ende des 13. Jahrhunderts von Uthman ibn Yaghmurasin, dem Gründer der Zijaniden-Dynastie, gebaut wurde. Die Moschee, die Ibrahim, dem Bruder des Sultans, geweiht wurde, trägt trotzdem den Namen eines Heiligen. Die außerordentlich schöne Filigranarbeit des Stucks, die dem Bogen der kleinen Nische die Form einer Muschelschale gibt, zeigt die erstaunlich feine Ausarbeitung des Materials, das vom 11. Jahrhundert an zunehmend Verwendung fand, um der immer komplizierter werdenden Ornamentik gerecht zu werden.

mußten diesem Zweck entsprechen. Der Chronist legt deshalb auf die Feststellung wert, daß nur christliche Arbeiter für den Bau herangezogen wurden und daß der große Kronleuchter mit der Kopfsteuer auf die Juden finanziert wurde. Bestimmte Einkünfte wurden für bestimmte Aufgaben verwendet, und aus den persönlichen Einnahmen des Monarchen wurde der Bau der Moschee bestritten. Die Baumeister- und die Handwerkerelite waren für diesen Zweck besonders wichtig, und ihre Namen wurden deshalb besonders sorgfältig aufgezeichnet. Das waren hochbezahlte Experten, die von Hof zu Hof, von Auftraggeber zu Auftraggeber weiterzogen. Im Jahre 1276, als mit dem Bau des Neuen Fes begonnen wurde, entsprachen ihre handwerklichen und künstlerischen Fähigkeiten genau der großen Aufgabe, die sie vor sich hatten.

Wuchtigkeit und Zierlichkeit fanden in der Architektur des muslimischen Westens eine gelungene Verbindung und prägten in der zweiten Hälfte des 13. Jahrhunderts einen Stil, dessen Ursprünge in Al-Andalus liegen, der aber östlich bis nach Tunis hin verbreitet war. Massive Mauern, Türme und Tore, die der Krieg notwendig gemacht hatte, erhielten durch die gelungene Proportionierung, durch die runden oder hufeisenförmigen Bögen der Tore und Fenster und durch die Zierschriften und gitterartigen Steinmetzarbeiten auf den glatten Flächen ein elegantes Äußeres. Dieses Schmuckwerk

Rechts: Das Tor der Moschee-Ruine von Al-Mansura am Fuß des Minaretts. Diese Stadt der Mariniden, die von den Sultanen der marokkanischen Dynastie gebaut und erweitert wurde, als diese im 14. Jahrhundert den mittleren Maghreb eroberten, sollte den Platz der Zijaniden-Hauptstadt Tlemcen einnehmen, die nur drei oder vier Kilometer entfernt lag. Als sich die Mariniden zurückzogen, wurde Al-Mansura aufgegeben und zerstört.

verlieh der monumentalen Wuchtigkeit von Palästen und Gebetshäusern eine ungeahnte Leichtigkeit. Stuck hing wie Stalaktiten aus den hohen Kuppeln und Decken herab, die von schlanken Pfeilern getragen wurden. Dächer aus grünen Ziegeln mit überhängenden Traufen wölbten sich über den Gebäuden. Der Verputz der Innenwände war von einem fein verästelten Blatt- oder Schriftornament durchzogen. Marmorskulpturen, hölzernes Schnitzwerk und die Verwendung bunter Ziegel vervollständigten die Pracht. Die stillen Gebetsplätze der Moscheen waren von Arkadengängen umgeben. Durch die luxuriös ausgestatteten Innenräume der Moscheen und Paläste gelangte man in prächtige Innenhöfe und Gärten. Innerhalb der Zinnen der Residenzstadt, dem Zentrum der Macht, war die Stadt des Königs auch ein Ort der Schönheit und der Heiterkeit. Wie eine Artischokke ihr zartes Herzfleisch beschützt, so schützten die waffenstarrenden Verteidigungsanlagen der Residenzstädte den zarten Kern.

Die Stadt des Sultans war ein Ort des Reichtums, Überflusses und des Luxus und wurde von einem Heer von Dienern bevölkert. Doch bei einem so gigantischen Haushalt, zu dem auch die fürstlichen Vasallen mit ihren eigenen Familien und ihrem Gefolge gehörten, konnte sich sehr wohl auch der Feind einschleichen. Ganz anders als das Schicksal des Neuen Fes, das nicht vom Tod überschattet wurde, verlief das Geschick seiner Schwesterstadt Al-Mansura, „der Siegreichen", die nur 25 Jahre später vom nächsten Mariniden-Sultan erbaut wurde. Um die Stadt Tlemcen belagern zu können, grub man um die ganze Stadt herum einen Graben, warf einen Wall auf und richtete sich ein Lager ein. Aus dem Zeltlager der Belagerungsarmee entwickelte sich bald eine eigene Stadt. Die neue Stadt, eben Al-Mansura, hatte eine eigene Stadtmauer, einen Sultanspalast und eine Moschee, die man über einem Wasserspeicher errichtet hatte, der von Kanälen und Aquädukten, die das Wasser aus den Bergen herbeischafften, gespeist wurde. Auf der Spitze des großen Minaretts der Moschee hatte man drei goldene Äpfel, Kugeln aus purem Gold im Wert von 700 Denaren, angebracht. Man baute sich schöne Häuser und herrliche Gärten. Es gab Bäder, Gasthäuser und sogar ein Krankenhaus. Auf

Oben: Die Aghlabiden-Reservoirs von Kairuan, die im 9. Jahrhundert erbaut wurden, um die Wasserversorgung der Stadt zu verbessern. Das Reservoir auf der linken Seite sammelte das Flußwasser und ermöglichte es, daß der Schlamm sich setzen konnte, bevor das Wasser in das größere Becken geleitet wurde. Dort wurde es mit dem Wasser vermischt, das mittels eines Aquädukts von den Hügeln heruntergeleitet wurde und schließlich durch eine Zisterne in das Bassin gelangte.

die blühenden Märkte der Stadt brachten Händler aus allen Himmelsrichtungen ihre Waren. Eines Tages jedoch verdächtigte der Sultan eine seiner Haremsdamen der Untreue und ließ den obersten Eunuchen, den er der Komplizenschaft beschuldigte, in den Kerker werfen. Das flößte den anderen Eunuchen, die im Frauentrakt arbeiteten, Furcht ein, und sie verschworen sich gegen ihren Herrn. Als der Eunuch, der den Frauennamen Saada trug, einmal die Gemächer des Sultans betrat, fand er diesen auf einem Bett liegend vor, wo er gerade darauf wartete, daß das Henna, mit dem man ihn kunstvoll bemalt hatte, trocknete. Der Eunuch stach dem wehrlosen Sultan in den Bauch und ergriff die Flucht. Er wurde zwar eingefangen und exekutiert, doch Abu Yakub war tot. Al-Mansura wurde aufgegeben, und die Belagerung von Tlemcen war damit beendet. Die Stadt wurde von den Bewohnern von Tlemcen, die zum ersten Mal nach acht Jahren Belagerung einen Ausbruch wagten, vollkommen zerstört.

Die Kunde von diesem Mord erreichte zwei Monate später einen jungen Mann, der sich gerade in der Nähe von Ghoumrassen im Hügelland des südlichen Tunesien aufhielt. Es war der Gelehrte Al-Tijani, der in Begleitung eines Prinzen aus der Hafsiden-Dynastie reiste. Die beiden biwakierten in einem Zeltlager in der Nähe der Stadt Gabes, in der gerade die Pest herrschte, und warteten auf die Ankunft einer Karawane, die Geschenke des Sultans von Marokko für den Sultan von Ägypten mit sich führen sollte. Diese Karawane würde Al-Tijani mit nach Kairo nehmen, von wo aus er zusammen mit seinem Herrn nach Mekka und Medina weiterreisen wollte. Durch die Ermordung Abu Yakubs war die Ankunft der Karawane auf unbestimmte Zeit verschoben, und der Prinz und seine Begleiter mußten sich zwei weitere Monate am Anblick der umliegenden Berge ergötzen.

Diese Berge waren natürliche Festungen, auf denen Berber lebten, die die zahlreichen Höhlen in den Bergschluchten bewohnten. Sie bestellten ihre kleinen Terrassenfelder am Fuß der Felswände und bewässerten sie durch Kanäle, mit deren Hilfe sie das Wasser von großen Flüssen abzweigten. Die Berber hatten eine wirksame Methode, sich selbst zu regieren. Das geschah entweder durch die Fehde, bei der sich einzelne Gruppen gegen andere Gruppen zusammenschlossen, um ein irgendeinmal begangenes Verbrechen zu rächen, oder mit Hilfe eines Ältestenrates. Dieser Ältestenrat legte Streitigkeiten dadurch bei, daß er die Leistungen bestimmte, die der geschädigten Partei zu zahlen waren. Der Ältestenrat setzte die Verhaltensnorm fest, deren Verletzung zumeist mit der Verstoßung aus der Gemeinschaft geahndet wurde. In ähnlicher Weise fand auch die Auseinandersetzung mit Nachbardörfern statt. Auf dem neutralen Boden der Marktplätze mußten solche Streitigkeiten jedoch zurückgestellt werden. Genauso streitlustig verhielten sich die Berber gegenüber den arabischen Nomaden, die auf der Suche nach Weide die Täler des Atlas heraufgewandert kamen. Die Häuptlinge dieser Nomadenstämme repräsentierten in diesem Teil des Landes die Autorität des Sultans, von dem sie dieses Land als eine Art Lehen erhalten hatten. Die Ausübung dieser Autorität hatte sehr oft das Aussehen von Überfällen, deretwegen die Berber gezwungen waren, sich in den Schutz der Felswände zurückzuziehen. Doch zu der Zeit, als sich die beiden Mekkapilger bei Ghoumrassen aufhielten, herrschte dort gerade Waffenstille zwischen den beiden Volksgruppen. Einer der Dorfbewohner, ein gelehrter Mann, arbeitete als Sekretär für den zuständigen arabischen Häuptling. Aus diesem Grund war das Verhältnis zwischen den beiden Völkern ausnahmsweise friedlich, und der arabische Häuptling konnte es wagen, die fürstlichen Reisenden als Gäste in sein Lager zu bitten. Dort war man tatsächlich vollkommen sicher, und keinem der Reisenden wurde auch nur das Geringste gestohlen.

Die Selbständigkeit Ghoumrassens war nichtsdestoweniger gefährdet worden. Als der Prinz und seine Begleiter sich schließlich doch auf den Weg nach Tripolis machten, wobei sie ein Häuptlingsterritorium nach dem anderen durchqueren mußten, kamen sie durch verschiedene Berber-Siedlungen, die sich gerade auf eine Revolte gegen ihre arabischen Bevormunder vorbereiteten. In Zanzur hatte eine solche Revolte bereits stattgefunden, war aber mit dem Schwert niedergeschlagen worden.

Ein Garten in den kahlen Hügeln der Sahara, wo unter der sengenden Sonne das Wasser in unterirdischen Kanälen zwischen den Dattelpalmen fließt, die „mit dem Kopf im Feuer und den Füßen im Wasser“ den Schatten erzeugen, in dessen Schutz Obst und Gemüse wachsen.

Die Berber von Zanzur, die in einer Landschaft von Palmen und Olivenhainen lebten, waren in verschiedene miteinander verfeindete Gruppen aufgespalten, wobei die größte Sippe von einem Zusammenschluß kleinerer Familienverbände bekämpft wurde. Alle miteinander aber waren sie Untertanen des arabischen Häuptlings Salim. Die Araber besteuerten ihre Untertanen nach der Anzahl der Bäume, die diese besaßen, oder nach der Größe des bestellten Landes. Die Araber lebten wie Großgrundbesitzer und die Berber wie Pächter, die zum Lohn für die geleistete Arbeit auf den Feldern einen Teil dessen, was sie produzierten, behalten durften. Das Gebiet von Zanzur hatte Salim vom Sultan als Anerkennung für geleistete Kriegsdienste erhalten. Salim und seine Familie hatten sich durch ihr Ansehen als Krieger politisch, gesellschaftlich und wirtschaftlich weit über ihre Stammesbrüder, die ihre Kamele in den Wasserlöchern entlang der Karawanenstraße tränkten, erhoben.

Besitzverhältnisse dieser Art waren durchaus üblich, wenn der Grundbesitzer auch nicht immer so eindeutig als Herrscher und die Pächter nicht immer so klar als dessen Untertanen zu erkennen waren. Normalerweise entrichtete der Pächter mit einem Teil des Ernteertrages seinen Pachtzins. Die Pacht für ein Stück Land, auf dem das Getreide ohne Wasserregulierung wachsen mußte, war natürlich niedriger als die für ein bewässertes Grundstück. Der mündliche Pachtvertrag galt oft nur für eine Ernte und ließ dem Bauern manchmal nicht mehr als ein Fünftel seiner Ernte. Pachtverträge, die sich auf Land mit Baumbestand bezogen, waren meist von längerer Dauer und nicht ganz so ungerecht, denn die Kultivierung von Nutzbäumen nahm naturgemäß einen längeren Zeitraum in Anspruch. War das Land gar mit einem Bewässerungssystem versehen, so war es für Grundbesitzer wie Pächter enorm wertvoll. Die komplizierte Landzuteilung,

Oben: „Sie dreht sich wie ein Himmel ohne Sterne“; die Noria, das Wasserrad, das die Araber aus dem Mittleren Osten im Maghreb eingeführt haben, war eines der wichtigsten Geräte ihrer Landwirtschaft.

die sich aus dem unterschiedlichen Wert des Bodens ergab, entsprach auch den komplizierten Besitzverhältnissen. Die Möglichkeiten reichten von kollektiver Bewirtschaftung des Bodens und traditioneller Ertragsverteilung bis hin zu Einzelvergabe nach Gutdünken des Grundherrn. Während in abgelegenen Landstrichen die Aufteilung nach traditionellen Verfahrensweisen noch relativ gut funktionierte, galt dies in der Nähe der Städte schon lange nicht mehr. Durch Lehensgaben, Verkäufe oder Erblichkeit von Landbesitz wurde die Kompliziertheit der Verhältnisse noch erhöht und gab ständig Anlaß zu endlosen Streitigkeiten.

Die Landwirtschaft des Maghreb war sehr vielseitig. Am meisten säte man Getreide an, wobei man sich der leichten Pflüge bediente, die man in der Römerzeit kennengelernt hatte. Es wurden jedoch auch viele Baumfrüchte gezogen, die, ergänzt durch Sorten, welche man aus dem Osten eingeführt hatte, von der Zitrone und der Sevilla-Orange bis hin zu Pfirsichen, Granatäpfeln, Bananen und Feigen reichten. Die Legende erzählt, daß Mutamid von Sevilla ganze Hügel nur mit Mandelbäumen bepflanzen ließ, um seine Königin mit dem Schnee von weißen Blütenblättern zu erfreuen. Im Maghreb waren auch Gemüsesorten wie Auberginen und Spargel eingeführt worden. Auch Reis, Baumwolle und Zuckerrohr waren hier bisher unbekannte Pflanzen. Einige dieser Pflanzen bedurften der regelmäßigen Wasserzufuhr, was die Entwicklung von künstlichen Bewässerungssystemen gefördert hatte. Dazu benötigte man vor allem die Noria, das Wasserrad, mit dessen Hilfe Eimer um Eimer voll Wasser in ein Becken gekippt wurde, von dem die Kanäle ausgingen, die die Felder mit Wasser versorgten. Es entstand ein Bewässerungssystem, welches in der Lage war, das Wasser, das aus einer einzigen Quelle stammte, auf alle Grundstücke aller Eigentümer für eine gleich große Zeitspanne in gleich großer Menge zu verteilen. Dieses ausgeklügelte System hat sich auch in christlicher Zeit an der spanischen Mittelmeerküste erhalten. Die Gesetze, mit denen die Wasserverteilung geregelt wird, tragen noch heute deutliche Spuren ihrer Herkunft aus Syrien und dem Jemen.

Die Viehzucht überließ man lieber den wilderen Völkern der kargen Hochebenen und der Wüste. Doch der Beitrag der Viehzucht zur allgemeinen Wirtschaft war von großer Bedeutung. Fleisch war ein wichtiges Nahrungsmittel, und das Schaf als das Tier, welches Abraham anstelle seines Sohnes geschlachtet hat, hatte darüber hinaus auch noch eine religiöse Wertschätzung. Der Metzger, der einem Tier so, wie es das islamische Gesetz

Links: Künstliche Bewässerung in Marokko. „Das tote Land zum Leben erwecken!“ war ein Ausdruck, der für jede Art der Kultivierung von Brachland verwendet wurde. Wenn der Boden ständig bewässert wurde, entstand bald ein Paradies in der Wüste.

Rechts: Korn- und Weinernte, Dreschen des Korns durch Pferde und Weinpresse aus dem „Beatus“ König Ferdinands I. und König Sanchos, der 1047 geschrieben wurde. „Beatus“ ist der Oberbegriff für die vielen Kopien des Apokalypsenkommentars, der etwa um 786 von Beatus, dem Abt von Liébana, verfaßt wurde. Diese Kopien wurden von den Mozarabern, den arabisierten Christen, gemacht. Ihre Kunst stellt die vorherrschende islamische Kunst aus einem andern Gesichtswinkel dar, und zwar in einem Stil, der Elemente der französischen und englischen Manuskriptillustrationen mit islamischen, koptischen und byzantinischen Elementen verbindet.

vorschreibt, die Kehle durchschnitt, erfüllte damit auch eine religiöse Funktion. Tierhäute und Wolle wurden zu Leder und Tuch verarbeitet. Dadurch entstand auch für die Bewohner der abgelegensten Gebiete ein Anreiz, ihre Produkte auf den Märkten der Städte anzubieten.

Die Märkte wurden an bestimmten Wochentagen in den Städten abgehalten. Die Städte waren ebenso von ihrem Hinterland abhängig, wie das Hinterland die Städte brauchte. In den dichter besiedelten Landschaften um die großen Städte herum hatten viele Stadtbewohner auch Landsitze, in deren Gärten sie Gemüse und Obst für den Eigenbedarf ziehen konnten. Als Al-Tijani und seine Reisegenossen endlich in Tripolis anlangten, waren ihre Augen vom strahlenden Weiß, das die Häuser im Licht der Sonne zeigten, geblendet. Der Gouverneur räumte die Zitadelle für seine fürstlichen Gäste, und diese residierten dort nicht weniger als 18 Monate, in denen sie das Eintreffen der Karawane erwarteten, die es dem Prinzen ermöglichen sollte, die Reise in einem Stil, der seinem hohen Rang entsprach, fortzusetzen. Sein gelehrter Freund Al-Tijani verbrachte die Zeit bis dahin mit dem Schreiben von Versen, die er dem Prinzen widmete, und mit der Erforschung der Geschichte und der Altertümer von Tripolis.

Das Judenviertel Córdobas. Die Juden überlebten die Übernahme der Stadt durch die Kastilier im 13. Jahrhundert. Bis zum 15. Jahrhundert ging es den Juden unter christlicher Herrschaft gut, doch dann wurde die gesamte jüdische Gemeinde Spaniens von der Halbinsel vertrieben. Auf der rechten Seite der engen Straße sieht man den Eingang zur Synagoge, die aus dem 14. Jahrhundert stammt.

Die Zitadelle von Tripolis, welche normalerweise von Gouverneuren bewohnt wurde, war ein großes Gemäuer, das teilweise dem Verfall preisgegeben und zur Ruine geworden war. Ein Teil des Gemäuers war an Leute verkauft worden, die Steine zum Bau ihrer eigenen Häuser verwendeten. Ebenso waren die weitläufigen Gärten, die ein früherer Herrscher am Fuß der Zitadelle hatte anlegen lassen, an einen neuen Besitzer gegangen, der sich seinerseits ein Haus darin bauen ließ. Al-Tijani mußte zu seiner Bekümmerung feststellen, daß die offiziellen Bauten der Stadt alle sehr heruntergekommen waren. Die Straßen von Tripolis waren für nordafrikanische Verhältnisse erstaunlich gerade und wie die Linien eines Schachbretts angelegt. Mit der Zeit hatten die Araber, die das strenge rechtwinklige Gittermuster der Straßenzüge von den Römern übernommen hatten, nämlich wieder ihre Vorliebe für Häuser entdeckt, die zur Straße hin nur eine kahle Fassade zeigten. Diese Häuser hatten nur einen einzigen Zugang und führten nach hinten hinaus auf einen viereckigen Innenhof, sie standen fast ohne Lücken Seite an Seite, Rückwand an Rückwand. Auf diese Weise waren die größeren Straßen immer enger und gewundener geworden. Aus den Nebenstraßen wurden kleine Sackgassen, durch die man nur durch eine Ansammlung von Häusern gelangte. Aus dieser Bauweise ergab sich die Gewohnheit, die Eingänge der Häuser lieber nach den Seitenstraßen hin zu bauen, die überschaubarer und deshalb sicherer waren.

Das Ergebnis einer solchen Bauweise wurde zum Beispiel im Alten Fes mit dem Ein- und Ausatmen einer Lunge verglichen, wenn seine Bewohner des Morgens aus der Abgeschiedenheit ihrer Wohnblocks auf die öffentlichen Plätze strömten, um sich nachts wieder in ihre ineinander verschachtelten Behausungen zurückzuziehen. In Spanien ist von den Strukturen dieser Bauweise nur noch wenig zu sehen. Höchstens in der Judería, dem ehemaligen Judenviertel in der Nähe der Großen Moschee von Córdoba, kann man noch sehen, wie sich die Stadtviertel aus lauter kleineren Wohnblocks zusammensetzten. Das Stadtviertel war auch die kleinste Einheit der Gemeindeverwaltung. Das traf nicht nur auf religiöse Minderheiten wie Juden und Christen zu, die in solchen Vierteln nach ihrem eigenen Gesetz und unter den eigenen lokalen Autoritäten lebten. Diese von der Gemeinde gewählten Vertreter waren auch für die pünktliche Bezahlung der Steuer und das Wohlverhalten der Gemeindemitglieder verantwortlich. Der muslimische Bevölkerungsteil bildete ebenfalls Stadtviertel, deren Einwohner sich durch unterschiedliche Herkunft voneinander unterschieden. So war zum Beispiel das Alte Fes durch den Fluß in das andalusische Ufer, das nach den Flüchtlingen benannt war, die 814 aus Córdoba geflohen waren, und das kairuanische Ufer, das nach den Flüchtlingen hieß, die während der Erhebung von 825 von dort geflohen waren, getrennt. Diese Unterscheidung blieb auch dann noch von Bedeutung, als sich die beiden großen Stadtteile längst in kleinere Bezirke und Viertel aufgespalten hatten. Einige dieser Stadtviertel waren reich und beherbergten die Häuser, die nur von einer Familie bewohnt wurden, andere, ärmere Viertel waren mit Häusern vollgepfropft, die viele Mieter beherbergten, wenngleich auch diese Häuser nach demselben Bauschema errichtet wurden wie die der Reichen. Jedes hatte seinen von allen Bewohnern gewählten Obmann.

Ob die Stadtviertel nun arm oder reich waren, sie unterschieden sich immer von den Vorstädten – den gesichtslosen Häuseransammlungen vor den Toren der Stadt. In Córdoba bauten sich die Superreichen weit draußen vor den Toren der Stadt ihre Häuser in der Nähe des Palastes Al-Zahra. Woanders waren die Vororte gerade erst dabei, zu Stadtvierteln zusammenzuwachsen. Hier wohnten vor allem Gelegenheits- oder Saison-

Oben: Der Hof der Daralhorra in Granada. Das Haus wurde etwa 1450 als Privatsitz eines königlichen Prinzen erbaut und ist ein gutes Beispiel für den gebräuchlichsten Baustil jener Zeit. Zwei Stockwerke umgeben einen Innenhof mit Wasserbecken. Das Haus ist in Nordsüdrichtung gebaut und hat an der Nord- und an der Südseite offene Galerien. An der Nordseite erhebt sich bei der Haupthalle ein Aussichtsturm (nur bei den Häusern der Reichen). Eine Vorhalle lief entlang der Nordseite des Gebäudes und konnte durch eine Verandatür betreten werden. Darüber war ein Erkerfenster, das man hier durch die Tür sehen kann. Im zweiten Stock lagen die Frauengemächer. Es gab ein Abwassersystem und Aborte. Im allgemeinen waren es abgeschlossene, wohnliche und elegante Gebäude.

Unten: Außenansicht eines maurischen Hauses in Córdoba. Überhängende Dachtraufen wurden mehr und mehr ausgedehnt, um sich gut von der Wandfläche abzusetzen. Durch die Eingangstür gelangte man in einen Vorraum oder in einen Durchgang, der zum eigentlichen Eingang führte.

arbeiter. Die Unterscheidung zwischen Stadtviertel und Vorort wurde durch die Existenz der Stadtmauer erleichtert. Je mehr die Kunst des Befestigungsbaus sich entwickelte, desto wuchtiger wurden die Mauern, und desto schwerer ließen sie sich verändern. In Tripolis war man zu der Zeit, als Al-Tijani sich dort aufhielt, gerade dabei, einen Graben um die Stadt herum auszuheben, der außerhalb der Stadtmauern mit seinen beiden Enden im Meer münden sollte. Doch die Leute von Tripolis mußten bald feststellen, daß sich der Graben, kaum daß er ausgehoben war, sofort wieder mit Sand zu füllen begann. Die Kosten für solche Verteidigungsbauten waren ganz erheblich und wurden oft aus den Erträgen bestimmter Felder oder eines Badehauses oder einer Gerberei finanziert, etwa so, wie die Moschee des Neuen Fes mit den Einnahmen einer Ölpresse in Meknes finanziert wurde. Stiftungen dieser Art stellten die üblichste Form der Finanzierung von Gemeindebauten, wie Moscheen, Schulen oder Krankenhäusern, dar. Doch mildtätige Spenden, die solche Institutionen regelmäßig erhielten, machten sie oft reich, und die Diener Gottes, die für die Ausstattung und Verwaltung dieser Bauten zuständig waren, hatten mitunter Riesensummen zur Verfügung.

Der Friedhof lag immer außerhalb der Stadtmauern. Er hieß „Stadt der Toten" und war eine Zufluchtsstätte für Verfolgte oder Kriminelle, die dem Zugriff der Polizei entgehen wollten. Der Friedhof von Tripolis war so überfüllt, daß die Gebeine der Toten unter freiem Himmel lagen, was den Reisenden Al-Tijani dazu veranlaßte, seine Leser an jene aufsehenerregende Massenhinrichtung zu erinnern, die wenige Jahre zuvor in Tripolis stattgefunden hatte. Die Hinrichtungen fanden an einem Ort statt, der Musallah, „Ort des Gebets", genannt wurde und ebenfalls vor den Toren der Stadt lag. Er war ein großes offenes Feld, das man normalerweise auch für die Abhaltung größerer Festlich-

Rechts: Ausschnitt eines Seidentuchs aus dem 13. oder 14. Jahrhundert, wahrscheinlich aus Granada. In dieser späten Periode wurden die Figuren, die einander symmetrisch gegenübergestellt waren, durch breite Bandmuster und geometrische Flechtmuster ersetzt. Die geometrischen Formen waren hochentwickelt, hatten starke Linien und helle Farben, denn die Stoffe mußten zu dem ständig verfeinerten Ziegel- und Putzwerk der Gebäude passen.

Unten: Die Alcaiceria von Granada. Der alte Seidenmarkt ist alles, was von den Souks oder Marktstraßen übriggeblieben ist, die die Große Moschee einrahmten. An der Stelle der Moschee steht heute die Kathedrale. Der Name Al-Qaysariya wird heute noch in Fes für solche Geschäftszentren gebraucht.

keiten verwendete. In Dürrezeiten wurden dort die Massengebete abgehalten, mit denen die Bevölkerung der Stadt um Regen flehte. Gleich innerhalb der Stadtmauern lag der Platz, auf dem der Viehmarkt stattfand. Die Lasttiere waren gleichfalls in den Ställen bei den Stadtmauern untergebracht. Diese Tiere waren für eine Gesellschaft, bei der der Gütertransport auf Rädern wegen der landschaftlichen Gegebenheiten wenig entwickelt war, besonders lebenswichtig. Manchmal stellte man sie auch zu ebener Erde in den Karawansereien unter, wo die Kaufleute direkt über ihren Tieren und über ihren wertvollen Waren im ersten Stock des Gebäudes schliefen. In den Souks, den Marktstraßen, die sich in der Innenstadt rund um die Große Moschee schlängelten, ließen sich auch größere Läden finden, die viel Ähnlichkeit mit Warenhäusern unserer Tage hatten. Diese Läden, die mit ihren Markisen, ihren hölzernen Arkaden oder steinernen Gewölben künstliche Tunnels zum Schutz gegen die Sonne bildeten, produzierten selbst einen Teil der Ware, die zum Kauf angeboten wurde: Metall- und Sattlerarbeiten, Korb- und Holzprodukte, jede Arte von Tuch, aber auch Kosmetika und Parfüme. Aufwendigere Handwerksbetriebe, wie Schmieden, Gerbereien oder Töpfereien, die mit dem schwarzen Restprodukt aus den Olivenpressereien, dem Olivenstein, befeuert wurden, waren meist auf ganz bestimmte Stadtviertel beschränkt. Die Läden und Märkte für Lebensmittel waren über die ganze Stadt verteilt. Jedes Viertel hatte seine Bäckerei, in der die Nachbarn aus der unmittelbaren Umgebung ihre Mahlzeiten gar werden ließen, um die Hitze des Ofens nach dem Herausholen der Brote auszunutzen, denn Brennmaterial war knapp. Jedes Viertel hatte sein eigenes Badehaus und seine eigene Moschee. Seit dem 14. Jahrhundert hatte sich in den Städten Nordafrikas eine Institution ausgebreitet, die Madrasa hieß und der Name für eine Örtlichkeit war, in der Studenten der islamischen Wissenschaften miteinander arbeiteten, lebten und beteten. Die Madrasa befand sich oft in der Nähe des Grabes eines heiligen Mannes.

Regiert wurde die Stadt durch eine Kombination von Selbstverwaltung der Städter und von den Befehlen des Gouverneurs. Innerhalb des Hauses herrschte das Familienoberhaupt als unbestrittene Autorität über die Familie. Entstanden im Rahmen der Familie Probleme des Besitzrechtes oder Erbstreitigkeiten, so brachte man sie vor den Kadi, der sie in Übereinstimmung mit den Geboten des Islam entschied. Im Stadtviertel repräsentierte der Obmann des Viertels die Stadtverwaltung. Für den Marktplatz war der Muktasib zuständig. Seine Aufgabe, die offiziell „das Gute anzuleiten und das Böse zu verhindern" hieß, bedeutete in der Praxis, daß er auf Einhaltung der Zollbestimmungen zu achten hatte, eine Aufgabe, die einen erfahrenen Kenner der Marktszene erforderte und die von Stadt zu Stadt anders aussah. Theoretisch war er auch für Reinhaltung der Durchgangsstraßen, für die Badehäuser, die Gasthäuser, die Wasserversorgung und überhaupt für öffentliche Einrichtungen zuständig. Aber es erscheint unwahrscheinlich, daß er diese vielen Funktionen tatsächlich alle ausgeübt hat. Viele der öffentlichen Institutionen waren zum Beispiel fromme Stiftungen, die deshalb eher vom Kadi oder anderen Trägern religiöser Ämter überwacht wurden. Die oberste Autorität der Stadt aber war der Gouverneur, der mit seiner Polizei und seinen Truppen in der Zitadelle residierte.

Dieses System ließ für gewählte Körperschaften, die für die Allgemeinheit Entscheidungen fällen konnten, keinen Spielraum. Leute, die einem gemeinsamen Beruf nachgingen, waren oft miteinander verwandt und lebten in der gleichen Straße, im gleichen Viertel und wurden von einem Beauftragten des Gouverneurs in ihrem Beruf überwacht. Sie konnten sich zwar eine eigene Moschee bauen oder an Festtagen gemeinsam als Berufsgruppe auftreten, aber es wäre sicher zuviel gesagt, wollte man sie als eine Art Berufsgilde beschreiben. Auch einzelne Viertel hüteten eifersüchtig ihre Identität. Die jungen Männer solcher Viertel bildeten große Banden, die auch schon mal kriminell wurden. Diese Jugendbanden traten bei Milizaufgeboten gerne als Kontingent ihres Viertels an.

Die Ulama, die Studenten des islamischen Rechts, waren innerhalb der Stadtbevölkerung eine höchst angesehene Gruppe. Doch da es für all diese Gruppen keine legalen Möglichkeiten gab, auf die Politik der Stadtverwaltung Einfluß zu nehmen, kamen ihre Aktivitäten auch nicht zum Tragen. Unter der Führhung dieser Gruppen konnte die Bevölkerung der Städte der Regierung höchstens entgegenkommen oder sie zu behindern versuchen. Dafür waren Volksaufstände und Rebellion das äußerste Mittel. Solche Aktionen waren die Handlungsweisen von Untertanen, die mit ihrem Herrn momentan unzufrieden, dem zu gehorchen sie aber gewohnt waren.

Es konnten sich keine Interessenvertretungen bilden, da solche Organisationen vom islamischen Recht nicht anerkannt werden. Der Islam kennt nur die Rechte des Individu-

Rechts: Eingang zur Gebetshalle der Qarawiyin-Moschee in Fes mit Blick aus dem Torweg auf den langen schmalen Hof, der an der Fassade entlang verläuft. Der Name bedeutet „Moschee der Leute von Kairuan", die im Jahre 825/826 aus der Hauptstadt Ifrikijas fliehen mußten und sich am linken Ufer des Flusses unterhalb der Hauptstadt der neugegründeten Idrisiden-Dynastie niederließen. Die Moschee wurde im Jahre 859 erbaut, hundert Jahre später vergrößert und im Jahre 1135 von den Almorawiden vollkommen neu erbaut. Sie war die Große Moschee von Fes al-Bali, der „Alten Stadt", die schnell zu einer der größten Städte des muslimischen Westens wurde. Die Moschee wurde als Hauptzentrum des Religionsstudiums in Marokko errichtet und zeigt deutlich, wie sich die Architektur seit der Fertigstellung der Großen Moschee in Córdoba, die jetzt hundert Jahre zurücklag, entwickelt hatte. Ziegel, Bruchstein und weißgekalkter Putz sind an die Stelle von Naturstein getreten. Steinmetzarbeiten und Stuck haben weitgehend den Marmor ersetzt. Das kunstvolle Eingangstor, das mit seinem hufeisenförmigen Bogen in einem rechteckigen Rahmen vom Stil der Omajjaden-Periode abgeleitet ist, entstammt ganz eindeutig einer späteren Epoche. Für die Gläubigen, die es vorzogen, im Hof zu beten, diente das Tor als Mihrab.

ums, niemals die einer Gruppe. Das gleiche galt für die Familie, die als eine Ansammlung von Individuen anzusehen war, welche durch verwandtschaftliche Bande aneinander gebunden waren. Die verwandtschaftlichen Beziehungen wurden immer nur als Einzelbeziehungen gesehen. Solche Beziehungen ergaben sich in der Ehe, bei Scheidungen, Erbschafts- und Testamentsangelegenheiten, bei Ehebrüchen, bei Unterhaltsfragen und so fort. Trotzdem war es gerade die Familie, die durch ihre sittlichen Bindungen das Fehlen von politischen Körperschaften wettmachte, indem sie diejenige soziale Gruppe war, die jedem ihrer Mitglieder einen festen Platz in der Gemeinschaft zuwies und in ihrer Gesamtheit nach außen hin eine politische Macht darstellte, mit der man rechnen mußte.

Die Familie war auch die Grundeinheit der Produktion. Das Ackerland wurde immer von ganzen Haushalten bearbeitet, ganz gleich, ob die Angehörigen dieser Haushalte Landbesitzer oder nur Pächter waren. Auch handwerkliche Kleinbetriebe wurden fast immer von Familien betrieben. Mit größeren Projekten, vor allem dem Bau von Häusern oder Moscheen, wurden verschiedene Baumeister beauftragt, von denen jeder für einen Teilbereich der Arbeit zuständig war, wie wir das beim Bau des Neuen Fes gesehen haben. Die Aufträge für die Baumeister kamen nur unregelmäßig und wurden von Fall zu Fall vergeben. Die Kriegsgefangenen, die beim Bau der Moschee des Neuen Fes als Bauarbeiter erwähnt werden, kamen dem Bauherrn sehr gelegen, aber sie waren sicher nicht unverzichtbar. Es hätten gewiß auch Sklaven zur Verfügung gestanden, aber diese wurden typischerweise lieber in den Haushalten eingesetzt, um den Lebensstandard der Familie zu heben und das Familieneinkommen zu mehren. Solche Arbeitssklaven arbeiteten manchmal auch in eigener Verantwortung. Auf Zuckerplantagen, in Fabriken oder in den Salzminen der Sahara stellten Sklaven ein großes Kontingent an Arbeitskräften. Doch das blieben Ausnahmen. Im Handel bildeten Brüder und Söhne des Familien-Clans ein großes Netzwerk von Kaufleuten, das von Stadt zu Stadt erweitert wurde. Diese Kaufleute führten auch Kommissionsgeschäfte aus, indem sie im Auftrag von Geldgebern Käufe oder Verkäufe tätigten. Für eine begrenzte geschäftliche Transaktion traten die Kaufleute miteinander in Verbindung, wobei ein jeder der Partner sorgfältig seinen eigenen Beitrag und den daraus resultierenden Gewinn abwägte. Doch diese zeitweiligen Partnerschaften waren nach Abwicklung des Geschäftes beendet.

Große Kaufmannsfamilien bedienten sich der Familienbande auch über den Rahmen des eigenen Haushaltes hinaus. Die wirtschaftliche Bedeutung der Großfamilie hatte in den Städten lange nicht mehr die Tragweite, die sie bei den Nomadenvölkern der Wüste hatte. Doch gesellschaftlich gesehen, waren die Familienzugehörigkeit und die Abstammung vom gleichen Ahnherrn eine wichtige Sache, denn sie bestimmten nicht zuletzt die Stellung, die das Individuum in der Gesellschaft einnahm.

Der Platz, den das Individuum in der Kette von Verwandtschaftsbeziehungen einnahm, drückte sich schon in der Namensgebung aus: Ibn bedeutet „Sohn des...", und Abu bedeutet „Vater von..." Als Kollektiv gab sich eine Familie den Namen Banu, „Söhne des... (gemeinsamen Ahnherrn)". Die Abstammung von einer großen Persönlichkeit gab Anlaß zu Stolz oder Neid. Nach außen hin verteidigte man den Familienstolz, indem die ganze Familie des Beleidigten oder Angegriffenen der Familie des Übeltäters die Fehde erklärte. In Orten, die so abgelegen wie Ghoumrassen waren, wurden Fehden als normales Herrschaftsmittel der Regierenden gebraucht. Doch dort, wo der Sultan oder der Kadi größeren Einfluß besaß, galt die Fehde eher als Verbrechen, denn für Gerechtigkeit und Sühne gemäß dem islamischen Gesetz sollte ausschließlich der Staat zuständig sein. Trotzdem war die Fehde ein beliebtes Instrument bei der Auseinandersetzung rivalisierender Familien, die im Dienst eines Herrschers um mehr Macht in der Hierarchie kämpften oder sogar die Macht im Staat selbst anstrebten.

Die Familienstruktur war sowohl vom islamischen Gesetz als auch durch die Tradition festgelegt. Zum Beispiel wurde Familienbesitz bis ins Kleinste gemäß dem islamischen Gesetz an jeden Angehörigen des Clans aufgeteilt. Man konnte den Besitz, einem alten ungeschriebenen Stammeskodex folgend, aber auch unzerstückelt zugunsten der Familie arbeiten lassen. Das Oberhaupt eines Familien-Clans oder der älteste Sohn bestimmten die Richtlinien für die Handhabung der wirtschaftlichen Angelegenheiten der Familie. Die Männer kümmerten sich dabei auch in der Regel um den Besitzanteil ihrer Frauen. In dieser Hinsicht war die Stellung der Frau ziemlich ungünstig, denn ihr Anteil am Familienbesitz wurde bei der Hochzeit in die Hände des Ehegatten übergeben. Deshalb zog man es auch vor, möglichst innerhalb des eigenen Clans zu heiraten. Die ideale Kombination war deshalb auch die Ehe von Cousinen und Vettern der männlichen Linie,

Rechts: Elfenbeinernes Schmuckkästchen, das auf Befehl des Kalifen Hakam II. für seine Konkubine, die Dame Subh, die Mutter seines Sohnes Abd al-Rachman, angefertigt wurde. Als das Kind früh verstarb, folgte ihr zweiter Sohn Hischam unter der Regentschaft seiner Mutter und deren Günstlings Ibn Abi Amir (Almanzor) seinem Vater auf dem Thron. Pfauen, kleine Vögel und Antilopen stehen auf beiden Seiten eines Hauptstengels einander gegenüber. Von dem Stengel gehen beblätterte Zweige in einer alles umschlingenden Arabeske aus. Darüber verläuft ein Inschriftenband, das sich am Rande des Gefäßes entlangzieht.

Oben: Verzierung aus ineinander verschlungenen Stengeln, Früchten, Blumen und Blättern am Palast des Kalifen Abd al-Rachman III. in Al-Zahra, außerhalb Córdobas, in Marmor gemeißelt. In der architektonischen Kunst des 10. Jahrhunderts, als in der Hauptstadt der Reichtum eines großen Landes zusammenfloß, waren hohe Unkosten kein Hindernis, um das Bedürfnis nach reicher Ornamentik, das es in diesem Maße nie zuvor gegeben hatte, zu befriedigen. Der Untergrund trat nun völlig zurück, und der Marmor als traditionelles Baumaterial für Luxusbauten hatte somit seine Grenzen erreicht. Als das Kalifat zugrunde ging und die Konzentration von Reichtümern aufhörte, fand der künstlerische Geschmack in dem billigeren, aber vielseitigeren Material des Gipses seinen Ausdruck.

denn auf diese Weise blieb der Besitz in der Familie. Wenn Ehen zwischen Angehörigen verschiedener Familien geschlossen wurden, dann geschah das zumeist, um dadurch ein dauerhaftes Bündnis zwischen den beiden Familien zu schließen. Da die Frauen in diesem Heiratskarussell so wertvoll waren, wurden sie von Vätern, Brüdern und Ehegatten eifersüchtig bewacht. In der Behandlung der Frauen zeigte sich auch der gesellschaftliche Rang einer Familie. Die Frauen der armen Leute oder der Landbevölkerung durften unverschleiert im Freien arbeiten. Aber jede Familie, die es sich leisten konnte, nach den Geboten des Islam zu leben, der den Frauen nur die unbedingt notwendigen Aufenthalte außerhalb des Hauses erlaubt und jeden Kontakt zu Männern, die nicht zum Haushalt gehören, verbietet, war bemüht, diese Gebote auch zu befolgen.

Die Frauen der Sklaven und die Nebenfrauen erfreuten sich, zumindest solange sie keine Kinder hatten, größerer Freiheit. Itimad al-Rumajkija, eine Sklavin, die nach ihrem königlichen Liebhaber und vormaligen Besitzer hieß, gewann das Herz des Mutamid von Sevilla, als es ihr gelang, einen Vers zu vollenden, mit dessen Beendigung Mutamid seinen Wesir herausgefordert hatte. In seiner Erzählung „Das Halsband der Taube" beschreibt der Dichter Ibn Hazm Freud und Leid der Liebe und läßt einen seiner Helden die Angebetete über die Brücken von Córdoba und die belebten Straßen der Stadt verfolgen. Solche Mädchen waren oft als Musikantinnen oder Tänzerinnen ausgebildet. Sie mußten die noblen Herren an den Höfen unterhalten und vergnügen. Am Ende einer solchen Karriere stand entweder das Dasein als Ehefrau und Mutter oder das

Leben als Prostituierte. Wenn sie Bildung genossen hatten, konnten diese Mädchen auch Gouvernanten werden, die die jungen Prinzen in der Dichtkunst, der Schönschrift und den Lehren des Koran unterweisen mußten. In Córdoba gab es auch Frauen, die sich mit dem Abschreiben von Manuskripten ihren Lebensunterhalt verdienten.

Den Titel Um, „Mutter des...“, erhielten Frauen, sobald sie einem Sohn das Leben geschenkt hatten. Für eine Nebenfrau war das die höchste Stufe sozialer Anerkennung, die sie erreichen konnte. Die Mutter des Omajjaden-Kalifen Hischam II. hieß Subh. Sie war eine baskische Nebenfrau des ehemaligen Kalifen und sicherte ihrem unmündigen Sohn die Thronfolge, wodurch sie zu höchstem Einfluß auf die Regierungsgeschäfte kam. Als Frau konnte sie jedoch diesen Einfluß nur mit Hilfe eines Mannes ausüben, und das war in diesem Fall Ibn Abi Amir. Er war einer ihrer Schützlinge und wurde von ihr als Vertreter der Interessen ihres Sohnes ausgewählt. Doch sein eigener politischer Einfluß wuchs mit der Zeit, und er entledigte sich seiner Rivalin, indem er sie ins Gefängnis werfen oder hinrichten ließ. Er stellte seine Gönnerin, die Mutter des Infanten, kalt und ließ den Sitz der Regierung in seinen Palast verlegen. Als er später der allmächtige Almanzor geworden war, hatte er nichts Eiligeres zu tun, als seine eigene Herrscherdynastie zu errichten. Seine Karriere ist aber ein gutes Beispiel dafür, wie sehr man der Protektion bedurfte, um das Fehlen von Verwandtschaftsbeziehungen auszugleichen oder zu ersetzen.

Vielleicht hatte Almanzor seine Karriere als der Geliebte der Prinzessin Subh begonnen. Häufiger hatte die Protektion einer bedeutenden Persönlichkeit homosexuelle Hintergründe. In einer Gesellschaft, in der das Zusammensein mit Frauen strickt auf bestimmte Gelegenheiten beschränkt war, mußte naturgemäß die männliche Homosexualität aufblühen. Männliche Prostituierte färbten sich mit Henna ihre Gesäßbacken gelb. Ibn Tumart, der Mahdi der Almohaden, hatte diese Strichjungen mit ihren bunt geschminkten Gesichtern in den Straßen von Bijaja öffentlich angegriffen. Junge Männer wurden feurig umworben, und es hieß, daß solche Liebesverhältnisse den Glücklichen Kühnheit auf dem Schlachtfeld verliehen. Am Fuß einer Säule von Al-Zahra erscheint folgende Inschrift:

> „Im Namen Gottes; der Segen Gottes ruhe auf Abd al-Rachman, dem Diener Gottes und Herrscher der Gläubigen. Dies ist eins der Dinge, die er für Schunajf, ‚kleiner Ohrring‘, seinen jungen Sklaven und Freund, im Jahre 342 (953) erbauen ließ. Es ist die Arbeit seines Dieners Sad.“[2]

So ein privilegierter, reicher Jüngling wie dieser Schunajf unterschied sich in wenigem von den „Pagen“ oder „jungen Männern“, die von außerhalb der muslimischen Gebiete (denn dort durfte niemand zum Sklaven gemacht werden) an die Höfe der Fürsten gebracht wurden. Dort gab man ihnen Namen wie Jawhar = Juwel, Sandal = Sandelholz und Anbar = Amber. Sie wuchsen als persönliche Diener ihres Herrn auf, bildeten seine Leibwache und wurden oft seine engsten Berater. Diese „jungen Männer“ bildeten die Kerntruppe der Gefolgschaft, die der Fürst sich aus Sklaven, Freigelassenen und Günstlingen aufbaute.

Dieser perforierte Messingglobus stammt aus dem Venedig des späten 15. Jahrhunderts. Ursprünglich sollte er wohl als Weihrauchspender dienen, doch in Europa, wo solche Stücke von muslimischen Handwerkern angefertigt wurden, diente er als Handwärmer. Der Stil ist eher syrisch oder ägyptisch als der, der im Maghreb üblich war.

Die Zusammensetzung dieser Gefolgschaft war sehr unterschiedlich. Für die Bedienung und Bewachung der Frauen hielt man sich Eunuchen, welche mitunter auch Posten in der Regierung erhalten konnten. Die Sklaventruppe, auf die sich die Omajjaden und Fatimiden noch gestützt hatten, wurden mit der Zeit durch Söldnerheere ersetzt. Die Familien der Wesire, von denen viele Gelehrte waren, dienten sich dem Herrscherhaus als Gefolgsleute an. So breitete sich die Günstlingswirtschaft bald noch weiter aus. Große Männer, die selbst im Dienst des Herrschers standen, schufen sich bald auch ihre eigene Anhängerschaft. Die Gelehrten begriffen sich als Teil einer großen Gemeinschaft, die ihre geistigen Väter über Generationen von Lehrern zurückverfolgen konnten. Die Schüler ein und desselben Lehrers fühlten sich durch das gemeinsame Wissen verwandtschaftlich verbunden. Durch Geschenke und religiöse Stiftungen waren die Herrscher bemüht, sich der Unterstützung dieser einflußreichen Gruppe zu versichern. Je großzügiger diese Stiftungen waren, desto eher ließ sich eine große Anhängerschaft gewinnen. In der Loyalität seiner Gefolgsleute, die der Fürst um sich scharte, kam das Verfassungsideal zum Ausdruck, das das Verhältnis von Herrscher und Volk als eine Art Vertrag auf Gegenseitigkeit ansah. In dem Huldigungseid, der dem Souverän bei dessen Amtsantritt geleistet wurde, wird diese Auffassung von der Gegenseitigkeit der Verpflichtungen besonders deutlich:

„Und dies ist die Ermahnung an den Kalifen und seine Beamten und an das Muslim-Volk, die ihn an euch und euch an ihn bindet, daß er eure Abgesandten nicht mit Feuer versenge oder euch vorenthalte, was seine Regierung euch schuldig ist. Möge er euch geben, was euch zusteht, und sich vor euch nicht verbergen. Möge Gott euch bei der Erfüllung eurer Pflichten und ihm bei der Beurteilung eurer Angelegenheiten helfen."[3]

Diese Worte wurden von jeder Delegation und dem Sultan wechselweise nachgesprochen. Diese Zeremonie fand nur zehn oder fünfzehn Jahre vor der endgültigen Auflösung des Almohaden-Reiches statt. Ende des 14. Jahrhunderts, in einer Zeit noch größerer Umwälzungen, blickte Ibn Khaldun auf diese Zeit des Umschwungs zurück, in der sich das Glück für die muslimische Welt zu wenden schien, und er versuchte gleichzeitig eine Deutung dieses Umstandes. Als Nachkomme einer alten Araberfamilie aus Sevilla hatte er eine hohe Meinung von der Wichtigkeit von Blutsbanden, die die Abkömmlinge eines gemeinsamen Vorfahren in gegenseitiger Loyalität und gemeinsamem Handeln miteinander verbanden. Am reinsten und wirkungsvollsten fand er die Kräfte der Blutsverwandtschaft in der Wildnis unter den Stämmen der Bergvölker und der Wüste. Diese Völker regierten sich selbst und anerkannten nur die Familienehre als oberste moralische Substanz. Am schwächsten fand er diese Kräfte unter den Stadtbewohnern entwickelt, die sich wie Schafe regieren ließen. Auch meinte er, daß die Stammesangehörigen wild, arm und unwissend seien, während die Städter reich, zivilisiert und gebildet waren. Ibn Khaldun entwickelte daher die Theorie, daß es der Natur menschlicher Gesellschaften entspräche, sich von einem Extrem zum anderen und wieder zurück zu entwickeln. Der Zeitpunkt, zu dem eine Gesellschaft zu Größe gelangt, liege also immer zwischen der Barbarei der Vergangenheit und der Dekadenz der Zukunft.

Den Wendepunkt in der Geschichte der Staaten beschreibt Ibn Khaldun folgendermaßen: Aus lockeren Zusammenschlüssen von Stämmen entstanden Eroberungsarmeen, die große Staaten errichteten und Herrscherdynastien herausbildeten. Diese Herrscher regierten zunächst gerecht und umsichtig und schufen die Voraussetzungen dafür, daß die Bevölkerung der Städte wachsen und sich wirtschaftlich entfalten konnte. Das ging so lange gut, bis die Monarchen den Versuchungen des Luxus unterlagen, um dann mit Tyrannei ihre Schwächen zu verdecken. Dies wiederum machte sie zur leichten Beute neuer Eroberer. Es läßt sich kaum ein größerer Kontrast vorstellen als der zwischen dem untergehenden Almohaden-Imperium und der aufstrebenden Mariniden-Macht:

„Als Mahju ibn Abi Bakr an den Wunden verstarb, die er in der Schlacht von Alarcos (1195) erhalten hatte, hinterließ er drei Söhne. Der älteste, Abd al-Hakk, war sein Nachfolger als Führer der Banu Marin. Und Abd al-Hakk erwies sich als einer ihrer besten Fürsten, denn er kümmerte sich um ihr Wohlergehen, ohne ihren Besitz anzutasten, er leitete sie auf den rechten Weg und machte sich über die Zukunft Gedanken. So spielte sich das Leben bei den Banu Marin ab. Im Westen aber, wo der vierte Kalif der Almohaden, Al-Nasir, in der Schlacht von Las Navas de Tolosa gefallen war, nahm ein Kind seinen Platz ein. Die Almohaden machten Yussuf al-Mustansir noch im Kindesalter zu ihrem neuen Kalifen. Kindliche Bedürfnisse und Narreteien lenkten den jungen Kalifen von den Staatsgeschäften und der Regierung seines Königreiches ab. Bald wurden alle Verordnungen der Regierung mißachtet, denn die Almohaden nutzten sofort die Freizügigkeit aus, die er ihren Anmaßungen entgegenbrachte. Jetzt, wo der feste Griff der Tyrannei gelockert war, glaubten sie das zu dürfen. Bald bröckelten die Grenzen des Reiches ab, und die Armee war nicht in der Lage, das Land zu schützen. Während die Almohaden den Dingen ihren Lauf ließen, war ihr guter Stern bereits am Untergehen..."[4]

Wir sollten uns durch die gezielte Rhetorik dieser Worte nicht dazu verleiten lassen, auch die gleichen Schlüsse zu ziehen wie Ibn Khaldun. Dynastien gingen nur selten an der Faulheit eines Herrschers zugrunde, sie konnten im Gegenteil noch viele Jahrhunderte weiterbestehen, solange nur der Herrschaftsanspruch der Dynastie von den regierten Völkern anerkannt wurde. Die königlichen Familien von Nordafrika, die zu Lebzeiten des Ibn Khaldun offensichtlich das Ende ihrer Spannkraft erreicht hatten, überlebten immerhin noch ein ganzes Jahrhundert und mit ihnen die Staaten, die sie regierten. Die Gesellschaft und ihre Zivilisation erwies sich als noch überlebensfähiger. Was Ibn

Die Überreste einer Wassermühle unterhalb der großen Brücke über den Guadalquivir bei Córdoba. Die Wasserkraft auf diese Weise auszunutzen war eine natürliche Erweiterung der hydraulischen Technik, mit deren Hilfe man Wasser für die künstliche Bewässerung und als Trinkwasser herbeischaffte. Dieser Technik lag das Prinzip der Noria, des Wasserrades, für die mechanische Förderung und Verteilung von Flußwasser auf die Kanäle, die zu den Feldern führten, zugrunde. Durch diese Mühle wurde das Wasser doppelt fruchtbar, denn es trieb auch die Mühlräder an, die das Mehl für das tägliche Brot mahlten. Nach der Anzahl seiner Mühlen bemaß man den Reichtum eines Landes.

Khaldun über die Wirtschaft dieser Zivilisation zu erzählen hat, ist eigentlich interessanter.

Habgierige und erpresserische Regierungen sind schlecht für den Staat, denn sie erzeugen bei den Menschen eine Abneigung gegen Arbeit und eine erhöhte Bereitschaft, das Land zu verlassen. Regierungen aber, die das Eigentum ihrer Untertanen respektieren, wie es unter Abd al-Hakk der Fall gewesen sein muß, schaffen die Voraussetzungen für wirtschaftliches Wachstum. Wachstum aber ist nach Auffassung Ibn Khalduns eine Frage des Marktes, dessen Größe wiederum von der Bevölkerungsdichte abhängt. Eine zahlenmäßig starke Bevölkerung ist in der Lage, mehr als das Existenzminimum zu produzieren, denn durch Spezialisierung und Arbeitsteilung konzentrieren sich die Energien des Individuums auf dessen ganz spezielle Aufgabe innerhalb der Gesellschaft. Diese Entwicklung wird durch das Aufkommen vieler verschiedener Gewerbezweige und die Massierung der Bevölkerung in Dörfern und Städten noch gefördert. Neben der Vervollkommnung handwerklicher Fähigkeiten und der Vermehrung des Wohlstandes wird auch der Handel immer weiter ausgebaut. Der Staat sollte dabei mehr leisten als nur den Schutz dieser Entwicklung. Er sollte diesen Prozeß durch Staatsaufträge, an denen auch die Bevölkerung verdient, beschleunigen. Solange der Staat von übertriebener Besteuerung Abstand nimmt, werden seine Einkünfte durch den Reichtum, den zu schaffen er mitgeholfen hat, auf natürliche Weise anwachsen.

Die Staaten, die durch die arabischen Eroberungen im Westen geschaffen wurden, hatten ohne Zweifel eine äußerst dynamische Gesellschaft. Bevölkerung und Reichtum dieser Staaten wuchsen beständig. Die Wirtschaft wurde am Anfang vor allem durch die reiche Beute und die Kriegsgefangenen, die die Araber von ihren Kriegszügen mitbrachten, belebt. Später waren es die Tributzahlungen der unterworfenen Völkerschaften. Als aus ehemaligen Garnisonen und Feldlagern feste Siedlungen wie Kairuan geworden waren, wurde das Wirtschaftsleben mehr von den Städten geprägt. Andererseits erfuhr auch das Hinterland dieser Städte eine Intensivierung der Landwirtschaft, denn die neuen Städte mußten auch versorgt werden. In dem Maße, wie die ehemaligen Heeresstraßen der Araber zu Hauptstraßen der Versorgung des Reiches wurden, blühte auch der Handel auf, und aus den Heeresstraßen wurden Handelswege, die von einem Ende des muslimischen Herrschaftsbereiches bis zum andern verliefen. Diese Straßen erzeugten und befriedigten die Nachfrage nach Luxusgütern, wie Porzellan aus China, Gewürzen aus Indien, Sklaven aus Europa und Schwarzafrika. Künstliche Bewässerung, Bergbau, Keramik, Textilien, Holzverarbeitung, Papier und die Kunst der Kalligraphie – all diese vielen Bereiche menschlichen Schaffens – trugen, jeder auf seine Weise, zur Entstehung einer höheren Zivilisation, des „Umran", bei. An der Entstehung des „Umran'", der islamischen Zivilisation, war der Staat nicht nur durch die Verwaltung des Steueraufkommens, sondern auch als Geldgeber für große Projekte und wirtschaftliche Unternehmungen beteiligt. Im Jahre 955 fuhr ein großes Schiff, bis oben hin mit Gold und Handelswaren beladen, im persönlichen Auftrag des Kalifen Abd al-Rachman III. nach Ägypten, um dort Geschäfte zu machen.

Gewalttätigkeit war jedoch immer mit im Spiel. Sie war ebenso ein Teil des Wirtschaftslebens wie der Politik. Das eben erwähnte Schiff traf auf seiner Fahrt nach Ägypten auf ein Segelschiff der Fatimiden, welches sich gerade auf dem Weg von Sizilien nach Ifrikija befand. Dieses Schiff wurde natürlich gekapert und geplündert. Überhaupt betätigten sich Kaufleute gerne als Piraten. Auch der Krieg konnte ein einträgliches Geschäft sein. Die Stadt Al-Mansura, die Kaufleute aus dem gesamten Maghreb anzog, wurde in der Absicht gebaut, der Stadt Tlemcen wirtschaftlich den Hahn zuzudrehen. Doch mit der Ermordung des Sultans Abu Yakub scheiterte nicht nur die Belagerung, sondern auch dieses Vorhaben. Mehr Glück als Abu Yakub hatten die christlichen Herrscher Spaniens und Siziliens, denen im muslimischen Westen große Eroberungen gelangen. Diese Eroberungen kosteten die muslimische Zivilisation des Maghreb viel von ihrer Lebenskraft. Doch schon bevor Al-Andalus in der Mitte des 13. Jahrhunderts zusammenbrach, gab es gute Gründe, warum das eindrucksvolle Wachstum der muslimischen Wirtschaft nicht unbegrenzt fortdauern konnte.

Seit der Mitte des 11. Jahrhunderts begann sich die Wirtschaft der westeuropäischen Länder ganz so, wie es der Theorie Ibn Khalduns entsprach, enorm auszuweiten. Diese ehemals unterentwickelten Regionen, die höchstens für den Nachschub von Sklaven, Hölzern und Pelzen gut waren, begannen nun, ihre eigenen Produkte zu exportieren und gegen orientalische Luxusgüter zu tauschen. Europäische Kaufleute erlangten bald die Kontrolle über den Mittelmeerhandel. Die Sultane betrachteten diese Kaufleute, die sie besteuern konnten, als eine willkommene Einnahmequelle. Sie ermutigten sie dazu, sich in muslimischen Hafenstädten niederzulassen. Italien, Frankreich und Aragón waren bald die Hauptabnehmer für Wachs, Wolle und Leder aus Ifrikija. Tunis entwickelte sich zum Umschlagplatz für Waren aus den Handelsstädten Alexandria, Barcelona, Marseille und Genua. Die Tendenz, Waren für den Handel mit den aufstrebenden Ländern Westeuropas zu produzieren, blieb nicht auf die islamischen Länder beschränkt. Sizilien belieferte unter seinen christlichen Herrschern die norditalienischen Städte mit Weizen, während das Ackerland Andalusiens, das die Kastilier erobert hatten, in Schafsweide umgewandelt wurde.

Doch die wirtschaftliche Abhängigkeit von einem fremden Markt war, soweit es die islamischen Länder betraf, niemals total. Besonders in Granada erhielt man die traditionellen Wirtschaftsformen des muslimischen Spanien aufrecht, was sich in der Landwirtschaft, im Handwerk und in den Handelsverbindungen nach Nordafrika niederschlug. Im Schatten des christlichen Westeuropa war jedoch auch hier der Spielraum für wirtschaftliche Unternehmungen erheblich beschränkt. Nur kriegerische Unternehmungen boten daher die Möglichkeit, diesen Spielraum zu erweitern. Nach dem Fall Granadas 1492 verfolgten die Spanier die Moriscos, die spanischen Muslime, blutig und vertrieben sie 1609 ganz von der Iberischen Halbinsel. Die meisten der Verfolgten flohen nach Nordafrika, wo sie sich den Korsaren, den nordafrikanischen Piraten, anschlossen. Die Überfälle der Korsaren auf die christliche Seefahrt machten Algier im 16. Jahrhundert zu einer der größten und reichsten Städte des Mittelmeerraumes. Durch die Ausrottung des Islam vom europäischen Festland isoliert, trat Nordafrika als das Land der Barbarei in die Geschichte der Neuzeit ein, als ein Land, in dem Piraterie die wirkungsvollste und profitabelste Aktivität war.

Rechts: Die überkragende Dachtraufe des Alcázar, des königlichen Palastes von Sevilla. Von geschnitzten, hölzernen Balken gestützt, haben diese Traufen unter den grünen Ziegeln des sanft geneigten Daches ein auffälliges, fast chinesisches Aussehen. Sie stammen aus dem Spanien des 14. Jahrhunderts und schützen die kunstvollen Fassaden der Innenhöfe. Das Zedernholz der Stützbalken kommt aus den Bergen Spaniens und Nordafrikas. Die langen Äste der Baumkronen werden noch heute in Marokko und Algerien beim Bau von Balkonen an Häusern der traditionellen Bauart verwendet.

Links: Ein hölzernes Schmuckkästchen aus dem Spanien des 14. Jahrhunderts mit bronzenen Scharnieren und geometrischen Intarsien aus Elfenbein. Goldene Blumenornamente vervollständigen die Verzierungen, die mit den Rosetten auf dem Seidentuch von Seite 49 verglichen werden können.

Das Wesen des Islam

Geschichte ist für den Gläubigen heilige Geschichte. Der Zerstreuung der Söhne Noahs nach der Großen Flut waren die Kräfte der Offenbarung entgegengetreten. Die Propheten Gottes predigten die Botschaft, die immer mehr gehört und verstanden wurde; jene, die die Botschaft nicht hören wollten, wurden vernichtet. Ihre Plätze wurden von den Juden und Christen eingenommen, die den Worten der Propheten gefolgt waren, aber die Botschaft nicht richtig verstanden hatten und für deren wahre Bedeutung blind blieben. Mohammed war es (Gott segne und beschütze ihn!), der letzte und größte Prophet, dem es schließlich gelang, der Wahrheit zum Durchbruch zu verhelfen. Mit ihm hat für die Welt ein neues Zeitalter begonnen. Die Gemeinschaft der wahrhaft Gläubigen, die er begründete, ist die Gemeinschaft der Zukunft. Seit es diese Gemeinschaft gibt, gibt es eine Trennung der Erretteten von den Verdammten, denn es war den Anhängern Mohammeds nicht gelungen, die ganze Menschheit in der Unterwerfung unter Gott zu vereinen. Die Gemeinschaft der Gläubigen wuchs, so war es der Wille Gottes, so stark an, daß sie den größeren Teil der bekannten Welt beherrschen konnte. In ihrem Herrschaftsbereich hat sich die Gemeinde der Gläubigen nach dem Vorbild der göttlichen Ordnung eingerichtet. Die Gemeinde der Gläubigen regiert sich selbst nach dem Gesetz Gottes und beherrscht diejenigen, die wie die Juden und Christen anderen Glaubens sind und unter ihrem Schutz stehen. Jenseits der Grenzen aber wird dieser glückliche Zustand von der Unordnung und Regellosigkeit abgelöst, in der die Christen oder die ganz ungläubigen Heiden leben. Es ist eine heilige Pflicht, diesen unnatürlichen Zustand zu bekämpfen und die Ungläubigen soweit wie möglich zum Gehorsam zu bringen.

Das Verhalten der wahrhaft Gläubigen ist also von unbestrittener Überlegenheit gekennzeichnet. Es wird durch das Gesetz Gottes, die göttliche Vorbestimmung, gerechtfertigt. Dieses Gesetz wurde den Menschen durch die Offenbarungen Gottes an Mohammed gegeben. Der Prophet, der Botschafter Gottes, hatte über einen Zeitraum von zwanzig Jahren Offenbarungen, die er pflichtgemäß verkündigte und die später schriftlich fixiert wurden. Das Buch, das Gott seiner Gemeinde auf diese Weise gab, der Koran (das, was gelesen werden soll), wurde zum höchsten Schatz der Gemeinde. Als das Wort Gottes wurde dieses Buch zum Verfechter der Wahrheit Gottes angesichts von Ungläubigkeit und Ablehnung:

> „Jene, die nicht an Allahs Zeichen glauben und die Propheten grundlos ermorden und die Rechtschaffenen töten, ihnen verkünde schmerzliche Strafe.“[1]

Jene hingegen, die gläubig sind und Gutes tun, wird Allah in

> „Gärten, durcheilt von Bächen, führen. Darin sollen sie geschmückt gehen mit Armspangen von Gold und Perlen, und ihre Kleider werden aus Seide sein.“[2]

Das Mittelschiff der Großen Moschee von Kairuan, das von der Eingangstür aus auf den Mihrab in der Südwand zu verläuft. Die gleiche Orientierung haben alle frühen Moscheen Nordafrikas und Spaniens. Rechts vom Mihrab ist noch die originale hölzerne Kanzel Die Kronleuchter bestehen aus flachen Messingringen mit runden Löchern, in die gläserne Öllampen gehängt wurden.

Die „Jalousie", eine durchbrochene Marmorplatte, die über dem Eingang zur Schatzkammer der Großen Moschee von Córdoba als Fenster dient. Diese Eingangstür ist links vom Mihrab. Rechts davon führt eine Tür in eine Passage, die zum Alcázar läuft und es dem Kalifen ermöglichte, ungesehen von der Gemeinde in seine Loge zu gelangen. Beide Türen, deren hufeisenförmige Bögen dem großen Bogen des Mihrab ähneln, sind, ebenso wie der Mihrab, mit gläsernen Mosaiken verziert. Es heißt, sie seien von byzantinischen Handwerkern aus Konstantinopel geschaffen worden.

Der ganze Umfang des Gesetzes, das im Koran verkündet wurde, wurde durch die Überlieferung, die Sunna, der Worte, Taten und Lebensgewohnheiten des Propheten ausführlich erläutert. Nach dem Vorbild der Sunna lebte die erste muslimische Gemeinde, und ihr eifert die Gemeinschaft der Gläubigen nach.

Die Sunna war eine Angelegenheit, die zu großem Stolz und großer Bescheidenheit zugleich Anlaß gab. Das Gesetz Gottes erhalten zu haben bedeutete auf dem Gipfel der göttlichen Schöpfung zu stehen, gleichzeitig aber auch den Unterschied zwischen dieser Position und der himmlischen Vollkommenheit zu begreifen. Der Stolz sah das himmlische Ideal in der irdischen Realität bereits widergespiegelt. Der Dichter Ibn Raschik sprach von der großen Stadt Kairuan folgende Worte:

> „Wie viele Vornehme und Adelige beherbergte doch diese Stadt. Hell waren sie von Angesicht, doch führten sie stolz die Hand des Schwertes. Sie waren geeint in dem Bestreben, Gott mit Wort und Tat zu dienen und ihm zu gehorchen. Die Stadt war eine Schule großer Gelehrsamkeit, und sie schüttete ihre Schätze gleichermaßen über Volk und Herrscher aus. Gottesfürchtige Männer traf man dort an, die die Wissenschaften der Religion zusammentrugen und die Probleme des Koran und der Tradition interpretierten. Es gab dort Gelehrte, die, wenn man sie fragte, mit ihrer Kenntnis des Gesetzes, ihrer reinen Sprache und ihren Erläuterungen die Wolken der Unwissenheit fortschoben... Als die Anzahl seiner Kanzeln noch der Stolz des Landes war, schätzte man Kairuan wegen der Weisheit seiner Gelehrten. Kairuan, das im Ruhm seiner weisen Männer erstrahlte, leuchtete strahlend über Ägypten und erhob sich über Bagdad."[3]

Die Vergangenheitsform, deren sich der Dichter bedient, ist kein Zufall, denn Ibn Raschik beklagte „die Strafe Gottes", den Untergang Kairuans, als die Stadt vom Sultan und vielen ihrer Bewohner im Jahre 1075 aufgegeben und ein Opfer von Plünderern wurde. In etwas bescheidenerer Sprache sagte sein Dichterkollege Ibn Scharaf über die Stadt: „Gott ist gnädig und vergibt, doch die Sünden von Kairuan haben die Gnade Gottes noch überragt."

Es war fast unvermeidlich, sich irgendwie zu versündigen. Die Realität des Alltages mußte immer hinter dem hochgesteckten Ideal der Religion hinterherhinken. Das islamische Gesetz selbst, in seiner ganzen himmlischen Perfektion, bestand aus so vielen Bestimmungen, die die Details menschlichen Verhaltens reglementierten, daß es von kaum einem irdischen Wesen ganz beherrscht werden konnte, wie hoch der Grad an Gelehrsamkeit auch gewesen sein mag. Schon die Tatsache, daß es vier verschiedene Schulen gab, die das Gesetz verschieden interpretierten, war eine Anerkennung dieser Tatsache. Trotz der Weisheit der Gelehrten blieb doch jedesmal, wenn ein Fall zur Beurteilung vorgelegt wurde, ein Element des Zweifels zurück, eine winzige Möglichkeit, daß man sich geirrt hatte. Dieser Zweifel wuchs um so mehr an, als das Gesetz Allahs im Alltag der Rechtsprechung in zunehmendem Maße durch Gesetze von Menschenhand ersetzt wurde, da man der Ansicht war, daß das theologische Gesetz für weltliche Belange von Politik und Wirtschaft zu umständlich sei. Diese allgemein übliche Praxis mußte von den Gelehrten stillschweigend als Notwendigkeit in einer gottlosen Welt geduldet werden. Die islamische Gemeinschaft war nur ein armseliges Abbild jener Gemeinschaft, die Mohammed durch die Offenbarungen Allahs errichten wollte. Das goldene Zeitalter des Propheten rückte in immer weitere Ferne.

Doch der Befehl „Du sollst Gott dienen!" blieb bestehen. Darin ist der Koran nicht mißzuverstehen. Vom Menschen wurde erwartet, daß er erst lernte und dann die Taten folgen ließ. „Gott hat den Menschen gelehrt, was der zuvor nicht wußte, und hat ihm dadurch eine ungeheure Gunst erwiesen", schreibt Ibn Abi Zajd in der Einleitung zu seiner „Risala". „Es ist wichtig, daß dieses Wissen in der Seele des Menschen so dauerhaft eingraviert werde wie die Inschrift auf einem Stein." Deshalb hat Ibn Abi Zajd seinen Lehrbrief für den Gebrauch im Schulunterricht verfaßt, in dem er die Grundelemente des Gesetzes nach dem Vorbild der Malikiten darlegt. Dieser Brief, die „Risala", den er als Antwort auf eine Bitte um Anleitung in Religionsfragen schrieb, ist seitdem ein Standardlehrbuch geworden. Der Verfasser war gebürtiger Spanier und galt im 10. Jahrhundert als einer der führenden Juristen Kairuans. In der Einleitung der „Risala" heißt es weiter: „Laßt das Kind lernen, was die Zunge sprechen, was das Herz glauben und die Glieder tun sollten, und nicht nur so viel, wie absolut notwendig, sondern so viel, wie wünschenswert wäre. Gott wird dem Gläubigen helfen, ein Leben lang seine Pflicht zu erfüllen, die der Schöpfer von ihm erwartet, vorausgesetzt, der Glaube ist stark genug

„Was Gott mir gegeben hat, ist größer als das, was er dir gegeben hat..." Koran, 27. Sure (Die Ameise), Vers 36–39. Sulajman (Salomon), an der Spitze seiner Armeen, seiner Geisterscharen, seines Heeres von Menschen und Vögeln, weist die Geschenke der Königin von Saba, die die Sonne göttlich verehrt, zurück. Mit der Macht, die ihm Gott über die Dinge der Schöpfung verliehen hat – so daß ihm die Ameise zu seiner Begrüßung unter der Erde entgegeneilt –, droht er ihr mit Unterwerfung und vollkommener Vernichtung. Bevor er sich von seinem Platz erheben kann, bringt ihm ein Geist ihren Thron. Das Blatt ist aus einem Koran des 12. Jahrhunderts und zeigt das typische Schriftbild des Maghreb, das sich in Nordafrika und Spanien selbständig entwickelte. Die runden Zeichen im Text markieren den Anfang und das Ende der Verse. Das Symbol, das aus dem Schlußzeichen herauszuwachsen scheint, ist ein stilisierter Baum oder eine Pflanze und steht für den Garten Eden, in den die Zeilen der heiligen Worte den gläubigen Leser führen.

und der Mensch versucht nicht, weniger zu tun, als absolut notwendig ist." Das Siegel Hakams I. trug die Aufschrift: „Hakam setzt sein Vertrauen in Gott und verläßt sich auf ihn." Das Siegel seines Sohnes Abd al-Rachman II. besagte: „Abd al-Rachman fügt sich in Gottes Beschluß."

Ohne dieses Gottvertrauen, so glaubte man, konnte der Mensch überhaupt nichts vollbringen, hatte er es aber, so konnte er mit Gottes Hilfe auf der Straße zum Paradies voranschreiten. In der Literatur wurden die Monarchen der Omajjaden-Dynastie nachträglich zu Idealtypen hochstilisiert. Die Herrscher sind tapfer und bestimmt, sie sind weise, tugendhaft und gerecht, sie gebrauchen ihre Macht nur, um im Namen des Islam die Ungläubigen zu besiegen und um die himmlische Ordnung auf Erden zu errichten. Abd al-Rachman I. erwartet von den Rebellen den gleichen Gehorsam, den Gott von seinen Geschöpfen fordert, denn er, Abd al-Rachman, war auf seine Weise auch ein Schöpfer, hatte er doch aus der Barbarei eine Zivilisation geschaffen. Hischam ist bereit, auf den Thron zu verzichten, wenn der Kadi sich gegen ihn aussprechen sollte. Hakam betrachtet sich als Instrument der Vorsehung, wenn er Rebellen und Ungläubige in den Tod schickt, um so den Gläubigen das Land als sanftes und bequemes Bett zu hinterlassen. Bei soviel dichterischer Lobhudelei ist eine Charakterisierung wie die des Abd Allah nur selten anzutreffen, die von ihm besagt, er sei „trotz all seiner Frömmigkeit gemein und mordlustig" gewesen.

Gehorsam und Unterwürfigkeit unter ein strenges Regiment mußten natürlich entsprechend belohnt werden. Dem Muslim, ob Mann oder Frau, der sich von ganzem Herzen dem Willen Gottes unterworfen hatte, würde sich schließlich der Garten des Paradieses öffnen. Auf Erden aber hatte der Muslim das islamische Gesetz, und das war nicht immer als einseitige Verpflichtung für den Menschen geschaffen worden. Es sollte

den Menschen vielmehr befähigen, das erfüllte Leben zu führen, das Gott seinen Geschöpfen zugedacht hatte. Gott, so sagt Ibn Abi Zajd, hat den Menschen aus dem Mutterleib auf diese Welt gebracht, damit er sich der Schöpfung Gottes erfreuen könnte. Dabei soll ihm das Gesetz helfen, denn richtig zu handeln bedeutet gut zu handeln, und gut zu handeln aber bedeutet ein erfülltes, erfolgreiches Leben zu führen. Yussuf ibn Taschfin war bei seiner Eroberung sehr darauf bedacht, vor jedem beabsichtigten Schritt die Meinung der Juristen dazu einzuholen. Einfache Muslime suchten Rat in bescheideneren Angelegenheiten. Zum Beispiel: War ein Ehemann, der sich von seiner Frau scheiden lassen wollte und deshalb verpflichtet war, sie mit den zweihundert Goldstükken ziehen zu lassen, die er ihr als Hochzeitsgeschenk gemacht hatte, berechtigt, jene hundertfünfzig Goldstücke, die er von Rechts wegen von ihrem Vater als Beteiligung an den Hochzeitskosten hätte bekommen müssen, von den zweihundert Goldstücken abzuziehen? Für jeden Streitfall, so sagt ein arabisches Sprichwort, kennt das Gesetz eine Lösung.

Wer auf der Suche nach Rechtsbeistand war, tat gut daran, den Sultan zu umgehen, denn der hatte eine rigorose Art, mit Beschwerden umzugehen. Sicherer war es schon, sich an den Kadi zu wenden. Der Kadi wurde vom Sultan ernannt, um nach dem islamischen Gesetz zu urteilen. Alle jene Fälle, in denen der Staat kein unmittelbares finanzielles Interesse hatte, wie Erbschaftsfragen, Familienstreitigkeiten oder Fragen der Schicklichkeit, wurden dem Kadi überlassen. Andererseits aber war der Kadi der anerkannte Bewahrer des islamischen Gesetzes als der höchsten islamischen Autorität für die muslimische Gesellschaft, und in seiner Eigenschaft als moralischer Hüter der Gesellschaft konnte er jeden verklagen, egal, welchen Rang er bekleidete. In Kairuan erteilte der Kadi Ibn Ghanim dem Aghlabiden-Emir eine Lektion darüber, wie ein gerechter Herrscher zu sein hatte. In Córdoba rügte der Kadi Al-Baluti den Kalifen Abd al Rachman III., weil dieser das Dach seines Palastes Al-Zahra hatte vergolden lassen. Seine Funktion als Gewissen der Muslim-Gemeinde verschaffte dem Kadi seine besondere, unangreifbare Stellung.

Doch das strenge Gesicht des Kadi konnte auch lächeln. Al-Kuschanis „Geschichte der Richter von Córdoba" betont die wohlwollende Güte, die bei vielen Richtern trotz der strengen Hingabe an das Recht zu beobachten war. Der gute Richter war im wahrsten Sinne des Wortes großzügig und half mit allem, was ihm zu Gebote stand, ob es sich dabei um einen guten Rat oder um materielle Unterstützung handelte. Er konnte es sich leisten, den Betrunkenen auf der Straße einfach zu übersehen, und sich selbst kleine menschliche Schwächen erlauben. Vom Kadi Muhammad ibn Baschir wurde zum Beispiel gesagt, er kleide sich immer nach dem neuesten Schick. Al-Baluti antwortete auf die scherzhafte Frage: Worin liegt das Vergehen einer Jungfrau, die mit den Knaben um deren Seelenheil willen ins Bett gegangen ist? – Das Problem, so antwortete der Meister schlicht, tauche in den Doktrinen seiner Schule nicht auf.

Außerhalb der großen Städte, wo die Leute ihre Angelegenheiten mit Hilfe des Dorfrates oder der Familie in Ordnung brachten, wurde der Mann des Gesetzes, der Kadi, ebenfalls hoch geachtet. Für solche Gemeinden war das Gesetz der Fehde, das „Auge um Auge, und Zahn um Zahn," oft die einzige Garantie für den Schutz von Leben und Eigentum. Die Gesetze, die in solchen Gesellschaften herrschten, waren vom Islam häufig sehr weit entfernt. Die Weisheit des Islam, die von den Kadis repräsentiert wurde, half jedoch sehr oft, Streitfälle zu beenden, bevor ganze Familien sich gegenseitig durch die Fehde ausrotten konnten. Als zwischen zwei Dörfern des Sahel-Gebietes, an der Ostküste Tunesiens, ein Krieg wegen der Grenzziehung zwischen den Dörfern entbrannte, beeilte sich der Kadi, Scheik al-Jadidi, ein Arrangement zwischen den Parteien herbeizuführen, denn zwei Männer aus einem der Dörfer waren bereits getötet worden, während das andere erst einen verloren hatte. Wegen des größeren Opfers der Gegenpartei wurde dieses Dorf zu einer Entschädigung verurteilt. Grollend erklärten sich die Dorfbewohner mit dieser Regelung einverstanden, und die Grenze zwischen beiden Dörfern konnte endlich festgelegt werden.

Der Hof der Großen Moschee Kairuans mit Blick auf die Gebetshalle. Die Kuppel über dem Haupteingang zur Halle paßt zu der Kuppel des Mihrab an deren Rückseite. Im 9. Jahrhundert erbaut, diente die Große Moschee als Treffpunkt, an dem die Gelehrten des islamischen Rechts im Schatten der Kolonnaden ihre Schüler unterrichteten. Unter dem Hof befindet sich eine Zisterne, in der das Regenwasser gesammelt wurde, um die Stadt damit zu versorgen.

Die große Uhr des Mariniden-Sultans Abu Inan, die im Jahre 1357 in Fez außerhalb der Bou Anania, der von ihm gegründeten Madrasa, welche auch seinen Namen trägt, erbaut wurde. Die dreizehn Glocken auf ihren hölzernen Stützen wurden wahrscheinlich mit Gewichten angeschlagen, die von den Balken herabgelassen wurden, welche oberhalb der Glocken aus der Mauer ragen und die früher ein hölzernes Dach trugen. Es heißt, daß die Türen oberhalb der Glocken beim Läuten aufgesprungen seien. Der Mechanismus des Gerätes ist unbekannt, doch handelte es sich dabei wahrscheinlich um ein Wasserwerk, in dem das Wasser von einem höheren Niveau auf ein niedrigeres herabfloß. Die seltsame Ruine erhielt den Namen „Haus des Zauberers", und die Legende berichtet, daß die Uhr einst einem jüdischen Zauberer aus Meknes gehört habe, dessen Zauberkräfte sie in Betrieb setzten. Es wird auch von einem jüdischen Hexer erzählt, der die Uhr zum Verstummen brachte, nachdem seine Frau beim Klang ihrer Schläge eine Fehlgeburt erlitten hatte.

In Fällen wie diesen mußte das islamische Gesetz oft hinter seinem Vertreter zurückstehen. Der Rat, den der Kadi gab, war wohl mehr an den Umständen, die er vorfand, als am Buchstaben des Gesetzes orientiert – doch das schmälerte die Autorität des weisen Mannes in keiner Weise. Ibn Yasin, der in die Wüste hinunterzog, um mit alten Traditionen aufzuräumen, und dem es gelang, die wilden Wüstenstämme auf die Disziplin des islamischen Rechtes einzuschwören, war ganz bestimmt eine Ausnahme. Im allgemeinen ging die Tendenz bei den heiligen Männern dahin, nicht als strenge Propheten oder Tugendwächter aufzutreten, sondern als Quelle seelischer Kraft, die der altvertrauten Lebensweise ihren Segen geben konnte.

Auch in größerem Rahmen glaubten die Muslime in dieser Welt der Unvollkommenheit nur durch die Gnade und Güte Gottes überleben zu können. Aus dieser Ansicht resultierte ihre Überzeugung, daß das Leben, welches sie führten – mit der Gnade Gottes und den Anleitungen der Kadis –, die einzige gottgefällige Daseinsform war und der Weg, den die islamische Gesellschaft als Ganzes einschlug, schon der richtige Weg war. In einem ganz konkreten Sinn war der Glaube identisch mit der Lebensweise der Menschen. Jedes Mitglied der Gesellschaft wurde darin erzogen, von seinen Mitmenschen, egal, ob Mann oder Frau, arm oder reich, eine bestimmte Verhaltensweise zu erwarten, die das Produkt des gemeinsamen Glaubens sein würde. Dieses Verhalten wurde von der gemeinsamen Routine bestimmt, dem Zelebrieren der Stunden, der Tage, der Wochen, der Monate, der Jahre, der Jahre des Lebens, der Zeit also, in der Gottes Zeit der Ewigkeit entgegenstrebte. „Möge Gott durch den Lauf dieses Gerätes, das die Stunden des Tages anzeigt, das Leben der Stadt und das Bestehen ihrer Grenzen aufrechterhalten und verlängern." Diese Inschrift stammt vom Palast des Normannenkönigs Roger II. in Palermo aus dem 12. Jahrhundert. Die Inschrift ist in arabischer Sprache geschrieben und gibt sehr gut das muslimische Lebensgefühl wieder.

Der Tag, den man von Sonnenuntergang bis Sonnenuntergang rechnete, wurde von fünfmaligem Gebet unterteilt. Die Woche gipfelte im großen, freitäglichen Mittagsgebet, zu dem sich die Gemeinde in der Hauptmoschee des Ortes versammelte, um der Predigt, die im Namen des regierenden Monarchen gehalten wurde, zu lauschen. Der Monat war exakt nach dem Verlauf der Mondphasen eingeteilt, und zwölf Monate bildeten das Mondjahr, das 354 Tage hatte. Die islamische Zeitrechnung beginnt im Jahre 622, dem Jahr, in dem Mohammed von Mekka nach Medina auswandern mußte. Dies geschah im 9. Monat des Jahres 622, weshalb der 9. Monat des Jahres zum Fastenmonat der Muslime, dem Ramadan, gemacht wurde. Im 12. Monat, dem letzten des Jahres, sollte die große Pilgerfahrt nach Mekka stattfinden. Diese wichtigen Ereignisse und Feste im Jahr eines Muslim stehen in keiner Verbindung zum Ablauf des Sonnenjahres und dessen natürlichem Zyklus, wie Saat, Reife und Ernte, Sommer und Winter. Das Mondjahr des gläubigen Muslim brachte ihn von der Kindheit an Jahr für Jahr dem unvermeidlichen Augenblick des Todes näher:

> „Im Namen Gottes, des Mitleidvollen, des Gnädigen! Möge er den Propheten Mohammed und seine Familie segnen und erretten!
> Sprich: Er ist der Einige Gott, Gott der Herr, der nicht gezeugt wurde und nicht zeugt, nichts gibt es, was ihm gleicht.
> Sprich: Es ist eine herrliche Botschaft, der du den Rücken zukehrst!
> Dies ist das Grab des Atija, des Sohnes von Abdun, dem Schneider, verstorben in der zweiten Dekade des Monats Jumada, im Jahre 432 (Januar bis Februar 1041), um Zeugnis davon abzulegen, daß es keinen Gott gibt außer Allah und daß Mohammed der Diener Gottes ist und sein Prophet.“[4]

Marmorrelief von der Fatimiden-Festung Mahdia, die den Monarchem mit einem Musikanten zeigt, der ihm auf einer Art Flöte etwas vorspielt. Der Monarch sitzt mit verschränkten Beinen, seine Krone ist eine Haube aus weichem Material, die in drei Spitzen ausläuft. Darunter trägt er ein Diadem, das gerade in dieser Wandfigur früher einmal mit Edelsteinen besetzt war. Über seinem enggegürteten Gewand verläuft ein Tiraz, ein Inschriftenband. Das Glas mit Wein, das er in der Hand hält, galt als ein Symbol für Macht und Souveränität und wurde nicht mit dem Genuß von Alkohol in Verbindung gebracht, für dessen verschwenderischen Genuß die Aristokratie häufig geschmäht wurde. An der hölzernen Decke der Cappella Palatina im Königspalast von Palermo, die für Roger II. von Sizilien von Fatimiden-Künstlern aus Ägypten ausgemalt wurde, wird der König in der gleichen Positur und mit der gleichen Krone dargestellt.

Dieser einfache Bürger von Kairuan würde seinen Lohn im Himmel erhalten. Diejenigen seiner Zeitgenossen, die ihn überlebten, lebten im Trost des Gesetzes weiter. Im Vertrauen auf das Wort Gottes konnten sie vom Leben das Beste, genausogut aber auch das Schlimmste erwarten. „Die Strafe Gottes“, die wenige Jahre später Kairuan entvölkern sollte, war ein Beispiel für die Unsicherheit des Daseins. Die Mühle, so drückte es Ibn Scharaf aus, hatte sich um ihren Mittelpunkt gedreht und alles, was ihr untergekommen war, zermalmt. Hundert Jahre zuvor hatte Ibn Abi Zajd erklärt, der Mensch müsse an die Vorherbestimmung durch den Beschluß Allahs glauben, der nicht nur das Gute, sondern auch das Böse, nicht nur das Süße, sondern auch das Bittere über die Menschheit bringe. Es sei undenkbar, daß sich das anders verhalte, denn Gott sei zu mächtig, als daß irgend etwas gegen seinen Willen stattfinden oder existieren könne. Dadurch, daß Gott den Menschen den Islam gegeben hatte, fühlten sich die Zeitgenossen Abi Zajds auf einem nie zuvor dagewesenen Höhepunkt der Menschheitsgeschichte. Andererseits war die dadurch gewonnene Erkenntnis von Gottes ungeheurer Macht und den daraus folgenden Konsequenzen für die Menschen ebenso tief sitzend und Furcht erregend. Verglichen mit Gott zählte die Welt überhaupt nicht:

> „Wisset, daß das irdische Leben nur ein Spiel und ein Scherz und ein Schmuck ist und Gegenstand des Rühmens unter euch. Und die Mehrung von Reichtum und Kinderzahl ist wie die Pflanzen, die nach dem Regen den Bauern erfreuen, alsdann aber welken und verdorren wie Stroh.“[5]

Solche Textstellen im Koran schlossen aber keineswegs aus, daß es für bestimmte Anlässe besondere Gebete geben konnte, wie etwa das Gebet um Regen. Die Brücke über den Guadalquivir, den „Großen Fluß“ bei Córdoba, wurde häufig von Wasserfluten zerstört, während andererseits anhaltende Dürre die Ernte vertrocknen ließ. Das alles wurde als der Wille Gottes akzeptiert: „Keine Heimsuchung wird auf Erden oder unter euch stattfinden, die nicht schon im großen Buch geschrieben steht, bevor ich sie über euch bringe.“ So stand es geschrieben.

Die Dichter waren bemüht, nicht nur die Höhepunkte des Daseins zu schildern, sondern ebenso die Heimsuchungen. Und sie hatten allen Grund dazu. Andalusien, dieses reiche und fruchtbare Land, war ständig von zwei Gefahren bedroht: der inneren Unruhe und der Bedrohung von außen. Die beherrschende Stellung Córdobas mußte ständig durch Kriege gegen innere und äußere Feinde verteidigt werden, und der Ausgang dieser Kriege war niemals vorherzusehen. Und was mußte diese Stadt im Lauf ihrer Geschichte nicht alles erleben: Brutalitäten, Massenhinrichtungen, aufgeriebene Armeen! Die Stadt sah die Kreuze der Hingerichteten und die Lanzen, auf die man die Schädel der Besiegten gespießt hatte. Der unablässige Kampf ums Überleben stand in krassem Gegensatz zum Prunk von Al-Madinad al-Zahra, „der Strahlenden“, und er veranlaßte Abd al-Rachman III. zu der Aussage, er habe im Lauf seiner Regierungszeit nur vierzehn sorglose Tage verbracht. Nur unter großer Anstrengung wurde die Fiktion von Harmonie mit einigem Erfolg aufrechterhalten – und das über einen Zeitraum von 250 Jahren.

In der Person des Herrschers Abd al-Rachman III. – des Kalifen Al-Nasir li-Din Allah, „der für den Glauben Siegreiche“, – schien die Vorsehung die Gläubigen zu belohnen. Die Feuer der Zwietracht, so sagt der Chronist, seien erloschen, und der Leib der Politik sei von seiner Krankheit befreit worden. Der Beginn der Regierungszeit wurde mit dem Aufgehen des Neumondes verglichen, der in eine Umlaufbahn tritt. Und wie der Mond zu voller Größe anschwillt, so wuchs auch das Land unter dem Segen Gottes und der Führung Abd al-Rachmans III. Es wurden Siege errungen, der Islam war stark, die Menschen waren glücklich – es war eine gute Zeit! Das goldene Zeitalter vergangener Größe kehrte wieder zurück.

Doch bereits fünfzig Jahre nach dem Tod des Kalifen war die Macht seines Reiches vergangen. Im Jahre 1013 floh der Dichter Ibn Hazm vor der Plünderung durch die Berber aus Córdoba, um erst Jahre später zurückzukehren und den Niedergang des Glanzes dieser Stadt zu beklagen:

> „Ich stand auf den Ruinen unseres Hauses, dessen Spuren man ausgelöscht hatte, dessen Wahrzeichen man getilgt hatte und dessen altvertraute Plätze verschwunden waren. Seine liebevoll gezogene Blüte war in triste Einöde zerfallen. Barbarei war auf Zivilisation gefolgt, Häßlichkeit auf Schönheit. Wölfe heulten, und Teufel spielten in den Schlupfwinkeln der Geister. Die Luxusvillen, aus denen einst süße Melodien drangen, waren zu Behausungen wilder Tiere geworden. Männer wie Schwerter, junge Mädchen mit dem Aussehen von Puppen hatten einst hier gelebt, unter einem Schmuckwerk, das so prunkvoll war, daß man an die Pracht des Himmels erinnert wurde. Doch sie alle waren im Wechsel der Zeit in alle Welt zerstreut worden. Die eleganten Wohnungen von früher waren nun zum Spielzeug der Zerstörung geworden. Sie sahen furchterregender aus als der Rachen des Löwen. Die Häuser legten Zeugnis ab vom Schicksal ihrer Bewohner und kündeten vom nahen Ende der Welt."[6]

Solche Schicksalsschläge wie der, den der Dichter so lebendig und bildhaft schildert, erzeugten eine tiefsitzende Lebensangst. Der gute Muslim verabscheute den Heuchler, denjenigen, der vorgab, etwas zu sein, was er nicht war, wie etwa jene Männer von Medina, die vor langer Zeit dem Propheten Mohammed Gottesfürchtigkeit vorgegaukelt hatten. Nach Ansicht der spanischen Muslime stellten die Heuchler, die mitten im Herzen Andalusiens lebten, eine schlimmere Bedrohung ihrer Zivilisation dar als deren erklärte Feinde, die Christen des Nordens. Als die Festung Bobastro zehn Jahre nach dem Tod des berüchtigten Rebellen Umar ibn Hafsun schließlich eingenommen wurde, wurde dessen Grab in Gegenwart des Kalifen geöffnet. Man fand den Leichnam des Rebellen nach Art der Christen auf dem Rücken liegend vor. Nachdem das schreckliche Geheimnis des heuchlerischen Bösewichtes auf diese Weise gelüftet war, wurden seine Knochen auf einer hohen Säule zum Ergötzen und zur Warnung der Gläubigen in Córdoba ausgestellt.

Solche Gesten wurden ernst genommen. Durch solche Gesten wurden Zeichen gesetzt, die das Verlangen nach Gewißheit befriedigten. Wurde ein Bandit zwischen einem Schwein und einem Hund ans Kreuz geschlagen, so konnte man mit Gewißheit den Grad seiner Verwerflichkeit ablesen. Und der Gerechtigkeit war wieder einmal Genüge getan. Für die Deutung von guten wie schlechten Omen war man gleichermaßen anfällig. Als zu Beginn der Regierungszeit Abd al-Rachmans III. zum erstenmal der Kopf eines Rebellen an den Hof gebracht wurde, faßte man dies als ein gutes Omen für den Herrscher auf. Als andererseits Ibn Hafsun zu Beginn seiner grausamen Karriere mit so wenigen Anhängern und so wenigen Geldmitteln so viele Festungen einnehmen konnte, wurde das als ein Zeichen dafür angesehen, daß Gott seinem Volk zürnte, weil es hartherzig gewesen war und sich dem Bösen zugewendet hatte.

Träume wurden als Ankündigung für Unheil sehr ernst genommen. Gute Träume wurden von Gott gesandt und galten als ein gutes Zeichen. Wenn man schlecht geträumt hatte, mußte man aufstehen und dreimal nach links spucken, wenn man das Übel bannen wollte. Die Deutung von Träumen erforderte besondere Fähigkeiten, denn in den Träumen ließ sich der Wille Gottes ablesen. Träume konnten aber auch eine Warnung oder eine Rüge des Betroffenen enthalten: Ein Schüler, der sich angemaßt hatte, auf dem Marktplatz die Straßenjungen von seinem Meister fernzuhalten, konnte vom Propheten im Schlaf ein paar auf die Finger geklopft bekommen. Nur ein paar Auserwählte hatten die Gabe der Prophetie – besonders wenn zukünftige Größe mit im Spiel war. Bevor die Omajjaden im Osten von der Revolution gestürzt wurden, hatte ein Großonkel des jungen Abd al-Rachman I. gerade noch Gelegenheit, zu prophezeien, daß der Junge mit den zwei Locken auf der Stirn die Dynastie im Westen des Reiches zu neuer Größe emporheben würde. Als der Gouverneur von Kairuan, der den flüchtigen Prinzen töten

Rechts: Ein „schwarzer Maure" wird von den Zinnen der Burg geworfen, als die Aragonesen im Jahre 1229 Mallorca eroberten. Ein Ausschnitt aus den Fresken im Palast von Berenguer de Aguilar in Barcelona.

Unten: In den Mauern der Nekropolis von Chellah außerhalb Rabats liegt der Größte der Mariniden-Herrscher, Abu al-Hassan, begraben. Neben ihm liegt seine Frau Schams al-Duha (Morgensonne), die Mutter seines Sohnes Abu Inan, dessen Aufstand den Tod seines Vaters als Flüchtling im Hohen Atlas im Winter 1352 zur Folge hatte. Nur der Ort, aber nicht die Begleitumstände seines Todes werden auf der Grabinschrift erwähnt, die das Denkmal des „Herrschers der Muslime" schmückt, der unter der Kuppel des Grabmals in Gebetsrichtung begraben liegt.

wollte, von dieser Prophezeiung erfuhr, wurde er darauf hingewiesen, daß er nicht ändern dürfe, was von Gott einmal beschlossen worden war. Todeskandidaten hatten sowieso das zweite Gesicht. Der christliche Märtyrer Perfectus sagte bei seiner Hinrichtung richtig voraus, daß Nasr, der Favorit des Königs, innerhalb von Jahresfrist sterben werde. Doch die geläufigste Methode, die Zukunft vorauszusagen, war die Sterndeuterei.

Die Araber hatten von den Griechen und Römern gelernt, daß man nur die Sterne beobachten mußte, um dem Schicksal auf die Schliche zu kommen. Der Koran selbst sagt, daß „die Himmel und die Sterne für den Gläubigen ein Zeichen" sein sollen. Deshalb zeichnen die Chronisten Fluten, Erdbeben, Stürme und Unwetter, Sonnenfinsternisse (für die es ein besonderes Gebet gab) und alle seltenen Himmelsphänomene auf. Doch auch ohne besondere Naturereignisse machten die Astrologen regelmäßige Berechnungen, wie in der Muslim-Version der Geschichte von Abraham: Bevor Abraham geboren wurde, kamen die Astrologen zu König Nimrod und kündigten ihm die Geburt eines Menschen an, der die alte Religion zerstören würde. Nimrod hatte nun die gleiche Idee wie später Herodes und ließ alle Neugeborenen umbringen. Doch Abraham entkam natürlich seinen Mördern. Die Rolle der Astrologen in dieser Geschichte hat zwei verschiedene Aspekte: Einerseits erscheinen sie und ihre Wissenschaft als Vertreter des Heidentums und als Feinde der wahren Religion, andererseits aber trifft ihre Vorhersage ein. Ibn Abi Zajd läßt in seiner „Risala" keinen Zweifel. Er sagt, daß es verboten sei, die Sterne zu beobachten, es sei denn, um die Tageszeit oder die richtige Gebetsrichtung festzustellen. Almanzor galt ebenfalls als ein Feind der Sterndeuterei, doch ihm waren sowieso philosophische Studien jeder Art ein Greuel. Dem Astrologen Muhammad ibn Juma, der ihm das Ende seines Regimes geweissagt hatte, ließ er die Zunge herausschneiden, bevor er dessen Hinrichtung befahl. Bei dieser Hinrichtung, so

Rechts: „Auf den letzten Feldern werden die Bauern zu Königinnen“ (Ibn Scharaf, Banderas 106). Ein Schachspiel aus dem 13. oder 14. Jahrhundert.

erzählt der Chronist, sei keines der Opfer mehr im Besitz seiner Zunge gewesen. Doch die Episode gibt Aufschluß über die Ansichten und Ängste des großen Mannes. Normalerweise aber galt es als durchaus normal, daß in kritischen Zeiten die Sterne befragt wurden. Als der Sultan Abu Yussuf im Jahre 1276 die Gründung des Neuen Fes plante, konnte er nicht auf das Horoskop verzichten, das ihm seine beiden Astrologen stellen sollten. Diese Vorsicht war weise, denn in den Sternen hätte auch Unheil stehen können:

„Blick auf den König nur,
Der gestern noch geschwelgt in Freuden.
Sieh auch sein Reich, wo Krieg und Wehe herrscht!
Sieh jetzt die Sonne an, wie in der Waage liegend.
Herniedersinkt sie von des Glückes Turm.“[7]

Der hier erwähnte Turm ist eine der zwölf Unterteilungen des Horoskops, die den verschiedenen Konstellationen der Sterne entsprechen, die die Sonne im Lauf eines Jahres durchläuft. In diesem Fall steht der Turm im Zeichen der Jungfrau, der heidnischen Venus, der Göttin der Liebe. Die Stellung eines Astrologen war hoch angesehen, und oft gingen die besten Denker des Landes diesem Beruf nach. Im 11. Jahrhundert wurde das Amt des Astrologen von niemand anderem bekleidet als von dem Kanzler von Ifrikija Ibn Abi l-Rijal. Ihm folgte eine Reihe angesehener Mathematiker in seinem Amt.

Der gute Muslim, der an die Vorherbestimmung glaubte, mußte zu der Ansicht gelangen, daß es genügte, einen Blick auf den Willen Gottes zu werfen, wenn man in den Himmel gelangen wollte. Derjenige, der danach handelte, was ihm die Sterne Allahs zeigten, tat nichts anderes, als das ihm zugewiesene Schicksal zu erfüllen. Die Ansicht Nimrods und des Gouverneurs von Kairuan, man könne mit dem Wissen, welches man durch die Sterne erlangt hatte, das vorherbestimmte Schicksal abändern, mußte dem Muslim als gefährlicher Trugschluß erscheinen. Die Astrologie war ein Mittel der Rückversicherung, dessen man sich nur sehr vorsichtig bediente und das gefährlich nahe an der Grenze zum Aberglauben lag. Almanzor, der seinen unglücklichen Astrologen so schrecklich mißhandeln ließ, wollte mit dessen Tod nicht nur den Verkünder des Unheils vernichten, sondern auch das Unheil selbst abwenden. In den Augen der abergläubischen Bevölkerung war der Mann, der in den Sternen lesen konnte, gleichzeitig ein Hexer, der mit Zauberkräften arbeitete. Das islamische Gesetz anerkannte die Existenz der Schwarzen Kunst. Selbst wenn der Sünder Reue gezeigt hatte, wurde der Hexer mit dem Tod bestraft. Gegen die Hexerei durften Amulette und Beschwörungen eingesetzt werden, denn damit stellte man sich unter den Schutz Allahs. Die Amulette waren mit Versen aus dem Koran oder der heiligen Literatur beschriftet und wurden um den Hals getragen.

Links: „Die Plage eines schrecklichen Tages… die über ihre Täler hereinbricht“ (Koran XVI, 21, 24). Ein Sandsturm in der Sahara.

Ganz oben: Die Mauren kämpfen auf den Leibern der Erschlagenen weiter gegen ihre schwer gepanzerten Gegner. Ein Ausschnitt aus den Fresken, die die Eroberung Mallorcas zeigen.

Oben: Die Hand Fatimas. Ein altes Symbol für Glück und Schutz gegen den „bösen Blick". Es bewacht das Haus in der Altstadt von Fes und dient gleichzeitig als Türklopfer.

Zwischen diesem Antizauber und der Medizin bestand ein fließender Übergang, denn Krankheit war eines jener Übel, die einem durch Hexerei zugefügt wurden. Auch dem „bösen Blick" wurde viel Unheil zugeschrieben, denn einer, der den „bösen Blick" hatte, konnte wissentlich oder unwissentlich seine Mitmenschen verhexen. Um den Effekt des „bösen Blicks" wieder aufzuheben, wurde derjenige, der ihn hatte, gewaschen, und das Waschwasser wurde über seinem Opfer ausgeschüttet. Doch im Vergleich zu den legendären Künsten der großen Zauberer waren das harmlose Spielereien. Marokko, das wegen der Wundertaten seiner heiligen Männer berühmt wurde, gelangte durch diese auch in den zweifelhafteren Ruf, das Land der Zauberer zu sein, das Land, in dem Aladdins Onkel zu Hause war.

Das Thema der Geschichte von Aladdin ist nicht so sehr die Kunst des Zauberers, sondern die Tatsache, daß da ein Mensch Zugang zu den unermeßlichen Kräften der Geisterwelt hatte. Der Geist, der erscheint, sobald man die Lampe reibt, ist eines jener zahllosen Geschöpfe, die sowohl für die guten als auch für die bösen Mächte tätig waren und sich entweder mit den Engeln des Himmels oder den Teufeln der Hölle verbinden konnten.

Die Engel umgaben den Thron des Höchsten und stiegen als Schutzengel zur Erde herab. Jeder Mensch hatte zwei Schutzengel. Von den Teufeln, die die Absicht hatten, die Menschen vom rechten Weg abzubringen, war pro Mensch nur ein einziger für diese Aufgabe vorgesehen. Einige der Dämonen, wie etwa der Geist aus der Aladdin-Geschichte, hatten sogar die Kraft, Häuser und Berge zu versetzen. Als Al-Schajtan, der Herr der Teufel, den Kalifen dazu bringen wollte, das Dach seines Palastes zu vergolden, spielte sich in der Seele des Kalifen ein Kampf zwischen den guten und den bösen Mächten ab. Das jedenfalls war die Meinung des Kadi Al-Baluti. Als die Dichter die Ruinen der Städte und die Einöden der Wüste mit Dämonen bevölkerten, plünderten sie geradezu ihren Schatz an Phantasiereichtum. Ein Bericht aus dem 20. Jahrhundert gibt uns eine wahre Vorstellung von den volkstümlichen Ansichten über die Welt der Geister in Marokko in der Vergangenheit. Diese Ansichten sind nur sehr oberflächlich von den Dogmen des Islam überdeckt worden.

Die Welt ist voll von Geistern, die mit Vorliebe in abgelegenen, verlassenen Orten hausen. Sie können die Gestalt von Katzen, Hunden, Ziegen, Maultieren und sogar von Menschen annehmen und stellen eine ständige Bedrohung für Leib und Leben dar. Blitzschnell greifen sie an, schlagen zu, töten ihre Opfer und sind ebenso schnell wieder verschwunden. Man muß sich, besonders nachts, sehr vor ihnen in acht nehmen und sollte sie möglichst mit Geschenken zu besänftigen versuchen. Einige der Geister, besonders die Hausgeister, sind dem Menschen wohlgesinnt, solange sie nur angemessen behandelt werden. Andere wiederum sind immer böse und fallen den Menschen in Form von Krankheiten an und müssen mühselig exorziert werden. Es gab jedoch auch konstruktivere Dämonen. Das Minarett der Kutubija-Moschee in Marrakesch zum Beispiel wurde von zwei Dämonen so hoch gebaut, daß man von seiner Höhe bis nach Mekka schauen konnte. Doch da erschien ein anderer Dämon und trieb das Minarett mit den Schlägen seiner Schwingen wie einen Holzpflock in die Erde zurück, bis es seine jetzige Größe erreicht hatte.

Einige der umfangreicheren Legenden, die in Berichten des 9. Jahrhunderts auftauchen, tragen die typischen Merkmale des vom Islam beeinflußten Volksglaubens im Maghreb. In der Geschichte vom Oum er-Rebia, einem Fluß in Zentral-Marokko, verstopfte ein böser Geist einmal mit einem Felsbrocken die Quelle des Flusses. Der Sultan von Marokko, dem daran gelegen war, die natürliche Ordnung wiederherzustellen, hatte seherische Fähigkeiten. Durch diese erfuhr er, daß die Quelle erst dann wieder vom bösen Geist befreit sein würde, wenn vierzig weise Männer ihr Leben geben würden. Deshalb ließ er die gelehrten Männer Marokkos zusammenrufen und forderte sie auf, vierzig ihrer Mitglieder zu opfern. Aber diese erklärten, sie seien gar nicht die Richtigen für diesen Zweck, denn ihr ganzes Wissen stamme doch nur aus Büchern. Die richtigen Männer aber seien jene, die ihre Weisheit ihren Eingebungen verdankten, nämlich die Dichter und die heiligen Männer, denn sie bezögen ihre Weisheit durch die Gnade Gottes. Doch als der Sultan auch diese versammelt hatte, lehnten sie seine Forderung ebenfalls ab. Nur der fromme Sidi Rahal trat hervor und erklärte, er werde den bösen Geist alleine besiegen. Er ging daraufhin zu der bewußten Quelle, und es gelang ihm, den Geist durch seine Beschwörungen so in Schrecken zu versetzen, daß dieser kampflos abzog. Das Wasser der Quelle brach wieder hervor, und der weise Sidi Rahal geleitete es mit seinem Stab zum Meer hinunter. Vorher jedoch prophezeite er noch, daß das Wasser unfruchtbar sein werde und niemals Felder oder Gärten ernähren werde. Inzwischen

hatten sich seine Kollegen ihrer Feigheit geschämt und waren ihm zu der Quelle gefolgt, wo sie am Fuß des großen Felsens, welcher die Quelle versperrte, zu beten begannen. Als der böse Geist floh und das Wasser hervorschoß, fiel der Felsen auf die Betenden und tötete sie alle. So war auch die Prophezeiung des Sultans in Erfüllung gegangen. Seit der Zeit hat der Oum er-Rebia alljährlich vierzig Opfer verschlungen, denn jedes Jahr ertrinken viele Menschen in dem Fluß. Durch solche und viele ähnliche Geschichten werden im Maghreb alltägliche Erscheinungen erklärt, die den Lebensstil der Menschen prägen.

Letzten Endes kann eben doch alles gut gehen im Leben, das zwischen den Höhen des Himmels und der Tiefe menschlicher Unwissenheit und Verderbtheit verläuft. Doch der Muslim weiß, daß das Schicksal nicht nur belohnt, sondern auch straft. Das einzige, dessen er vollkommen sicher sein kann, ist der Tod und das Weltgericht. Nur Gott weiß alles, und deswegen ist der Glaube die einzige Hoffnung. Er ist ewig – zu Ihm und in Ihn kehren wir zurück.

Löwen springen Gazellen an. Diese Darstellung befindet sich an der Seite des Alhambra-Bassins, eines rechteckigen Marmortroges aus der Mitte des 11. Jahrhunderts aus Granada. Von Enten und Fischen umrahmt, sind diese Löwenbilder ein typisches Ornament jener Epoche. Dieser Trog diente zur Wasseraufbewahrung für den Alltagsgebrauch. Dieses Motiv stammt aus dem antiken Mittleren Osten. Zusammen mit den Adler- und Greifdarstellungen, die auf der Schmalseite des Beckens zu sehen sind, tauchen diese Motive in den Elfenbeinschnitzereien auf den runden Schmuckkästchen wieder auf, die in Al-Zahra für die Mitglieder der königlichen Familie angefertigt wurden.

Die Mentalität der Araber

Der Mittelschacht des „Turms der Infantinnen". Abseits vom Hauptkomplex des königlichen Palastes wurde dieser alleinstehende Turm in der Nordwand der Alhambra Mitte des 15. Jahrhunderts in einen Pavillon umgewandelt, und zwar, wie es heißt, für drei Prinzessinnen, von denen zwei mit gefangenen christlichen Rittern flohen. Innerhalb des dicken Mauerwerks der Festung sind auf zwei Stockwerken große Zimmer um einen hohen Lichtschacht herumgebaut. Nach oben hin schließt diesen Schacht eine sternförmige Deckenverzierung ab, eine hölzerne Kuppel, von der Stalaktiten aus Stuck herabhängen, für die die Alhambra berühmt ist. Aus einzelnen Prismen, die nur die Fläche ausfüllen, zusammengesetzt, haben diese Stalaktiten längst ihre Funktion als Kuppelträger verloren. Statt dessen bemänteln sie die billigen und zerbrechlichen Strukturen dieser Palastarchitektur, indem sie ein kunstvolles Trugbild schaffen.

„Al-hamdu lillah rabb al-alamin
Al-rahman al-rahim malik yawm al-din
Iyyaka nabudu wa iyyaka nastainu
Uhdina al-sirat al-mustukim

Lob sei Allah, dem Herrn der Welt,
Dem Erbarmer, dem Barmherzigen, dem König am Tag des Gerichts.
Dir dienen wir, und zu Dir rufen wir um Hilfe.
Leite uns den rechten Pfad.[1]"

So beginnt der Koran. Die Sprache ist Arabisch, die Sprache der heiligen Schriften, die Sprache Allahs. Als ein wichtiger Bestandteil des heiligen Textes erschien der Klang der Worte den Gläubigen unvergleichlich schön. Nichts klang ihm so herrlich in den Ohren wie die endlosen Verse des Koran. Die wörtliche Bedeutung des Textes stand hinter der lautmalerischen Perfektion der Verse zurück. Als geschriebene Botschaft eröffneten sie einen Einblick in die Ewigkeit. Das Schriftbild der alten Skripten, deren Buchstaben sich in rechteckigen und runden Formen wie ein Muster dicht ineinander verwoben, war für den Gläubigen von unübertroffener Schönheit. Das Arabische des Heiligen Buches wurde mit dem Auge und dem Ohr aufgenommen und füllte die Seele des Gläubigen mit göttlicher Harmonie.

Diejenigen Muslime, deren Muttersprache das Arabische war, waren zweifellos gesegnet. Die Weisheit, so sagte man, habe bei den Chinesen ihren Sitz in der Hand, bei den Griechen im Kopf, bei den Arabern aber in der Zunge. Von den drei Völkern hatten die Araber das größte Geschenk erhalten. Ihre Redegewandtheit und Zungenfertigkeit war der Beweis für die Mission, die sie der Welt gegenüber zu erfüllen hatten. Schon bevor der Islam zu ihnen gekommen war, zeigte sich dies ganz offensichtlich in ihrer Dichtkunst, die in ihrer Vortrefflichkeit ein zwangsläufiges Produkt arabischen Genies war. Die klassischen Werke aus der „Zeit der Unwissenheit" zeigten bereits, daß die Araber für die große Aufgabe bestimmt waren, der Menschheit „Wissen" zu bringen. Seit der Stunde der Wahrheit im Leben des Propheten wurden diese heidnischen Oden nur noch vom Koran an Erhabenheit übertroffen. Die Oden nahmen einen wichtigen Platz im islamischen Kanon ein und wurden wegen ihrer Vieldeutigkeit und wegen der subtilen Geheimnisse, die in der Wortbildung lagen, bis ins kleinste von Sprachforschern untersucht, deren Wissenschaft ein Teil der Religion war. Der ununterbrochene Fortbestand dieser Dichtkunst auch bei denjenigen, für die das goldene Zeitalter des Propheten weiter und weiter zurücklag, wurde bei diesen als eindeutiger Beweis für das Wohlwollen Gottes aufgefaßt.

Die Versform blieb unverändert. Die Zeilen, deren jede in zwei Hälften geteilt war, wurden in jedem Gedicht von einem einzigen Reim und einem einzigen Rhythmus bestimmt. Für den Rhythmus gab es fünf grundsätzliche Möglichkeiten, aus denen eine

Rechts: In der Oase Mzab in der nördlichen Sahara leben die Nachkommen der rebellischen Berber des 8. Jahrhunderts, die Charidschiten. Sie haben sich ihre Identität dadurch bewahrt, daß sie an den unorthodoxen Formen des Islam festhielten, die sie im Jahrhundert nach ihrer Niederlage in Ifrikija entwikkelt hatten.

Unten: Das „Buch Gottes“ in den Farben des Himmels: Goldbuchstaben auf blauer Seide, geschrieben in der eckigen kufischen Schrift, die man im 9. Jahrhundert in Kairuan pflegte. Wir wissen von Briefen, die im 10. Jahrhundert von Konstantinopel nach Spanien geschickt wurden und die als Zeichen königlicher Würde auch Goldbuchstaben auf blauer Seide zeigten. Die Schreiber, die man mit so einer Arbeit betraute, waren große Künstler. In der königlichen Kanzlei waren sie wichtige Persönlichkeiten, auf die die Herrscher nicht verzichten konnten, wenn sie Regierungserlasse schriftlich verbreiten wollten.

ausgewählt wurde. Sie trugen die Bezeichnungen „geschlossen“ „schwingend“, „lang“, „fließend“ und „leicht“. Der Reim bestand darin, daß man jede Zeile mit dem gleichen Buchstaben enden ließ, was bei Gedichten, die viele hundert Zeilen lang waren, einen ungeheuren Einfallsreichtum und konzentrierte Denkarbeit erforderte. Nach diesem Einfallsreichtum wurde die Leistung des Dichters bemessen. Das Werk war im wahrsten Sinne des Wortes einmalig.

Der Inhalt dieser Gedichte entsprach im Prinzip dem der *Kasida,* der früharabischen Ode. Kasida bedeutet soviel wie „einem Ziel entgegenreisen“. Passenderweise gipfelte die klassische arabische Ode auch immer in der Beschreibung einer Reise durch die Wüste. Die einzelnen Abschnitte dieser Ode, deren Hauptthema zumeist die Suche nach einer verlorengegangenen Liebe ist, reihen sich wie die Perlen einer Kette aneinander. Als Einstimmung auf das Schlußthema, welches in der Regel die Lobpreisung irgendeines adligen Herrn war, wurde der heroische Geist des Beduinenkriegers vergangener Tage beschworen. Mit dem Anwachsen der arabischen Zivilisation wurde die Thematik der Kasida erweitert, um auch das höfische Leben der Städte mit einbeziehen zu können. Die Ereignisse bei Hofe wurden jetzt in kleineren Gedichten, die nicht mehr die epische Breite der alten Oden hatten, besungen. Die bildreiche Sprache der Wüste ging jedoch niemals ganz verloren, und die Kasida als Kunstform wurde beibehalten. Von den klassischen Oden sind oft nur Bruchstücke in der Überlieferung erhalten. Wenn man die Fragmente in der Reihenfolge der Themen, wie sie in der vollständigen Ode aufgetaucht sein mögen, zusammenstellt, so erhält man eine Vorstellung davon, wie vielschichtig die Themen waren, die in solch einer Kasida behandelt wurden, und wie das Original des Werkes ausgesehen haben mag.

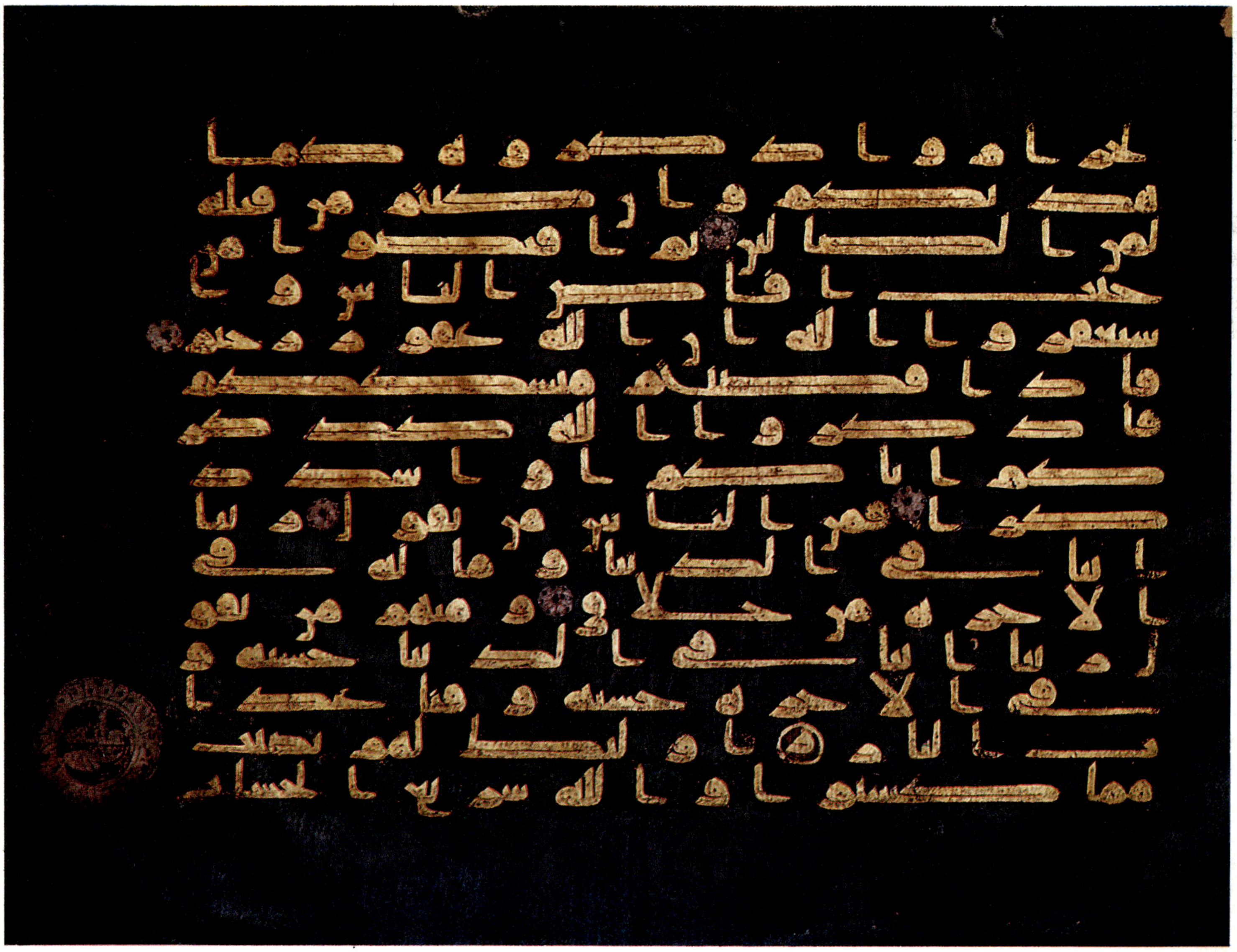

Die klassische Kasida begann mit der Beschreibung der wüsten Einöde, die der Dichter bei seiner Rückkehr zu dem verlassenen Ort, in dem einst die Geliebte wohnte, vorfand. Für die Dichter des Maghreb konnte das hier gezeichnete Bild sehr wohl auch auf die Beschreibung einer Ruinenstadt zutreffen:

„Das Haus steht leer wie längst verlaßne Braut,
Die schamhaft hinterm Schleier sich versteckt.

Die dunkle Nacht zieht auf und Einsamkeit,
Die längst vergeßne Schmerzen neu erweckt.

Kein Licht ist in der Welt, nur Sterngesicht
Hat seine kalten Augen aufgereckt.

Der Sand hat alle Spuren längst verweht,
Der Sturm hat sie mit Kräuselstaub bedeckt.

Ein Schrei aus fernen Gräbern zieht vorbei,
Ein Klagelaut, der alles Leben schreckt.“[2]

Für den, der im Exil leben mußte, war die Stadt selbst die verlorene Geliebte geworden:

„O Kairuan, daß ich ein Vogel wär'
Und sähe dich mit Augen voll Verlangen.

Dein Anblick, Stadt der Städte, fehlt mir sehr.
Wie lange soll ich, Liebste, nach dir bangen?[3]*“*

Doch die Vergangenheit ist tot. Nur im Traum kehrt sie zurück, um den grauhaarigen Dichter mit der Erinnerung an seine Jugend zu quälen.

Die Jugend war die Zeit des sinnlichen Vergnügens, in der der Dichter noch das Leben führte, das er in seinen Gedichten verherrlicht. Der einzigartige Charme des Mädchens der Wüste, den sich der Held der klassischen Ode in der Wildnis wieder in Erinnerung ruft, wird von ihm in erotischer Stimmung so ausgedrückt:

Oben: Die Sanddünen der Sahara in der Gegend von Sijilmasa. Hoch wie Berge sollen die Dünen in dem legendären „Fluß des Sandes“ gewesen sein, der dem Dhu 1-Qarnayn, Alexander dem Großen, den Weg versperrte, als er in die fabelhafte Stadt Brass im Land der untergehenden Sonne reiste. Sein arabischer Name „der Mann mit den zwei Hörnern“ bezieht sich auf seinen historischen Besuch des Tempels des Zeus Ammon in der Oase von Siwa, westlich des Nils, wo er sich mit dem widderköpfigen Gott, einer Gottheit der Griechen, Ägypter und Libyer, gleichsetzen ließ. Im Legendenzyklus der arabischen Romane ist Alexander der Große eine epische Gestalt, deren Reisen ans Ende der Welt mit dem Suchen des Menschen nach Gott in der Zeit, ehe es den Islam gab, gleichgesetzt werden.

„In deinen Augen ist ein sanfter Zauber,
Auf schlankem Hals wie Mondschein dein Gesicht.

Das Feuer deiner Augen ist gleich Schwertern,
Wenn du befiehlst, man widersteht dir nicht.

Und wer dich liebt, dem leuchten deine Wangen
Wie Früchte vom Granat im Morgenlicht.

Wogt deiner Glieder doppeltes Gefüge
Sanddünen gleich, betörend, aber schlicht,

So läßt ein Lächeln deine Zähne blitzen
Wie Perlenschnüre, schön're sah ich nicht.

Doch wie der Hüfte leisen Schwung beschreiben,
Da mir ihr Anblick immer noch gebricht."[4]

Einem Knaben fehlten zwar die Kurven, doch er war ebenso begehrenswert:

„Nun ist das Bärtchen doch gewachsen,
Aus Schönheit ward Vollkommenheit.

Und mit ihm wuchs auch meine Liebe,
Dein Freund ist voller Seligkeit.

Fühl jetzt auch Liebessehnsucht wachsen
Am Ende deiner Kinderzeit.

Denn dieser Bartwuchs schenkt dir Reize,
Die Zierde der Erwachsenheit.

Lob sei dem Herrn, der dir verliehen
Zur Anmut auch die Männlichkeit."[5]

Rechts: Harpyien, Vögel mit Menschenköpfen, sitzen auf den Rücken von Löwen. Dieses Seidentuch aus Al-Andalus stammt ungefähr aus dem Jahre 1100. Männer in langen Panzergewändern kämpfen am Rande des Medaillons mit Greif-Vögeln. Innerhalb der kleineren Kreise, die die größeren Kreise in einem Gesamtmuster verbinden, besagen Inschriften, daß das Stück in oder für Bagdad hergestellt wurde, wahrscheinlich um den Kunden zu täuschen. Das Tuch, von dem wir hier einen Ausschnitt sehen, wurde in der Tat im Grab des heiligen Pedro von Osma (gestorben 1109) in der Kathedrale von Burgo de Osma im Tal des Duero in Altkastilien gefunden. Dies ist ein gutes Beispiel dafür, daß viele islamische Textilien als Schätze der christlichen Kirche überlebt haben. Weder ihre muslimische Herkunft noch die üblichen muslimischen Inschriften standen einem Gebrauch für kirchliche Zwecke im Weg.

Der erste Bartwuchs wurde nicht immer so geschätzt – wie dem auch sei, solange die Liebe anhielt, war sie köstlich:

„Es war eine Nacht voller Seligkeit,
Sie blieb bei mir bis zum frühen Tag.

Die Hände um meine Schultern gekrampft,
Als sie in meinen Armen lag.“[6]

Doch die Qual war niemals weit entfernt:

„Ich atme, doch ich ersticke daran,
Mein Herz verzehrt sich in Pein.

Ich weiß dich nicht nah, ich weiß dich nicht fern,
Ich weiß nur, du läßt mich allein.

Und mit meinem Leiden verströmt meine Kraft.
Wo mag nur mein Ayyub sein?[7]“

Doch ein Scherzchen konnte die Quälerei verscheuchen:

„Sie machten uns stets wieder neu zu schaffen,
Ihr schlanker Leib und ihr festes Gesäß.

Sie quälen mich, wenn ich nur an sie denke.
Schmerz und Glück, der Liebe Gefäß![8]“

Da schon lieber eine sorglose Attitüde an den Tag legen. Wein, gemischt mit Wasser, war gut für die Freuden der Liebe, wurde aber auch sonst sehr geschätzt:

„Das Morgenlicht dringt hell mir in die Augen,
Gebt Wein, sie rufen gleich uns zum Gebet.

Und seht es perlen, wenn in eurem Glase
Aus Wein und Wasser unser Trank entsteht.

Erzählt mir noch ein schmutziges Histörchen,
Das mir wie Leckerei im Mund zergeht.

Küßt einmal noch die Lippen der Gazellen,
Von deren Mund ein Hauch wie Rosen weht.[9]“

Der Duft der Blumen blieb zurück. Die Araber waren Parfümkenner, und das Parfüm beherrschte nicht nur ihre Gedanken, sondern lag auch in der Luft, die sie atmeten. Die Gewalttätigkeit von Jahrhunderten schlug sich für Al-Maqqari im *süßen Duft von Andalus, dem frischen und zarten Blütenzweig,* nieder. Al-Maqqari war der letzte große Historiker des muslimischen Spanien und war wie seine Landsleute dazu verurteilt, sein Heimatland zu verlassen. Das Gefühl des Verlustes gibt er in Bildern aus dem Nomadenleben wieder, in denen die Frauen hoch auf dem Rücken der Kamele davongetragen werden. Eifersucht gibt der Szene eine erotische Note:

„Und als wir am Morgen des Abschieds verhielten,
Zur Erde stürzte, was einst mein Eigen.

Tief in den Sänften versteckt die Schönen,
Sie wagten nicht, ihr Gesicht zu zeigen.

Tanzt Natternhaar und Topfgeflecht
um Rosenwangen seinen Reigen,

Ich seh' es nicht, ich fühle nur
Eiskalte Trauer in mir steigen.[10]“

Bevor sie den Teufel in den Garten Eden geführt hatte, war die Schlange eines der herrlichsten Tiere gewesen. Sie war deshalb besonders dafür geeignet, den Jammer dieser erzwungenen Abreise zu symbolisieren, wobei ihr noch die Rolle desjenigen zufiel, der dem eifersüchtigen Liebhaber die Geliebte raubte. Je weiter die Reisenden in

Oben: Trauben und Wein zieren eine Elfenbeinintarsie an einem Möbelstück aus der Fatimiden-Zeit.

die Wildnis vordrangen, desto offenkundiger nahm die Schlange denn auch teuflische Züge an:

„Doch in der Wüste schleuderten Zeit und Geschick
Neue Geschosse und trafen sie tief in den Herzen.

Schlangen krochen mit geiferndem Giftzahn herbei,
Bissen sich fest und weideten sich an den Schmerzen.

Alle Teufel der Wüste sangen ihr grausames Lied,
Und die Sterne darüber glimmten wie Totenkerzen.[11]“

Das böse Tier mußte auch zur Beschreibung der Kriegsgaleeren mit ihren flackernden Rudern herhalten:

„Als hätten sie seit Noahs Zeiten
im Rumpf des Schiffs sich aufgehalten,

So schossen Ruder jetzt hervor
Gleich Schlangenzungen aus den Spalten.[12]“

Die See war ebenso gefährlich wie die Wüste und mußte doch auch überquert werden. Landratten konnten da nur hoffen und beten:

„Ein Tupfer nur auf der gewalt'gen Flut,
So trieben wir, an Hoffnung kein Gedanke.

Neun Seelen waren wir, doch vor dem sich'ren Tod
Schützte uns nichts als eine dünne Planke.[13]“

Der Sturm, der über den Dichter hereinbrach, war der Höhepunkt seines Leidensweges. Zur gleichen Zeit aber brachte der Sturm dem durstigen Land neues Leben:

„Jede Blume ein Mund, der im Dämmerlicht
Nach den schweren Brüsten des Himmels langt.

Die dunklen Wolken ein Regiment,
Das schwarz in goldner Rüstung prangt.[14]“

Unten: Córdoba, vom Guadalquivir aus gesehen. Blick auf die große Brücke, die vom Turm auf der rechten Seite zur Mauer des Mihrab der Großen Moschee am Nordufer hinüberführt. Die Silhouette des großen, flachen Gebäudes wird vom Turm der Kathedrale unterbrochen, die im 17. Jahrhundert in der Mitte des Gebetsplatzes errichtet wurde. Weiter links sieht man den Alcázar von Córdoba. Der Alcázar war im 8. Jahrhundert neben der Moschee als Residenz des Gouverneurs erbaut worden. Unter Abd al-Rachman I. entwickelte er sich zu einem Königspalast und behielt seine Bedeutung sogar dann noch, als die Omajjaden ihren Regierungssitz außerhalb der Stadt bauten. Córdoba selbst verschwand – im Gegensatz zu den Palaststädten, Al-Zahra und Al-Zahira – nicht, als das Omajjaden-Kalifat zu Ende ging und die Stadt nicht mehr die Hauptstadt von Al-Andalus war. Doch ähnlich wie bei Kairuan ging ihre Größe stark zurück, und Córdoba wurde eine Kleinstadt, in der die Denkmale einstiger Größe nicht von den Eroberungen späterer Zeiten zerstört worden sind.

Links: Ein Seidentuch aus dem 15. Jahrhundert aus dem Königreich Granada. Die stilisierten Formen der Blattmuster sind traditionsbedingt, das Muster selbst ist jüngeren Datums, denn es gibt die klaren Aufteilungen älterer Textilien zugunsten eines breiteren Flächenmusters auf.

Und so fand alles ein glückliches Ende:

„Wenn Wolken nun gleich einem prallen Euter
Senden auf Park und Flur den lang ersehnten Regen,

Mein Bogen hat noch jedes Ziel verfehlt,
In Berg und Tal, auf allen meinen Wegen.

Doch Gottes Antwort war der Ozean.
Auf Spanien zu trieb ich mit seinem Segen,

Wo Córdoba den Wanderer empfing,
Dem nur an Ruh und Frieden war gelegen.[15]“

Jetzt kam der Dichter zum Kernpunkt seines Epos, der Hymne auf den Fürsten, von dem er sich eine hübsche Belohnung seiner Mühen erwartete. Um seinem Wohltäter die nötige Ehre anzutun, mußte der Dichter alle Register seines Könnens ziehen:

„Er kam! Der dichte Schleier schwang zurück,
Die Dunkelheit ertrug sein Strahlen nicht.

Und selbst die Sternenwiese war verblaßt,
Denn sein Erscheinen füllt die Welt mit Licht.[16]“

In der Sonne dieses herrlichen Tages lag der Garten, in dem sich der glückliche Dichter erquickte. Die Flüsse waren Silber und die Blumen Gold, die Bäume schwer behangen mit Früchten:

„Lobt ihn, er schüttet Gaben übers Land,
Wie reife Früchte niedergeh'n vom Baum,

Und freut euch seiner Wohltat ohne Furcht,
Ein warmer Regen schadet euch wohl kaum.[17]“

Rechts: Ein hölzernes Paneel aus dem Nordafrika des 14. Jahrhunderts. Die tief eingeschnitzten Motive von Bögen, Pinienzapfen und Blättern über den kufischen Buchstaben der Inschrift sind um die Federn eines Pfauenschwanzes drapiert, die typisch für die Nasriden-Periode von Granada sind. Die Pfauenfedern setzen die Tradition der muschelschaligen Formen fort, die im Nahen Osten althergebracht waren. Zum Beispiel wurde diese Form gerne für den oberen Teil der Mihrab-Nische verwendet oder als Eckstücke für die Kuppeln der Fatimiden-Periode. Die Muschelform wurde inzwischen als Wahrzeichen des heiligen Jakobus von Compostela als Symbol der christlichen Eroberung übernommen.

Wie idyllisch sie auch immer sein mochte, die Fruchtbarkeit im Garten der Wohltat war nicht ohne Anstrengung erreicht worden. Der Garten war mit der Macht des Schwertes geschaffen worden und mußte mit dem Schwert gegen die Feinde verteidigt werden. Der Fürst war in erster Linie ein Krieger, rot vom Blut seiner Feinde. Der Dichter erbat sich vom Sultan als Zeichen seiner Gunst nicht nur ein schönes Mädchen, sondern auch ein Vollblutpferd und juwelenbesetzte Waffen, um seinen Wert als Krieger unter Beweis stellen zu können. Edelsteine im Griff des Schwertes galten als Zeichen höchster Wertschätzung, doch die Tugenden der Klinge waren in den Stahl geritzt:

„Dies Schwert, ein Strom, an dessen beiden Ufern
Blutblumen blühen wie rote Anemonen.[18]“

Ein gepanzertes Hemd erschien wie das vom Wind gekräuselte Wasser, doch der Vergleich war irreführend. Denn die Schläge des Feindes prallten wirkungslos am Metallgeflecht des Kettenhemdes ab, während dessen Träger seine Lanze tief in das Herz des schwergepanzerten Gegners tauchte, wie man ein Seil in einen Brunnen eintauchen läßt. Vor allem aber blieb das edle Pferd der Held des Tages:

„Rotschimmels Feuer rennt dem Heer voraus
Und zündet alle Kriegesfackeln an.

Triumphgeschrei der Feinde Ohren peitscht,
Und vorwärts in den Kampf drängt jeder Mann.

Auf seine Stirne sprang ein Tropfen Wein
Vom Becherrand, der wie ein Stern zerrann.[19]“

Mit dieser Ausrüstung und so viel Kampfesmut waren dem Heroismus keine Schranken mehr gesetzt. Der Kampf war wie ein großes Trinkgelage:

„Was soll mir Feigheit, wenn ich Waffen trage,
Und Schwäche, wenn Entschluß gefordert wär'.

In meiner Pranke ist die Kraft des Löwen,
Des wild Gebrüll vertreibt der Feinde Heer.

Singt mir von meinem Streitroß, das ich liebe,
Und auch der Becher Wein sei niemals leer.

Mein Bett, der harte Sattel auf der Erde,
Ein Banner für mein Zelt. Ich brauch' nicht mehr.[20]“

Oben: Ein goldener Halsschmuck aus dem frühen 14. Jahrhundert aus Bentarique in Granada. Die Filigranperlen wurden aus feinstem Golddraht gemacht. Als Schmuckstück der Frau galt die Halskette nicht nur als Zeichen persönlichen Reichtums, sondern auch als ein Zeichen der eigenen Schönheit. Als ein Kunstwerk, das dem Vollkommenen Vollkommenes hinzufügt, regte es Ibn Hazm zu dem Titel seines Buches „Das Halsband der Taube“ an.

Die Falkenjagd. Ausschnitt aus einer elfenbeinernen Intarsienarbeit der Fatimiden-Periode in Ägypten. Die Bezeichnung „saker" für den englischen Jagdfalken stammt von dem arabischen Wort für Falken. Dieser Vogel rief bei dem militärischen Adel des Islam und des christlichen Europa gleichermaßen Begeisterung hervor.

Das war eine galante Gesellschaft, die da unter dem Flattern der Fahne dem Sieg entgegenritt und mit Taten das vollbrachte, was der Dichter mit Worten sagt:

„Für Gott läßt Ritterschaft die Banner wehen.
Gleich Falken stürzt sie sich auf ihre Beute.

Das Schwert vollendet, was der Speer begann.
Papier verstaubt, Blut fordert ihre Meute.[21]"

Jetzt, wo der Autor Kriegskunst und Dichtkunst im letzten Bild miteinander verbunden hat, wird es für ihn Zeit, das Thema und seine Arbeit abzuschließen. Nachdem sein Werk durch kunstvolle Niederschrift wertvoll und zeitbeständig gemacht wurde, kann es feierlich überreicht werden. Wenn der Löschsand die letzten Seiten getrocknet hat, wird der Geruch, der darüberschwebt, nicht der von Blut und Schlachtgetümmel sein, sondern der des Parfüms, mit dem man die Seiten des Manuskriptes besprengt hat. Nur die Toten müssen jetzt noch Erwähnung finden:

„Die Toten lagen zwischen Fels und Stein,
Die Geier, die zum Fraß versammelt waren,

Behängten sich mit ihren Eingeweiden:
Wie Weibervolk, mit Henna in den Haaren.[22]"

Der Fürst steht auf dem Gipfel seines Ruhmes und seiner Macht, wie einst der siegreiche Abd al-Mumin, der Kalif der Almohaden, auf dem Felsen von Gibraltar stand:

„Vergiß die Sonne, was ist der Saturn?
Dort auf den Bergen steht der Gipfel des Erhab'nen![23]"

Der Dichter zieht sich zurück und überläßt sein Meisterwerk der Würdigung durch das Publikum, der Bewunderung durch die Welt. Das Werk ist vollkommen, wenn mit der letzten Szene die Worte selbst zur Tat geworden sind: Der Name des Monarchen ist wie Weihrauch, den der Dichter in das Feuer seines Geistes geworfen hat und der nun mit seinem Duft das Universum erfüllt.

Die Dichtung dieser Art hatte all die erwähnten Themen und noch viele mehr zum Inhalt. Die Thematik reichte vom Trivialen bis zum Erhabensten. Der Ruf der Dichtkunst, das Markenzeichen des echten Arabers zu sein, machte die Beschäftigung mit der Poesie für jeden gebildeten Menschen – sei er nun Prinz oder Student – obligatorisch, ob er sich dabei als aktiver Verseschmied oder auch nur als sachkundiger Konsument betätigte. Auch Frauen lieferten in dieser betont maskulinen Gesellschaft, die aber nicht selten von großen Frauen beherrscht war, ihren Beitrag zur Dichtkunst.

Das Gedicht – als Denkmal der Redekunst der arabischen Rasse – wurde stets sorgfältig aufbewahrt. Zusammen mit den berühmten Theologen, Juristen und heiligen Männern, die ein Schmuck der muslimischen Gemeinschaft gewesen waren, fanden auch die Dichter Eingang in die biographischen Enzyklopädien, die ein typisches Produkt jener Zivilisation waren. In diesen Enzyklopädien wurden die Werke der Dichter in eleganten Reimen kritisch diskutiert, und zwar in Reimpaaren, in denen jeweils der zweite Satz den Sinn des ersten mit anderen Worten wiedergab. Das ungeheuer große Vokabular des Arabischen wurde geplündert, um dem Thema gerecht zu werden.

Das Buch des Ibn Bassam aus dem 12. Jahrhundert mit dem Titel *Schätze von Schönheit, die die Völker der Insel (Al-Andalus) hervorgebracht haben* hat stark lokalpatriotische Züge. Das Werk beschreibt die Leistungen der Dichter von Al-Andalus von dem Zeitpunkt an, als erstmals arabisch auf der Halbinsel geschrieben wurde. Es enthält zahlreiche Zitate aus den Werken dieser Dichter. Es vergleicht ihre Sprache und Bildhaftigkeit ausführlich mit der der berühmteren Dichter des Ostens. In seinem Buch *Die Standarten der Siegreichen und die Wimpel der Vornehmen* veröffentlichte Ibn Abi Zajd eine Sammlung von Gedichten, die von Königen, Ministern, berühmten Juristen und anderen vornehmen Männern geschrieben worden waren. In der arabischen Dichtkunst herrschte eine starke Neigung dazu, einzelne Zeilen oder Satzteile isoliert zu würdigen, indem man beim Vortrag den Vers, der das sprachliche Juwel enthielt, laut hervorhob. Es war eine Literatur für den erlesenen Geschmack kultivierter Persönlichkeiten, die sich in den Stunden der Muße daran ergötzen.

Der Dichter schuf sein Werk für seine Zeitgenossen, nicht für ein etwaiges Publikum der Zukunft. Er betrachtete sein Gedicht als eine Herausforderung der Zuhörerschaft und erwartete eine angemessene Erwiderung. Dieser Austausch zwischen dem Dichter und den von ihm Angesprochenen konnte höflich sein wie zwischen Freunden oder vielsagend wie zwischen Liebenden. Für den anerkannten Poeten, der sich mit Lobgesängen die Gunst eines königlichen Schirmherrn und einen Platz an dessen Hof gewinnen wollte, war Schlagfertigkeit ein wichtiges Handwerkszeug. Da sie sich ihres eigenen Wertes wohl bewußt waren, versuchten die Dichter sich gegenseitig in den Augen der Welt herabzusetzen. Es entwickelten sich zwischen ihnen oft berühmte Rivalitäten, bei denen sie sich Vers um Vers entgegenschleuderten und versuchten, jede Zeile des Gegners gegen ihren Autor ins Feld zu schicken. Als Ibn Scharaf einmal mit seiner vornehmen Geburt prahlte, indem er auf die Bedeutung seines Namens, der soviel wie „hochgeboren" heißt, hinwies, konterte Ibn Raschik damit, daß er sagte, er selbst sei nur von niedriger Herkunft und die Vorsehung habe ihm nichts gegeben außer seinem Genie. All die Jahre hindurch, die die beiden im 11. Jahrhundert am Hof von Kairuan verbrachten, trugen sie ihren Zweikampf in Einfallsreichtum aus.

Oben und unten: Ein Ziegelmuster aus dem Alcázar von Sevilla, der in Nachahmung der Alhambra von König Pedro dem Grausamen von Kastilien erbaut wurde. Der König brachte in der Mitte des 14. Jahrhunderts Handwerker aus Granada an seinen Hof, die die Arbeit leiten sollten.

„Wie Tiger“, so sagte ihr Chronist, kämpften sie – und das ganz bestimmt zum höchsten Entzücken des Sultans, dessen Ruhm durch die Kunst der beiden noch vermehrt wurde.

Dichter wie diese verliehen einer strahlenden höfischen Gesellschaft den letzten Glanz. Privat waren sie die ständigen Begleiter des Monarchen. Sie versuchten, ihn durch Scherze auf Kosten seiner Gefolgschaft zum Lachen zu bringen oder seinem ästhetischen Empfinden zu schmeicheln, indem sie jedes anfallende Thema witzig und geistreich kommentierten. Als besondere Gunstbezeigung des Fürsten mochte er ihnen sogar den Zugang zur Abgeschiedenheit seiner Gemächer gestatten und sie dazu einladen, „die vielen Segnungen Allahs“ mit ihm zu teilen. Öffentlich traten sie als die Fürsprecher des Monarchen auf, priesen seine Taten, wiesen die Anschuldigungen seiner Gegner zurück und griffen diese ihrerseits mit ätzendem Spott an. Politik war auch Polemik, und im Krieg der Worte war ein Dichter entweder ein gefürchteter Feind oder ein willkommener Verbündeter. Anerkannte Dichter konnten wählerisch sein und sich ihren Patron selbst aussuchen. Ibn Raschik lehnte es ab, nach Spanien zu gehen, denn, so sagte er, die Fürstlein von Andalusien seien Kätzchen, die sich zu Löwen aufgeblasen hätten. Ibn Scharaf allerdings nahm ihre Gastfreundschaft in Anspruch. Al-Darimi warf das Geschenk von Fleisch und Weizen, das ihm der Herrscher von Denia geschickt hatte, ins Gesicht des Überbringers. Der Dichter, der gerade von Bord gehen wollte, setzte daraufhin seine Reise nach Valencia fort, bis es schließlich gelang, ihn an den Hof von Toledo zu locken.

Das Verhalten des Dichters war ein Spiegelbild der Gesellschaft, seine Verse die höchste Form der Darstellung des gesellschaftlichen Selbstverständnisses. In einer Gesellschaft, die das Drama als Kunstform nicht kannte, gingen Stilisierungen sehr weit: Monarchen mußten edel, Krieger stolz und Heilige verehrungswürdig sein. Die Handlung der Dichtung lag in der Erfüllung dieser Rollen oder in dem Konflikt verschiedener dieser Rollen. Als die christlichen Gesandten zum Palast von Al-Zahra hinausgingen und dabei durch einen endlosen Tunnel erhobener Schwerter gehen mußten, erwarteten sie, den Kalifen im vollen Glanz seiner Würde auf seinem Thron sitzend anzutreffen. Statt dessen hockte er, in Lumpen gehüllt, vor ihnen auf dem Boden und las im Koran. Solche Kontraste waren die Wonne einer Kultur, die weißen Kampfer neben schwarzen Moschus stellte, die sich an hellhäutigen Europäern und schwarzen Äthiopiern, an Lilien und Rosen, an Rubinen und Perlen ergötzen konnte. Wenn der Kontrast auch noch amüsant war, war der Genuß um so größer. Das Grundelement der Komödie war die Satire, die ihr Opfer der Lächerlichkeit preisgab. Die Komödie war aber meist nicht weit von der Tragödie angesiedelt. Das Spiel mit dem Spott, so gefährlich wie attraktiv, bedurfte eines einfühlsamen Schiedsrichters. Für die zwei Minister des Kalifen Abd al-Rachman III. war ein schwieriger Augenblick gekommen, als der Kalif ihnen befahl, sich gegenseitig zu verspotten. Beide weigerten sich zunächst, denn sie waren nicht bereit, sich durch so ein Spielchen einen lebenslangen Todfeind zu machen. Daraufhin begann der Monarch selbst:

„Abu l-Qasim hat einen mächtigen Bart,
Eine Meile und länger ist er.“

Ibn Jahwar, gezwungen fortzufahren, machte weiter:

„Und nach den Seiten zwei Meilen breit,
Den bändigt kein Bartscherer mehr.

Doch wenn er ihn einmal waschen will,
Der Nil langt kaum dafür her.“

Darauf mußte Abu l-Qasim antworten:

„Mein edler Gefährte behauptet im Lied,
Mein Schnurrbart sei viel zu harsch,
Der Sohn eines Esels spricht, wie er's versteht.

Grasfresser sprechen so barsch.
Hielt mich der Respekt vor den Herrn nicht zurück,
So träte ich ihm in den ...“[24]

Die gewaltige Masse des Comares-Turmes spiegelt sich im Bassin des Myrtenhofes, des ersten der beiden großen Innenhöfe der Alhambra. In den Jahren 1330 bis 1354 von Yussuf I. erbaut, ist dieser Hof ein Rechteck, das sich, wie es damals üblich war, von Norden nach Süden erstreckt. Hier an der Nordseite umrahmt die übliche Säulenhalle den Eingang zu einer großen Halle, der Sala de la Barca, die sich an der ganzen Breitseite des Hofes entlangzieht. Die Sala de la Barca, die normalerweise den Hauptsaal ausmachen würde, ist hier jedoch nur das „Vorzimmer“ zum großen Botschaftersaal, der innerhalb des massiven Turms gelegen ist. Neun Fenster – drei in jeder der Außenwände des Turmes – schauen auf Granada hinab. Im Alkoven des Mittelfensters, vom Hofeingang aus gesehen, stand der Thron des Monarchen. Inschriften am Eingang zur Sala de la Barca und zum großen Saal vergleichen das Gebäude mit einer Braut an ihrem Hochzeitstag und dem Neumond, der vom Licht der königlichen Sonne bestrahlt wird.

Das Licht vom Mirador de la Daraja spiegelt sich auf den Bögen des Saals der Zwei Schwestern, las Dos Hermanas, wider. Der Saal selbst ist durch die Kolonnaden um den Hof der Löwen zugänglich. Dieser, der zweite der beiden großen Höfe der Alhambra, wurde von Sultan Muhammad al-Ghani zur Feier der Eroberung von Algeciras im Jahre 1369 erbaut. Das Auge, das vom Hof der Myrten bis hin zum Saal der Botschafter schweifen kann, kann hier nur durch die Düsternis von las Dos Hermanas einen Blick durch die Fenster werfen. Während die Fenster des Saals der Botschafter auf Granada hinunterschauen, zeigen die des kleinen Mirador auf den Garten der Daraja, wo höchstwahrscheinlich die Privatgemächer, der Harem oder „die verbotene Zone", gelegen haben. Dieser Teil der Alhambra wurde im 16. Jahrhundert zerstört.

„Arsch", sagte der Kalif und vollendete so den Reim. „Mein Herr", sprach daraufhin Abu l-Qasim, „jetzt seid Ihr der Satiriker, nicht ich!" Sehr hübsch. Er war mit seinem Ministerkollegen quitt, während die einzige Beleidigung vom Herrscher formuliert worden war, den man ja nicht zur Verantwortung ziehen konnte. Abd al-Rachman lachte und belohnte den pfiffigen Minister.

Su cul, „seinen Arsch", das waren die Worte, mit denen der Kalif den Reim vollendet hatte. Diese kleine Vulgarität ist nichts im Vergleich zu den Obszönitäten, die sonst immer in der arabischen Literatur auftauchen. Was uns hier mehr interessiert, ist die Tatsache, daß die Worte spanisch, nicht arabisch sind. Das erinnert uns daran, daß es in Andalusien noch zwei andere Arten der Dichtkunst gab, das *Muwaschah* und das *Zajal*, die, obwohl größtenteils auf arabisch geschrieben, in Strophen mit komplizierten Reimen vorgetragen wurden. Ganze Zeilen dieser Gedichte waren in romanischer Sprache geschrieben, die auf der Halbinsel neben dem Arabischen noch viel gesprochen wurde. Denn das muslimische Spanien war zweisprachig. Vor dem Hintergrund der spanischen Volkssprache und des arabischen Dialekts, der gleichermaßen als Alltagssprache diente, bedeutete es eine große persönliche Leistung, wenn einer in der literarischen Kultur des Hocharabischen zu Hause war. Der Sekretär, der die Briefe, die Dokumente und Urkunden der Staatskanzlei verfaßte und in flüssiger Form in gehobenem Arabisch niederschrieb, war ein Aristokrat. Doch derjenige, der von Geburt Araber war, gehörte der wahren Elite im Lande an.

Den Beweis für diese noble Herkunft mußte der Stammbaum liefern. „Abd al-Rachman ibn Muhammad ibn Abd Allah ibn Muhammad ibn Abd al-Rachman ibn al-Hakam ibn Hischam ibn Abd al-Rachman ibn Muawiya ibn Hischam ibn Abd al-Malik ibn Marwan ibn al-Hakam ibn Abi al-As ibn Umayya..." Wenige nur konnten sich eines Stammbaumes wie des des Kalifen rühmen. Im ganzen Maghreb konnten höchstens noch die Idrisiden von Fes, die behaupteten, Abkömmlinge des Propheten zu sein, einen längeren Stammbaum vorweisen. Doch jeder, der etwas auf sich hielt, legte großen Wert auf die Rückverfolgung seiner Abstammung. Man forschte so lange, bis die Wurzeln des eigenen Stammbaumes irgendwann in grauer Vorzeit in die arabischen Stämme des Mutterlandes mündeten. Viele dieser Stammbäume waren natürlich zweifelhaft, doch ihr Wert lag vor allem in dem Titel, den sie seinem Träger verliehen.

Dieser Titel hatte eine andere Funktion als der Name des Beduinen, der damit seine verwandtschaftliche Zugehörigkeit zu einer Sippe belegen konnte, die womöglich viele hundert Kilometer in der Wüste und im Bergland verstreut lebte. In der Gesellschaft der Städte war dieser Titel mehr eine Frage des Prestiges und des Anspruchs der Zugehörigkeit zur Elite. Als kollektiver Anspruch war das ein Herrschaftsanspruch, der seinem Wesen nach tief rassistisch war. Im 8. Jahrhundert haben die arabischen Armeen diesen Herrschaftsanspruch rücksichtslos für sich ausgebeutet. Bei der Definition dessen, was wahrhaft arabisch sei, war der Akzent im Lauf der Zeit vom Militärischen ins Kulturelle übergegangen. Jetzt wurde argumentiert, daß arabisches Blut arabisches Genie hervorbringen müsse und die Produkte des arabischen Genies deshalb ein Ergebnis des arabischen Blutes seien:

> „Die Stadt Córdoba ist seit der Eroberung Andalusiens die Höchste der Hohen, die Erhabenste der Erhabenen, der Standort des islamischen Banners, die Mutter der Städte. Sie ist der Wohnort der Guten, die Heimat der Weisheit, ihr Anfang und ihr Ende. Sie ist das Herz des Landes, die Quelle der Wissenschaft, die Kuppel des Islam, der Sitz des Imam. Das Land um diese Stadt ist die Heimat der rechten Lehre, ein Garten der Früchte und auch der Ideen; es ist das Meer, in dem man die Perlen der Talente findet. An seinem Horizont sind die Sterne der Erde aufgestiegen, die Bannerträger des Zeitalters, die Ritter der Dichtkunst und der Prosa; große Werke und Kompositionen sind in seinen Grenzen hervorgebracht worden. Der Grund dafür und für das Hervorragen seiner Bewohner vor anderen Völkern ist der, daß der Horizont des Landes niemand anderen als die Forscher und Sucher nach Wissen und Erkenntnis umschließt. Die meisten der Bewohner des Landes sind vornehme Araber aus dem Osten, Nachkommen derjenigen, die das Land einst eroberten. Es waren die Befehlshaber der Truppen aus Syrien und Irak, die sich dort niedergelassen haben, und ihre Nachkommen blieben in jedem Teil des Landes als edle Rasse erhalten. Kaum eine Stadt muß auf einen großen begnadeten Dichter verzichten, dessen geringstes Werk zum Lob seiner Stadt bereits ein großes Werk ist."[25]

Nach der Zerstörung Córdobas und nach dem Ende des Omajjaden-Kalifats flüchteten die Elfenbeinschnitzer der alten Hauptstadt nach Cuenca im Herrschaftsbereich der Kleinen Könige von Toledo. Der Behälter, dessen Schmalseite hier zu sehen ist, besteht aus Holz, das mit vergoldetem Leder und durchbrochener Elfenbeinschnitzerei verziert ist, die Szenen einer phantastischen Jagd wiedergibt. Die Inschriften nennen den Namen und den Stammbaum des Thronerben, für den die Truhe in den Jahren 1049/1050 angefertigt wurde. Die Truhe fiel wahrscheinlich im Jahre 1085, als die Stadt gestürmt wurde, in die Hände der Christen. Das in Zellen gegossene Email an den Kanten der Truhe wurde möglicherweise im 12. Jahrhundert im Kloster Silos hinzugefügt.

Auf diese Weise untrennbar miteinander verflochten, brachten die Anschauungen über Rasse und Kultur in der Gesellschaft des Maghreb paradoxe Blüten hervor. Die Wechselbeziehung von Literatur und Leben schuf Vorstellungen von Über- und Unterlegenheiten, schuf Wertmaßstäbe, die in krassem Widerspruch zur islamischen Sozialordnung standen. Diese Vorstellungen, waren ein Ausdruck der gestörten Beziehungen innerhalb der Muslim-Gesellschaft selbst. Die Massen der arabischen Nomaden, die sich seit dem 11. Jahrhundert über Nordafrika ergossen und mit den marokkanischen Armeen nach Andalusien kamen, wurden von den Arabern dort nicht als Blutsbrüder mit gemeinsamer Vergangenheit willkommen geheißen oder auch nur als solche anerkannt. Man verachtete und fürchtete sie als gefährliche Eindringlinge, die mit der Masse ihrer flachen braunen Zelte die Städte und Dörfer einer seßhaften Bevölkerung zu verschlingen drohten. Gerade noch, daß man sie als Muslime ansah. Ihre Sprache war nicht die Sprache des Koran und der klassischen Oden, sondern ein barbarischer Dialekt, tief unter literarischem Niveau. Die Ablehnung, die man ihnen entgegenbrachte, wurde bloß noch von der legendären Furcht vor den Berbern übertroffen, die wahrscheinlich noch aus der Zeit der Berber-Aufstände des 8. Jahrhunderts herrührte. Diese Furcht wurde in Nordafrika und Spanien am Leben gehalten, wo die Berber als wilde Bergbewohner, deren Sprache man nicht verstand und die sich gerne als ungeschlachte Soldaten zur Unterdrückung der zivilisierten Bevölkerung anwerben ließen, am Rande der zivilisierten Gesellschaft lebten. In der Legende, die das vorislamische Andalusien schildert, wird diese Furcht erklärt und gerechtfertigt.

Der Legende zufolge wurde Andalusien zuerst von Griechen besiedelt, die vor den Persern geflohen waren. Mit ihrem Wissen und ihren Fähigkeiten machten sie das Land bald zum fruchtbarsten auf Erden, so fruchtbar, daß sie Angst vor Invasionen haben mußten. Damals waren nur zwei Völker gefährlich: die Araber und die Berber, bei denen Hunger und Bedürftigkeit zu Hause waren. Die Araber waren damals noch weit weg, doch die Berber kamen immer näher, bis nur die Straße von Gibraltar sie von Spanien trennte. Als einer der griechischen Könige von Andalusien einen Aquädukt über die Meerenge bauen ließ, welches Wasser aus Afrika für die Räder der Wassermühlen bringen sollte, ließ ein anderer König einen großen Talisman erbauen. Der Talisman bestand aus einer riesigen Statue eines Berbers mit Bart und wildgelocktem Haar, mit Sandalen und einem Tuch um den Leib, dessen beide Enden er mit der linken Hand festhielt. In der ausgestreckten Rechten hielt die Statue einen Schlüssel, der immer dann zu Boden fiel, wenn ein Berber-Schiff in Sichtweite kam. Sowohl die Statue als auch der Aquädukt (dessen Ruinen man noch heute auf dem Felsen von Gibraltar sehen kann) waren wohl Überreste aus der Römerzeit. Doch genau wie die Geschichte von König Roderich und dem verschlossenen Kästchen hatte diese Geschichte einen Bezug zur damaligen Gegenwart: Als die Almorawiden und die Almohaden am Horizont Nordafrikas auftauchten, mochte die Legende wohl wieder eine ganz aktuelle Bedeutung bekommen haben.

Der Prophet selbst, so wurde gesagt, habe seine Anhänger vor den Berbern, der schlimmsten Rasse auf Erden, gewarnt. Als Antwort darauf bemühten die Berber Worte des Propheten, die ein Volk priesen, das stark im Islam war und dessen Frömmigkeit das materialistische Denken der Araber überragte. Die Araber sagten den Berbern nach, sie seien die Nachkommen von Jalut (Goliath) aus dem Land der Philister. Doch die Auffassung setzte sich immer mehr durch, sie seien in Wirklichkeit Araber, die aus dem Lande Himyar im Jemen ausgewandert seien. Himyar war einst ein grünes und blühendes Land, das von den Wassern des großen Staudamms von Marib am Rand der unbewohnten Arabischen Wüste bewässert wurde. Doch eines Tages brach dieser Damm und begrub all das, was er einst zum Leben erweckt hatte. Der König und sein Volk verließen das Land, um sich auf Wanderschaft zu begeben. Daß sie auf dieser Wanderschaft schließlich im Maghreb gelandet sein sollen, war ein glücklicher Einfall. Denn als der Berber-Sultan Muizz ibn Badis im 11. Jahrhundert den Fatimiden den Treueid verweigerte, konnte er sein Verhalten damit begründen, daß er ein Nachkomme der jemenitischen Herrscher und seine Ahnenreihe deshalb länger sei als die der Herren Kairos. Als er dann doch noch Kairuan verlassen mußte, war das wie eine Wiederholung des Auszugs von Marib, nur daß die Flut, die ihn hinwegspülte, nicht aus Wasser, sondern aus Beduinen bestand. Sein Volk, das sich jetzt Himyariten nannte, floh teilweise bis hinüber nach Spanien.

Die Almorawiden, die Spanien eroberten, gaben sich typischerweise auch den Namen Himyariten. Die Menschen Andalusiens mochten sich vor Yussuf ibn Taschfin, der kaum arabisch sprach und ihre Dichter wie komische Bettler behandelte, nicht schlecht gefürchtet haben. Doch bereits sein Sohn Ali legte Wert auf arabische Abstammung und den Glauben der Araber. Die Spottgedichte derjenigen, die sich – in perfektem Arabisch – ihrer nichtarabischen Herkunft rühmten, waren bald verstummt, und das Arabertum wurde wieder hochgehalten. Der neue aggressive Panarabismus der Almorawiden überlebte auch deren Untergang. Obwohl ihre Nachfolger, die Almohaden-Berber, den Anspruch der verschleierten Männer, echte Araber zu sein, zurückwiesen, wurde in der zweiten Hälfte des 12. Jahrhunderts die Bedrohung aus dem christlichen Norden für die Lage der Nation so gefährlich, daß das Thema der Abstammung bald an Bedeutung verlor. Jetzt kein Araber zu sein wurde damit gleichgesetzt, kein Patriot zu sein. Die Auseinandersetzung um das wahre Arabertum ging im Getümmel des Heiligen Krieges unter.

Der Löwenhof der Alhambra. Die Inschrift auf dem Brunnen verkündet den Ruhm des Herrschers, der die Löwen des Heiligen Krieges füttert, wie das Wasser des Brunnens die Löwen tränkt.

Das Weltbild

Die Pfauen auf der „Staatsrobe König Roberts" umgeben sich selbst mit ihrem geschlagenen Rad. Sie gehören zu einer Robe, deren größter Teil in der Kirche St-Sernin in Toulouse, einem der wichtigsten Stützpunkte auf der Pilgerstraße nach Santiago de Compostela, aufbewahrt wird. Der Name scheint recht willkürlich gewählt. Die früheste Erwähnung des halbkreisförmigen Seidentuches spricht von einem Meßgewand, das dazu verwendet wurde, die Reliquien des heiligen Exuperius im Jahre 1248 einzuhüllen. „König Robert" soll wohl Robert von Anjou sein, der König von Neapel, der von 1309 bis 1343 gelebt hat. Dies ist eine andalusische Arbeit aus dem 12. oder 13. Jahrhundert. Auch hier sehen wir wieder das traditionelle Motiv zweier einander gegenüberstehender Figuren, die von kleineren Vogel- und Antilopendarstellungen umgeben sind und oben und unten von einer Inschrift begrenzt werden. Die Inschrift heißt „Al-Baraka al-Kamila" (höchster Segen) und ist sowohl von rechts nach links als auch von links nach rechts geschrieben. Aber die kreisförmige Umrahmung, die früher die Figuren umgeben hätte und die die Inschrift enthalten hätte, ist verschwunden. Der Eindruck eines Medaillons wird hier nur durch das Rad der Pfauen erzeugt. Statt dessen wird das Motiv, wie es in der späteren Periode üblich wurde, von Spruchbändern eingefaßt, ein Muster, das durch die Farben hervorgehoben wird. Auf blauem Untergrund wechseln sich Reihen gelber Vögel mit Reihen roter Vögel ab.

Als die Welt nach der Großen Flut wieder von Menschen bewohnt werden konnte, hatte die Erde die Form eines Vogels. Der Kopf dieses Vogels zeigte nach Osten, seine Flügel nach Norden und Süden und die Schwanzfedern nach Westen. Wegen dieser Gleichsetzung des Westens mit dem wertlosesten Körperteil des Vogels wurde der Westen bis zu der Zeit, in der die Griechen sich in Spanien niederließen, verachtet. Doch durch die Geschicklichkeit der Griechen wurde Andalusien ein so blühendes Land, daß es nun hieß: Der Vogel, nach dessen Ebenbild die Erde geformt wurde, ist kein normaler Vogel, sondern ein Pfau, dessen ganze Pracht in seinen Schwanzfedern liegt.

Diese Geschichte zeigt all die üblichen Merkmale einer Legende, die dafür bestimmt ist, gewisse Tatsachen zu erklären, und sich dafür jener paradoxen Symbolsprache bedient, die so typisch für die Poesie der Araber ist. Diese Geschichte läßt zwar vor unseren Augen ein phantastisches Bild entstehen, doch nichtsdestoweniger erhebt sie trotz ihrer blumigen Sprache den Anspruch, wahr zu sein. Die erklärende Erzählung, das repräsentierende Symbol und die schmückende äußere Form, das alles sind Stilmittel, die uns aus dem europäischen Mittelalter durchaus bekannt sind. In den christlichen Kathedralen Europas finden wir die Geschichten aus dem Alten und Neuen Testament als Mosaiken, Bilder und Fresken wieder, die dort die Funktion von Zierat haben. Diese Art künstlerischer Darstellung religiöser Inhalte taucht in der Kunst des Islam nur selten in dieser Form auf. Die Geschichten der Heiligen Schrift für jedermann verstandlich in Form von Bildern darzustellen, lief der arabischen Mentalität zuwider. Die Kunst des Islam stellte den dekorativen Effekt dagegen immer über die bildliche Darstellung.

Statt den Inhalt der heiligen Schriften in Bildern wiederzugeben, zogen die Araber es vor, das Schriftbild als solches dekorativ zu gestalten. Die Lettern der Schrift wurden zu Formen, die einen meist kreisförmigen Raum auf einer Oberfläche, die fast immer gewölbt war, ausfüllten. Die Konturen der Schriftzüge wurden ein Teil eines Gesamtornamentes. Umgeben von Blattverzierungen, verschwanden sie ganz im Gewirr von Blättern und Zweigen. So wurden die einzelnen Buchstaben der Schrift zu verknoteten Wurzeln von Gräsern und Farnen und verbanden Dekoration und Schrift durch ein Labyrinth von Zweigen, Schößlingen und Ranken. Diese ausgeklügelten Kombinationen stilisierter Formen lösten sich in einem raffinierten Netzwerk von abstrakten, geraden und geschwungenen Linien auf. Auch unter dem Einfluß illustrierter Manuskripte aus Iran, aus Syrien und Ägypten lebte die figürliche Darstellung als Stilmittel im Maghreb niemals wieder auf. Erst die Kunst des christlichen Spanien führte das bildliche Element wieder in die Kunst der Mudejaren ein, und so gelangte es schließlich in die Alhambra. Im Gegensatz zu denen, die es wagten, wie die Christen sogar die Erscheinung Gottes zu porträtieren, galt für die muslimische Welt die raffinierte Geometrie der Arabeske an sich schon als ein Symbol des Glaubens. Überall, wo muslimische Baukunst zu Hause war, tauchte diese Symbolik in endloser Wiederholung auf.

Das Bild, das die Geschichte von dem Pfau wiedergab, blieb denn auch erhalten. Die trotzige Glorifizierung Andalusiens vor der übrigen islamischen Welt wurde durch die fundamentalen Vorstellungen des islamischen Weltbildes ermöglicht. Die Vorstellung war die, daß sich, vom Kreis des Ozeans im Westen bis zum Kreis des Ozeans im Osten, zwischen den Extremen von Hitze und Kälte im Süden und Norden eine zivilisierte Zone – die arabische Welt – befand. Für die Anhänger einer Religion, die sich entlang diesem

Links und unten: Unter den Normannenkönigen nahm der Druck auf die muslimische Bevölkerung Siziliens schrittweise zu. Die Unterdrückung führte schließlich zu einer Reihe von Aufständen, die niedergeschlagen wurden. Im 13. Jahrhundert setzte man diesen Aufständen ein Ende, indem man die im Lande verbliebenen Muslime ins italienische Mutterland deportierte. In dieser Zeit stellten die muslimischen Handwerker Elfenbeinarbeiten wie dieses Kästchen und diesen Kamm her, zumeist für christliche Herren. Die Verzierung auf den beiden Gegenständen ist nicht eingeschnitzt, sondern gemalt. Das Kästchen ist aus Holz, das man mit Elfenbeinplatten belegt hat. Die Figur des pausbäckigen Musikers zeigt fatimidischen Einfluß, während die Arabesken auf dem Kamm eher europäisch wirken. Diese beiden Gegenstände wurden von Flüchtlingen nach Granada mitgenommen, wo sie überlebten.

Streifen zivilisierten Landes nach Westen ausgebreitet hatte, war das ein sehr naheliegendes Weltbild. Es ist klar, daß diejenigen, die am westlichsten Rand dieser Zone – in Andalusien – lebten, mit einem Gefühl provinzieller Minderwertigkeit zurück nach Osten blickten, den Norden und den Süden aber mit einem Gefühl von Überlegenheit betrachteten, denn dort lebten nur Barbaren und Ungläubige. Diese Sicht der Geographie wurde aus den Erfahrungen von Reisen, Handel und Krieg genährt. Die Bewohner des Maghreb lernten den Osten als nie versiegende Quelle der Wissenschaften und Belehrungen, das christliche Europa und Schwarzafrika aber als nie versiegende Quelle von Sklaven kennen. Dieses Weltbild lebte von Berichten der Reisenden und von den Aufzeichnungen derer, die solche Reiseberichte zusammenstellten und auswerteten.

Die erste dieser Weltbeschreibungen wurde im Osten aufgezeichnet. In dem Buch *Surat al-Ard* (Bild der Erde) von Ibn Hawkal finden wir eine Beschreibung Spaniens aus der Zeit Abd al-Rachmans III., gesehen mit den Augen eines Besuchers, der die Städte und Produkte des Landes mit denen des Irak kritisch vergleicht. Wir erfahren darin von widerspenstigen Galiciern, von Franken, Basken und „Slawen". Die Franken und die Slawen lebten nach Auffassung dieses Autors bis weit in die Steppen Asiens hinein und lieferten einen ständigen Nachschub an Sklaven, besonders an Eunuchen. Wir erfahren weiter, daß der Goldhandel in der Sahara bargeldlos mit einer Art Scheck durchgeführt wurde, von dessen Existenz man in Iran noch nie etwas gehört hatte. Erst hundert Jahre später taucht in Al-Bakris Buch *Straßen und Königreiche* der Bericht eines Mannes aus dem Westen auf, der von den Ortsnamen Altarabiens anscheinend so fasziniert war, daß er sie in einem Nachschlagewerk für Leser klassischer Literatur aufführte. Als Nebenprodukt dieser Arbeit liefert er aber auch die Informationen über die jüngere Vergangenheit dieser Gebiete.

Legenden, die Zeit- und Raumbegriffe durcheinanderbringen, identifizieren zum Beispiel Tunesien mit Makedonien, dem Geburtsland Alexanders des Großen. Oder sie nennen genau den Ort, an dem Moses sich von Elias getrennt hat. Eine andere Legende wieder erzählt von einer Leiche in den Bergen Algeriens, die niemals aufhören soll zu bluten. Solche Legenden wirken sich jedoch keineswegs auf die Beschreibung von Wegstrecken oder die haargenaue Schilderung bekannter Orte oder bekannter Landschaften störend aus. Solche realistischeren Beschreibungen schildern zum Beispiel Reisen durch die Sahara, während deren die Karawane oft länger als acht Tage ohne Wasser auskommen mußte, bevor sie das Land der Schwarzen, das Königreich Ghana, erreichte. Aus Ghana gibt es unter anderem einen Augenzeugenbericht, der das Königreich mitten im afrikanischen Busch, dessen Monarch in Gold badete, bis ins kleinste

Rechts: Ein Pförtchen in einer Doppeltür. Jeder Flügel der großen Türen, die die Eingänge zu den Sälen um den Hof der Jungfrauen im Alcázar von Sevilla schließen, war mit einer kleinen Pforte versehen, durch die man hineingehen konnte, wenn die großen Türen geschlossen waren. Der riesige Türflügel, der hier vor dem Hintergrund der Hauswand zu sehen ist, ließ sich in Angeln drehen, deren eine im Pflaster des Bodens und deren andere im Mauerwerk oberhalb der Tür verankert waren. Der tief eingekerbte Bogen der Säulenhalle wirft seinen Schatten auf das kompliziert ineinander verschränkte Muster.

schildert. Wie weit man vom Norden Kenntnis hatte, wissen wir nicht genau, denn von der großen Weltbeschreibung Al-Bakris ist nur ein Teil erhalten geblieben. Doch im 12. Jahrhundert schrieb der Marokkaner Al-Idrisi am Hof König Rogers II. in Palermo sein *Buch von Roger,* in dem er Europa bis hinauf nach Skandinavien genauestens beschrieb.

Zweihundert Jahre nachdem die letzten heidnischen Nordmänner die Atlantik-Küste des Maghreb verwüstet hatten, hatte die arabische Welt bereits einige sehr detaillierte Kenntnisse von deren Heimatland: Man wußte, daß Irland das Hauptquartier der Seeräuber war. Dänemark war flach und sandig; Norwegen war eine große leere Insel oder Halbinsel, auf der die höchsten Bäume der Welt wuchsen. Das war auch das Land der Biber und das Land, in dem das Getreide niemals reif wurde und deshalb grün geerntet und anschließend getrocknet wurde. England, die Normandie, ein kleines französisches Königreich um die Hauptstadt Paris, Burgund, Flandern und Sachsen, Österreich, Böhmen und Ungarn, Estland, Lettland, Finnland und Rußland, all diese

Die Darstellung der Welt auf dieser Karte orientiert sich eher an den Vorstellungen der damaligen Zeit als an der Natur. Diese Weltkarte wurde von arabisierten Christen, den Mozarabern, gezeichnet und zeigt die Orte, an denen die Apostel gepredigt haben. Es ist eine schematische und sehr traditionelle Darstellung. Obwohl sie erst Mitte des 11. Jahrhunderts geschaffen wurde, ist das einzige Zugeständnis an die Neuzeit der hufeisenförmige Bogen der Stadt Jerusalem, die eher wie ein westgotisches Gebäude aussieht. Für Santiago de Compostela, den Apostel Jakobus, der der Schutzheilige der nördlichen Christenheit war, ist in dem Bild kein besonderer Platz vorgesehen. Und tatsächlich stammen die Landschaftsbezeichnungen noch aus der Römerzeit: Nordafrika zum Beispiel wird in die alten römischen Provinzen Africa, Numidia und die drei Mauritanien eingeteilt. Orte wie Córdoba oder Kairuan existieren nicht. Der Westen liegt am unteren Rand der Karte, von dem das Mittelmeer senkrecht nach oben ragt. Spanien ist demnach das keilförmige Gebilde auf der linken Seite, das von dem rosa Dreieck der Pyrenäen abgeschlossen wird. Das blaue Ypsilon am Ende des Mittelmeeres ist demnach das Schwarze Meer, in das die Donau einmündet. An der Gabelung der beiden Gewässer liegt Konstantinopel. In der anderen Richtung verläuft der Nil, der nach Westen herabfließt. Noch weiter rechts sieht man das rote Band, welches das Rote Meer darstellt. Und dahinter, weit im Süden, liegt die „uns unbekannte" Wüste. Am oberen Rand er Karte, im Osten, stehen Adam und Eva im irdischen Paradies. Rechts von ihnen liegt Indien und links der Kaukasus. Jerusalem liegt im Mittelpunkt der Welt. Das Ganze wird vom Strom des Ozeans umgeben. England und Irland tauchen unten links als gelbe Rechtecke auf. Die Naivität der Zeichnung zeigt jedoch deutlich die Vorstellung von einer Welt, deren Ursprung im Osten liegt, wo auch der Garten des Himmels zu finden ist. Das Ganze ist um den Mittelpunkt der Heiligen Stadt herum angeordnet. Diese Vorstellungen lagen ursprünglich auch dem muslimischen Weltbild zugrunde, doch durch die ständige Anhäufung neuer Kenntnisse und Informationen über die Erdoberfläche nahm das muslimische Weltbild allmählich realistischere Züge an.

Länder bildeten das undifferenzierte Heimatland der „Franken und Slawen", von dem uns schon Ibn Hawkal berichtet.

Die Menge an Information, die die Araber bekamen, war abhängig vom schnellen Wachstum des christlichen Europa. Eines der spektakulärsten Anzeichen für dieses Wachstum war das Auftauchen der Normannen auf dem muslimischen Sizilien, wodurch das Wissen über den europäischen Norden erheblich vergrößert wurde. Im Osten erbrachte das stetige Vordringen des Islam, das sich in der Errichtung von Sultanaten in Indien und von Handelskolonien in China niederschlug, viele neue Kenntnisse über Land und Leute. Was die Menschen im Westen zuvor nur aus Büchern erfahren konnten, das konnten ihnen jetzt Augenzeugen berichten, die selbst die Länder des Fernen Ostens bereist hatten. Im 14. Jahrhundert verwandelte Ibn Battuta eine Pilgerreise nach Mekka in eine fünfundzwanzigjährige Reise durch den Fernen Osten. Während er sich in der Hauptstadt des chinesischen Kaiserreiches befand, traf er dort einen Mann aus Ceuta, einer Stadt, die nur wenige Kilometer von seiner Heimatstadt Tanger entfernt lag. Dieser

Mann war hier unter den fremden Menschen ein angesehener Arzt geworden. Nachdem Ibn Battuta nach Nordafrika zurückgekehrt war und sich in Sijilmasa, am Rande der Wüste, auf die Durchquerung der Sahara vorbereitete, traf er dort wunderbarerweise den Bruder jenes Arztes. Von Sijilmasa aus setzte Ibn Battuta seine Reise in den westlichen Sudan fort, wo er sich – so recht nach andalusischer Sitte – dem Herrscher von Mali mit den Worten vorstellte: „Ich habe alle Länder dieser Welt bereist und deren Könige kennengelernt. Ich weile nun schon seit vier Monaten in deinem Land, doch du hast mir weder Gastfreundschaft erwiesen, noch hast du mir ein Geschenk gemacht. Was soll ich denn anderen Herrschern von dir berichten?" Natürlich wurde er prompt mit Gold beschenkt. Als Gegenleistung machte er eine ausführliche Beschreibung des Goldlandes. Er beschreibt einen Monarchen, der ganz in europäischen Purpur gekleidet war, einen muslimischen Herrscher über eine tropische Welt am kulturellen Horizont des Mittelmeerraumes.

Arabische Kompositionskünste erklären nicht von sich aus diese beachtliche geographische Literatur, wie sehr auch immer sie verwurzelt gewesen sein mag in der Welt des Islam und in der Verknüpfung von Orten mit berühmten Ereignissen und von angesehenen Personen aus der eigenen Geschichte. In China bewunderte Ibn Battuta das Porzellan, das sowohl Araber wie Perser so lange vergeblich zu imitieren versucht hatten. Er war auch außerordentlich von der chinesischen Porträtkunst beeindruckt, die jeden Fremden mit so perfekter Ähnlichkeit wiedergeben konnte, daß sein Porträt, sollte er ein Verbrechen begehen und fliehen, überall herumgezeigt werden konnte. Die Weisheit, die der Legende zufolge bei den Chinesen in den Händen wohnte, wohnte bei den Griechen im Kopf. Die Wissenschaften der Griechen waren es auch, die die Grundlagen für die arabischen Vorstellungen des Weltalls schufen. Der fromme Muslim mochte sehr wohl der Ansicht sein, daß solche Erkenntnisse für den Gläubigen überflüssig, wenn nicht gar gefährlich seien. Tatsache aber ist, daß die Vermessung der Erde mit Hilfe der „arabischen" Ziffern enorme Fortschritte machte, mit Ziffern, die man im 8. Jahrhundert aus Indien übernommen hatte. Die geistige Vorarbeit für dieses neue Weltbild hatte der griechische Philosoph Ptolemäus geleistet.

Ein sternförmiger „Ziegel" aus Stuck oder geschnitztem Gips, der das Zentrum eines Linienfeldes bildete. Diese Linien liefen strahlenförmig auseinander und gingen in die Linien anderer Achtecke über, um so ein regelmäßiges, endloses Muster zu bilden. In den schildförmigen Zwischenräumen, die auf diese Weise entstanden, bildeten die Mudejar-Handwerker die Waffen ihrer christlichen Herren ab. Damit kopierten sie eine Bauweise, die bei den Nasriden Granadas üblich war. Die Sterne, die den Mittelpunkt bildeten, wurden bemalt und vergoldet und trugen ihre eigenen Motive. Bei unserem Beispiel, das wahrscheinlich im 13. oder 14. Jahrhundet in Toledo geschaffen wurde, trägt der Stern als Emblem eine Inschrift. Fast bis zur Unkenntlichkeit verformt, bilden die Buchstaben der blattverzierten kufischen Schrift einen gezackten Bogen, der zur Hauptfigur des Emblems wird.

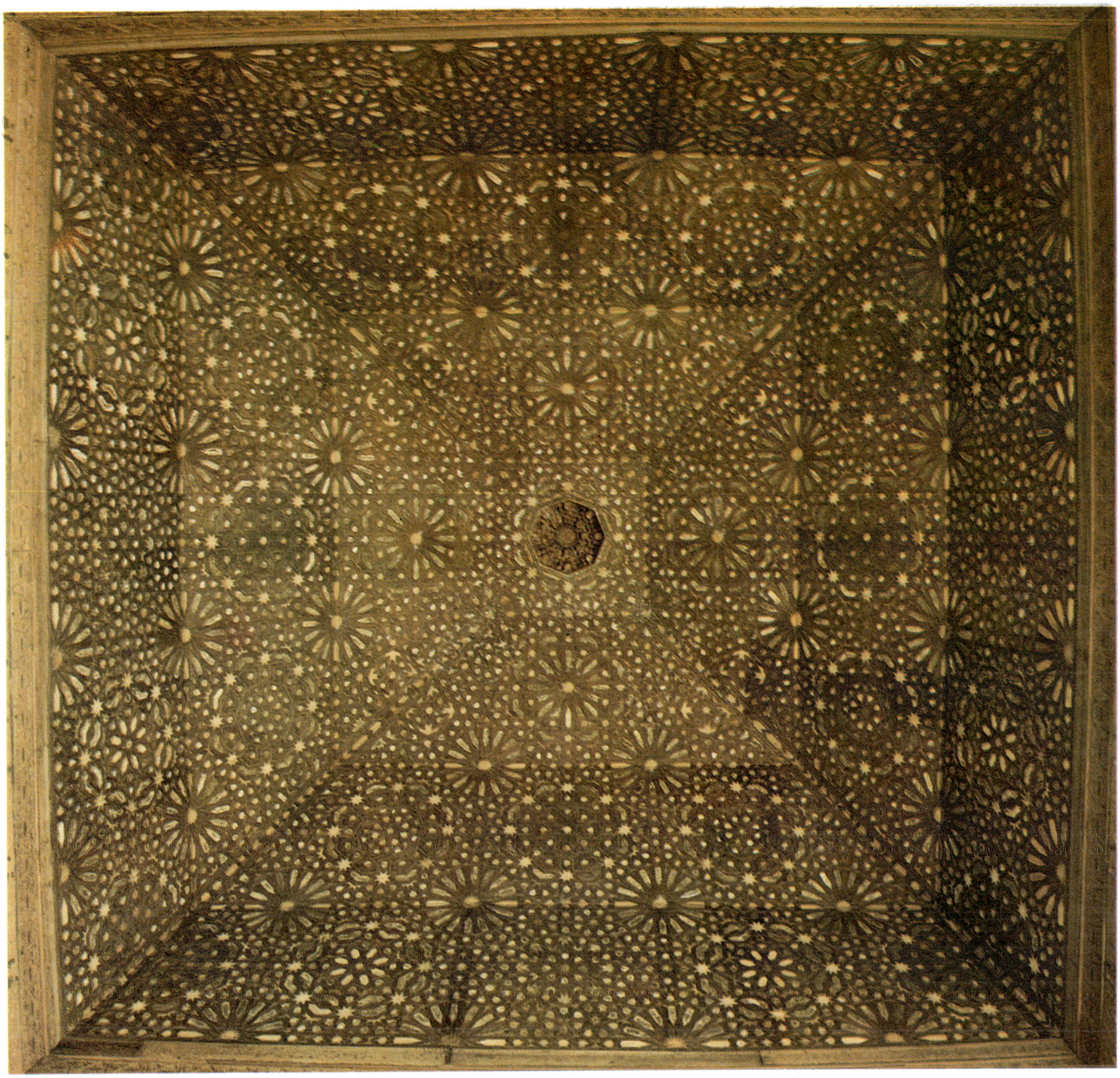

Der Umfang der Erde, von der man bereits glaubte, sie sei rund, wurde mit erstaunlicher Genauigkeit errechnet und ihre Oberfläche in Längen- und Breitengrade aufgeteilt. Durch Angabe von Breitengraden ließen sich einzelne Zonen präziser aufteilen, und ein Schriftsteller wie Idrisi, der das Klima der Welt von Süden nach Norden in sieben Klimazonen und von Ost nach West in zehn Abschnitte aufteilte, hatte somit ein gutes Schema an der Hand, mit dem er die örtliche Begrenzung dieser Klimazonen genau festlegen konnte. Will man die Angaben des Idrisi heute nachvollziehen, so ergibt sich aus den vielen Überlappungen und den daraus resultierenden Wiederholungen einzelner Abschnittsbeschreibungen ein rechtes Verwirrspiel. Der Grund dafür ist darin zu suchen, daß man zu seiner Zeit noch kaum damit begonnen hatte, die Karte des Globus nach diesen Prinzipien zu zeichnen.

Idrisi stattete sein Werk mit Karten aus, die dem Leser klarmachen sollten, warum zum Beispiel England in der Nordwestecke des zweiten Abschnitts der sechsten Klimazone zu suchen sei; Glücklicherweise paßte Andalusien gut in den ersten Abschnitt der vierten Zone. Aber abgesehen von der Ungenauigkeit der Entfernungen und der Lage

Das Himmelszelt. Die kuppelförmige Holzdecke des „Saales der Botschafter" im Königspalast der Alhambra bedient sich sternförmiger Muster in geometrischer Verschränkung, um die sieben Himmel darzustellen. Die Himmel bestehen aus sechs Sternenreihen, die von der Kuppel gekrönt werden. Durch den Segen Gottes, des Herrn des Universums, wird die Sonne zum König, der im Alkoven des darunterliegenden Fensters thront und auf sein herrliches Reich hinabblickt.

der einzelnen Orte zueinander, war die Projektion ein elementarer Fortschritt. König Roger hatte eine riesige Silberplatte herstellen lassen, die ein Gewicht von 200 kg hatte, in die mit äußerster Sorgfalt die Kontinente mit allen Details nach der Vorlage wissenschaftlicher Zeichnungen eingraviert wurden. Zu dieser „Weltscheibe" lieferte das „Buch von Roger" den Kommentar, und von dieser Scheibe kopierte man die einzelnen Kartenabschnitte, die jedem Exemplar des Buches beigefügt wurden. Die auf dieser Scheibe dargestellte Welt war zwar rund, aber flach und vollkommen unproportioniert. Vom Ozean, der den Abschluß am Rand der Scheibe bildete, umspannt, war Asien grotesk verschrumpelt, während Afrika so vergrößert wurde, daß es die ganze südliche Hemisphäre ausfüllen konnte. Auf den Gedanken, das Ganze in Kugelform darzustellen, war man leider noch nicht gekommen.

Im Gegensatz dazu war man sehr wohl imstande, die Bahn der Himmelskörper räumlich darzustellen. Als Idrisi zum erstenmal nach Palermo kam, so wird erzählt, habe er zehnmal soviel Silber erhalten, wie für die „Weltscheibe" benötigt wurde, um ein Modell des Kosmos anzufertigen. Das tat er, indem er eine Anzahl von Silberringen schmieden ließ, die wie die größten Kreise der astronomischen Koordinatensysteme gegeneinander eingestellt waren. Da er für dieses Modell nur einen Teil des Silbers verbrauchte, durfte er den Rest des Silbers als Geschenk behalten und wurde vom dankbaren König überdies noch fürstlich beschenkt. Wenn die Geschichte wahr ist, dann könnte es sich bei dieser Erfindung des Idrisi um ein frühes Modell einer „Armilla" gehandelt haben, eines Gerätes, auf dem man mit verschiebbaren Ringen die Bewegung der Himmelskörper auf ihrer Bahn um die Erde simulieren kann. Einer der Ringe, der durch die Pole des Himmels, um die das Himmelszelt sich dreht, verlief, fungierte als Meridian, ein anderer Ring stellte den Himmelsäquator dar, der parallel zum irdischen Äquator verlief. Der dritte sollte die Sonnenbahn sein, die im Lauf eines Jahres vor dem Hintergrund der Fixsterne von einem Tierkreiszeichen zum anderen wanderte. Mit anderen Ringen dieser Art durch Gelenke verbunden, war man mit Hilfe dieses Instrumentes in der Lage, Positionen auf der Erde oder am Himmel zu bestimmen.

Normalerweise aber stellte man solche Berechnungen mit Hilfe des Astrolabiums an, einer Metallscheibe, die senkrecht an einem Ring hing. Quer über die Oberfläche der Scheibe, in der Mitte wie die Nadel eines Kompasses auf einem Stiftgelenk befestigt, verlief ein Zeiger, der mit Suchschlitzen ausgestattet war. Diesen Zeiger konnte man auf die jeweilige Position eines Sternes im Vergleich zum Horizont einstellen. Von einer Skala am Rand des Gerätes ließ sich der so gewonnene Wert ablesen. Mit diesem Wert konnte man nun die Ziffernscheibe auf der Rückseite des Gerätes einstellen. Dort waren die Ringe der Sternbahnen in ein zweidimensionales Gitter von Kreisen und Halbkreisen gepreßt, verschiebbar auf einer Platte befestigt, die ihrerseits eine Projektion der Himmelskarte war. Das Zentrum dieser Himmelskarte war der Polarstern im Wendekreis des Steinbocks. Außerdem waren auf der Platte noch Längen- und Breitengrade eingraviert (Almukantarate und Azimute), die vom Zenit (dem Standort des Beobachters) ausgingen, um die sichtbare Hälfte des Kosmos anzuzeigen.

Da sich mit dem Standort des Beobachters auch der Zenit änderte, war es notwendig, für jeden Breitengrad ein anderes Astrolabium zu haben. Um diesem Problem zu begegnen, erfand Ibn al-Zarkali, der im romanischen Westen als Arzachel bekannt wurde, eine horizontale Projektion anstelle der vertikalen. Das Gitter des herkömmlichen Astrolabiums, das sich über der Himmelskarte drehen ließ, wurde mit Metallspitzen versehen, die die wichtigsten Sterne anzeigten. Wenn das Gitter jetzt verstellt wurde, um mit der Position des jeweils gefragten Sterns übereinzustimmen, konnte man nun auch die Position der anderen Sterne, auch die der Sonne, ablesen. Ein Zeiger, der sich wie der Zeiger einer Uhr um den Polarstern im Zentrum der Platte drehen ließ, machte es nun möglich, die Position des Polarsternes und die genaue Jahreszeit von der Skala abzulesen, sobald der Zeiger mit der Position der Sonne übereinstimmte. Auf diese Weise konnte der fromme Muslim sich der korrekten Gebetsrichtung versichern, und der Astrologe konnte sich die Informationen beschaffen, die er zur Erstellung eines Horoskopes benötigte. Das verdankten sie den Geisteswissenschaften, die die Konstruktion eines solchen Instrumentes ermöglicht hatten. Andererseits aber verdankten Männer wie Arzachel den jahrhundertelangen genauen Beobachtungen und Berechnungen dieser Leute, daß sie zu Begründern einer exakten Wissenschaft werden konnten.

Diese Astronomen waren für die Mehrheit der Bevölkerung Ketzer, und ihre Wissenschaft galt als Zauberei. In der Folklore Nordafrikas, die sich teilweise bis ins 20. Jahrhundert erhalten hat, wird die Erde flach und Berge werden als Pflöcke dargestellt, die die Erde zusammenhalten. Unterhalb der Erde ist die Welt der Dunkelheit, in der der

Das „Caird-Astrolab", das höchstwahrscheinlich um 1300 in Frankreich nach einer maurischen Zeichnung hergestellt wurde. In lateinischen Buchstaben werden die arabischen Sternennamen wiedergegeben. Die Zahlen Vier, Fünf und Sieben werden (unrichtig) mit arabischen Zahlen wiedergegeben. Auf der Rückseite des Instruments dreht sich der „Zeiger", mit dem man die Höhe der Sterne mißt. Auf der Vorderseite sieht man das Gitter des „retum", des Netzes, das mit 28 Spitzen versehen ist, die auf die Position der aufgeführten Sterne deuten. Das Gitter läßt sich über der Himmelskarte drehen, die in die darunterliegende Metallplatte eingraviert ist. Der Süden ist oben unter dem Ring. Die Karte läßt sich nur für einen bestimmten Breitengrad verwenden. Dieses Astrolab ist deshalb mit sieben austauschbaren Himmelskarten versehen. Damit hat es Gültigkeit für eine Fläche vom 15. bis zum 48,8. Breitengrad, der durch Paris, Chartres und Sens geht.

erste Mann und die erste Frau umherirrten, bis sie von einer Ameise ans Tageslicht geführt wurden. Dort lehrte sie die Ameise den Ackerbau und die Viehzucht. Der Himmel hing damals so tief über der Erde, daß sich eine alte Frau den Kopf an ihm anstieß und ihm befahl fortzugehen. Kosmische Ereignisse siedelte man auf vertrauter heimischer Erde an: Das Dschurdschura-Gebirge Algeriens galt als die Heimat des Stiers, der dann als Sternzeichen auftaucht. Der Islam hat diese direkte Identifizierung noch verstärkt. Nach der islamischen Legende wurden Adam und Eva aus der Erde der Doukkala-Region in Marokko geschaffen. Immerhin gibt es auch Ansätze von Schöpfungsgeschichten anderer Art. Eine elementare Vermischung von physikalischer und geistiger Dimension zeigt die Vorstellung, daß die Erde bis zur Geburt des Propheten vom Zeitpunkt der Schöpfung an im Dunkeln gelegen habe. Als Mohammed dann geboren wurde, begann die Sonne zu scheinen, der Mond tauchte auf, und der Frühling der Welt begann. Etwas besser ausgearbeitet ist da schon das Konzept der „sieben Erden": Eine Erde liegt über der anderen, eine jede ist ein eigenes Königreich, das entweder von Menschen, Ameisen, Schlangen, den Winden usw. bewohnt wird. Zu den sieben Welten gehören auch sieben Himmel. Einer von ihnen ist aus Eis, einer aus Eisen, einer aus Kupfer, einer aus Silber, einer aus Gold, einer aus Rubinen und der letzte schließlich ist der Himmel aus Licht. Auch jeder der Himmel hat seine ganz speziellen Bewohner. Zu den geheimnisvollen Erscheinungen dieser phantastischen Welten gehörten auch diejenigen Pflanzen, die die Fähigkeit zu heilen oder zu töten hatten. Die berühmteste dieser Pflanzen ist das Rabijat al-Kimija, „das Gras der Alchemie", mit dessen Hilfe man Schlösser öffnen oder einfaches Metall in Gold verwandeln konnte.

Solche Ansichten stammen ursprünglich von den Griechen, bei denen die Araber eine Philosophie kennengelernt hatten, die sie weder ignorieren noch ganz mit ihrem Glauben vereinbaren konnten. Die griechische Philosophie beschäftigte sich mit dem Wesen des Universums. Für die Araber bestand das Problem darin, eine Erklärung für das Wesen Gottes zu finden. Die Almorawiden nahmen jene Passagen der Schrift wörtlich, die von Gottes Gesicht und seinen Händen sprachen, ohne sich die Frage zu stellen, wieso der Herr des Universums die Gestalt eines Menschen haben konnte. Wegen dieser Auffassung wurden sie als üble Anthropomorphisten verächtlich gemacht. Auch diejenigen, die Gott durch seine Attribute definieren wollten, also von Gottes Macht, Gottes Willen, Gottes Weisheit und Gottes Liebe sprachen, stießen auf Schwierigkeiten, denn all diese Eigenschaften begrenzten das Wesen Gottes auf die aufgezählten Eigenschaften. Das Wesen Gottes sollte aber unbegrenzt und einzigartig sein. Gott wurde durch diese Philosophie mit anderen Worten von der einzigartigen Höhe, in der er frei von Zeit und Raum existierte, auf das Niveau der Sterblichen herabgezogen. Da all diese Erklärungen vom Wesen Gottes unbefriedigend blieben, versuchten die Araber auf der Grundlage der griechischen Philosophie das Problem zu lösen.

Die griechische Philosophie, die die Araber übernahmen, sah Qualitäten im Gegensatz zu Quantitäten, ob es sich bei den Qualitäten um die Qualität eines Einzelstücks, wie der Pferdequalitäten eines Pferdes, oder um die Qualität einer ganzen Gattung, wie der Schnelligkeit dreier Tiere, handelt. Der Syllogismus, das heißt die Form, in der diese Argumentation verlief, war eine Möglichkeit, Vergleiche zu ziehen und verschiedene Qualitäten einander gegenüberzustellen. Daraus ergab sich auch, ob es möglicherweise noch mehr über diese Qualitäten in ihren verschiedenen Erscheinungsformen zu sagen gab. Als Beispiel: Alle Philosophen sind weise. Platon und Aristoteles sind Philosophen. Deshalb ist auch der Schluß zulässig, daß beide weise sind. Die gleichen Regeln, die diesem Analogieschluß zugrunde lagen, dienten auch dazu, die Gesetzmäßigkeiten des Seins und das Wesen des Universums zu erklären. Die Vernunft, die diesen Regeln innewohnte, war Gott als dem Schöpfer und dem Menschen als dem Zeugen dieser Schöpfung gemeinsam.

Diese Vision von einer natürlichen Gesetzmäßigkeit, die der Welt durch göttlichen Befehl innewohnt, widersprach ganz offensichtlich der Auffassung von einem geoffenbarten Gesetz. Erstere konnte man begreifen, aber letzterem mußte man blind gehorchen. Als Ibn Tumart, der Mahdi der Almohaden, im Maghreb auftauchte, um die Almorawiden herauszufordern, war er mit einer Theologie bewaffnet, die sich der Logik bediente, um zu beweisen, daß es kein Naturgesetz geben konnte. Wenn Gott, so sagte er, allmächtig war, dann war alles, was existierte, von ihm erschaffen, der Fortbestand der Dinge inbegriffen. Nichts konnte auch nur einen Moment existieren, wenn er es nicht wollte. Also war Gott in ständiger Schöpfertätigkeit begriffen. Von Sekunde zu Sekunde erneuerte er die Schöpfung, und alle Dinge, die existierten, waren ein Ergebnis dieses fortgesetzten Schöpfungsaktes. Die Dinge, die so geschaffen wurden, hatten aber nicht die Macht, sich selbst mit den Eigenschaften auszustatten, die man ihnen zuschrieb, denn diese Eigenschaften konnten in jeder Sekunde durch Gottes Willen verändert werden. Ein Stein hatte deshalb nicht unverrückbar die Eigenschaften eines Steines. Schneller als die Vergleiche in der Poesie, die Blumen in Sterne und Sterne in Blumen verwandeln konnten, konnte Gott durch ein Wunder das Wesen der Dinge verändern. Das Naturgesetz der Philosophen sei also nichts anderes als die Beschreibung dessen, was Gott normalerweise zu tun beliebte. Daß ein Stein die Beschaffenheit eines Steins habe, sei also nur ein verläßlicher Zufall. So ein Zufall sei vergleichbar mit der Verläßlichkeit, mit der Dichter auf eine Belohnung ihrer Leistungen durch die Großzügigkeit ihres Sultans hoffen konnten.

Hundert Jahre vor Ibn Tumart war der Andalusier Ibn Hazm, der eher durch seine Auslassungen über die Kunst der Liebe bekannt geworden war, zu ganz anderer Ansicht gelangt. Der Lehrsatz von der ständigen Schöpfung schuf seiner Ansicht nach eine scharfe Trennung zwischen Gott und den Menschen, dessen einziger Beitrag zu dem Schöpfungsakt seine moralischen Absichten waren, die das, was er bewußt tat, gut oder schlecht sein ließen. Doch als denkendes Wesen, so argumentierte er, war er seinem Schöpfer in der Tat ähnlich, denn auch der Mensch besaß die Qualitäten – wenn auch sehr unvollkommen – die mit den Beinamen Gottes ausgedrückt werden: der Lebendige, der Mächtige, der Weise, der Hörer, der Seher, der Mitleidige, der Gnädige, der Großzügige, der Gerechte und so fort. Und wenn der Mensch darüber hinaus noch Qualitäten hatte, die man als böse bezeichnen mußte und die nicht als Eigenschaften Gottes galten, so lag das nur daran, daß Gott zu gut war, um sich böse zu verhalten. Dieser Gedankengang wurde von Ibn Bajja, einem Zeitgenossen des Ibn Tumart, aufgegriffen und bis zu dem Punkt weitergetrieben, wo der Unterschied zwischen der göttlichen Macht zu handeln und der menschlichen Unfähigkeit, mehr zu tun als nur vor sich hinzuleben, kaum noch sichtbar war.

Ibn Bajja, dessen latinisierter Name Avempace war, war ein Universalgelehrter, der Philosophie, Astronomie, Musik, Mathematik und Medizin studiert hatte. Er bezog seine theologischen Argumente aus den Vorstellungen von der Himmelshierarchie. Die sieben

Die Gärten von Marrakesch entlang den großen Stadtmauern wurden erstmals unter den Almohaden im 12. Jahrhundert angelegt. Das rechtwinklige Bekken wird durch Stege, die sich in der Mitte kreuzen, in vier Teile geteilt. Die Vorliebe für stille Wasser wurde höchstens noch von der Freude an Brunnen und Strömen übertroffen. Die Dichtkunst verband diese beiden Vorlieben in dem Gleichnis von dem Wind, der auf der Wasserfläche spielt und so die Illusion eines beschriebenen Blattes oder eines Kettenhemdes hervorruft. Das Immergrün, das um das Becken gepflanzt wurde, sollte die Vorstellung eines Paradieses, in dem das Leben nie endet, erwecken. Der Garten selbst war ebenso wie das Wasserbecken ein großes Rechteck, das einen alleinstehenden Pavillon als Mittelpunkt hatte. Von hier aus konnte der Blick entlang den Kompositionslinien der Anlage über Blumen, Büsche, Obstbäume, Rosen und Efeu bis zum weiten Horizont schweifen. In Marrakesch kann man von den Mauern aus über die Palmkronen der Stadt bis hin zu den schneebedeckten Gipfeln des Hohen Atlas schauen.

Himmel des marokkanischen Mythos entsprachen dem Weltbild des Aristoteles. Die Erde wurde demnach Schicht um Schicht von himmlischen Sphären umgeben, in denen sich die Himmelskörper um die Erde drehten. Das Fehlen einer vernünftigen Erklärung dafür, daß die Himmelskörper sich immer in einer Richtung anstatt in alle möglichen denkbaren Himmelsrichtungen bewegten, war eines der Argumente für die Theorie der fortgesetzten Schöpfung, da hierin das ständige Wirken eines göttlichen Geistes gesehen wurde. Noch mehr wurde die Vorstellung von den verschiedenen übereinandergelegenen Sphären angefeindet. Der Mythos, der die arabischen Nächte als das Wandern eines Helden von Höhle zu Höhle auf der Suche nach dem höchsten Schatz sieht, assoziiert diese Reise von Stufe zu Stufe mit dem Wandern der Seele zu Gott.

Nach Ibn Bajja ist der Schöpfungsakt auch mit einer Reise zu vergleichen, nur ist die Richtung jetzt umgekehrt. Die einzelnen Himmel waren die Stationen des Geistes beim Abstieg aus der materielosen Ganzheit des reinen Intellekts bis zu den unzähligen Formen der Materie auf Erden. Bei seiner Ankunft in der untersten Sphäre, der des Mondes, war dieser göttliche Geist kreativ geworden. Eine aktive Intelligenz war entstanden, die die Art und Weise plante, wie alle irdischen Erscheinungen Gestalt annehmen sollten. So entstanden die verschiedensten Erscheinungsformen auf Erden: Der Geist fuhr in die Materie und belebte sie mit dem göttlichen Gedanken. Die besonderen Qualitäten, die auf diese Weise jedem Objekt verliehen wurden, bestimmten dessen konkrete, individuelle Natur. Nachdem alle Dinge dieser Erde nun mit Seele ausgestattet waren, wurde es zur Aufgabe des Menschen als der höchsten der geschaffenen Existenzen, über seine Umgebung nachzudenken und ihre Entstehung zu verstehen. Seine Natur und deshalb auch der Sinn seines Daseins war es, sich nicht nur dessen, was er sehen, hören und fühlen konnte, bewußt zu werden, sondern auch das göttliche Gesetz zu erkennen, das diesen Objekten innewohnte. In der Tat war dem Mensch die Gabe des forschenden Geistes verliehen worden, der danach trachten konnte, durch Anwendung von Vernunft wieder die Ebene jener einzigartigen aktiven Intelligenz zu erreichen, von der sein Geist einst gezeugt wurde. Sobald das geschah, war der Sinn der Schöpfung erfüllt, wenn nämlich der göttliche Geist sich im Spiegel der Welt, die er geschaffen hatte, wiederfand.

In der zweiten Hälfte des 12. Jahrhunderts fand Ibn Bajja in der Person des Ibn Tufayl (Abentofal) einen Nachfolger. Dieser war der Sekretär und Leibarzt Abd al-Mumins, des Kalifen der Almohaden am Hofe von Sevilla. In seinem berühmtesten Werk kleidete er seine intellektuellen Vorstellungen in die Form eines Romans. *Hayy ibn Yakzan* (Leben, Sohn des Wachsamen) war der Titel des Buches und der Name seines Helden. Dieser Hayy wurde als Kind auf eine einsame Insel verschlagen wo er von einer Gazelle großgezogen wurde. Im Alter von sieben Jahren, hatte das Kind gelernt, auf sich selbst aufzupassen, indem es seine Tiermutter nachahmte; auch hatte es gelernt, sich verständlich zu machen. Im Alter von vierzehn Jahren hatte der Tod des Tieres dem Knaben gezeigt, daß es etwas gab, was einem Körper Leben gab und Leben nehmen konnte. Die Entdeckung des Feuers deutete auf den Himmel als die Quelle allen Lebens hin. Im Alter von fünfundzwanzig Jahren beherrschte der junge Mann seine Umgebung vollkommen. Aus der Vielfalt der Formen der Natur und aus deren ständigen Veränderungen hatte er gelernt, daß es eine äußere höhere Macht geben mußte, die all das bewirkte. Im Alter von achtundzwanzig Jahren konnte er diese Schlußfolgerung durch die Bewegung der Himmelskörper erhärten, die darauf hinwies, daß es einen begrenzten Weltraum geben mußte, dessen Teile aber zu einem einzigen Ganzen gehörten. Im Alter von fünfunddreißig Jahren war für ihn der Schluß klar, daß es einen materielosen, vollkommenen Schöpfer geben mußte.

In der zweiten Hälfte seines Lebens trifft der Naturphilosoph Hayy, der seine Erkenntnisse nur aus der Beobachtung und mit Hilfe seiner Vernunft erlangt hat, zum erstenmal auf ein anderes menschliches Wesen. Auf der Suche nach Einsamkeit kommt der Bewohner einer anderen Insel als Besucher auf die Insel Hayys, um dort in Ruhe über die letzte Wahrheit nachzudenken. Zu seinem Erstaunen muß der Besucher feststellen, daß das, was er als Mitglied einer Gesellschaft über die Religion gelernt hat, dasselbe war, was Hayy allein und ohne fremde Hilfe erkannt hatte. Die beiden fahren zusammen ins Heimatland des Besuchers, um Hayy zu zeigen, wie die menschliche Gesellschaft aussieht. Doch Hayy merkt sehr bald, daß diese Gesellschaft von schmutzigen Interessen regiert wird und daß die Religion auf der Ebene von Strafe und Belohnung betrieben wird. Nur Hayys Freund ist in der Lage, zu erkennen, daß die Natur nur der äußere, sichtbare Ausdruck für etwas Größeres ist, das dahintersteht. Was dieses Größere ist, weiß aber nur Hayy richtig zu würdigen, da er von den Einflüssen einer

normalen Erziehung unberührt geblieben ist. Gemeinsam ziehen sich die beiden wieder auf Hayys Insel zurück, um mit ihrem Wissen, das der Masse der Menschheit verborgen bleibt, alleine zu sein.

Kaiser Friedrich II., ein Nachfolger der Normannenkönige von Sizilien und ein Schirmherr der arabischen Wissenschaften, befahl, ein Kind aufzuziehen, ohne daß jemand zu ihm sprechen durfte. Durch dieses Experiment wollte er herausfinden, welche Sprache das Kind sprechen würde, wenn es ohne Sprachkontakt aufwachsen würde. Friedrich II. erhielt kein Ergebnis, da das Kind früh verstarb. Ibn Tufayls kleine Phantasiegeschichte war eher die Gestaltung eines Denkprinzips als die Darstellung eines Menschenschicksals. Und bestimmt waren die Schlußfolgerungen, die er aus seiner Geschichte zog, nicht die der üblichen islamischen Theologie. Die Aussöhnung des Denkens mit dem Glauben und des Glaubens mit der Theorie vom Naturgesetz war das Werk eines Mannes, den Ibn Tufayl dem Kalifen vorstellte und der auch sein Nachfolger als Leibarzt werden sollte. Das war Ibn Ruschd (latinisiert Averroes), ein gebürtiger Cordobaner, der aus einer Juristenfamilie stammte und zweimal das Amt des Kadi innehatte. Seine größte Leistung waren die Kommentare zu den Werken des Aristoteles, wobei er sich der traditionellen Gelehrtenmethode zur Erklärung eines Textes bediente, die durch Frage und Antwort den Problemen auf den Grund zu kommen suchte. Die Verfechter der fortgesetzten Schöpfung erfuhren in seinem Buch *Zerstörung der Zerstörung* eine deutliche Abfuhr. Die Welt und ihre Erscheinungen waren notwendig und unveränderlich, denn Gott selbst existierte per definitionem und war unveränderlich. Nachdem die Welt ein Produkt der göttlichen Intelligenz war, konnte sie kaum anders geartet sein. Die phantastische Flucht der Seele in eine Welt von höchster, materieloser Realität war deshalb unsinnig. Eine Welt, die sein mußte, konnte nicht auf der untersten Stufe des Seins stehen. Die Eigenschaften, die die Gesetze ihrer Natur waren, fanden ihre Verwirklichung in den physikalischen Gegenständen, die aus dem Material der Elemente geformt wurden. Vom Auge nur als flüchtige individuelle Formen gesehen, vom Verstand nur als Verallgemeinerungen wahrgenommen, blieben diese Eigenschaften doch in den Dingen enthalten wie die Prägung im Münzstempel einer almohadischen Münze. Hier lag die Erkenntnis, denn der Geist, selbst ein notwendiger Teil der natürlichen Ordnung, konnte absolut sicher sein, daß seine Logik auch die Logik der Schöpfung war und daß er als Konsequenz die letzte Wahrheit erfahren würde. Die Offenbarungen der höchsten Geheimnisse Gottes waren also rationalen Erklärungen

Die Alhambra zieht sich über der Stadt Granada an der steilen Uferböschung des Flusses Darro entlang. Weiter oben am Hügel sieht man auf der linken Seite die Gärten des Generalife, des „Gartens des Erbauers“. Die Festungstürme auf der rechten Seite blicken hinüber auf die Vega, das talförmige Oberland, das das Herzland des Nasriden-Reiches war. Im Hintergrund sieht man die Gebirgskette der Sierra Nevada. Die königliche Stadt in all ihrer Schönheit, ihrem Reichtum, ihrem Ruhm und ihrer Macht wurde durch die zahllosen Inschriften auf ihren Mauern, welche Gedichte und Sprüche aus dem Koran wiedergaben, nicht nur geschützt, sondern auch verherrlicht.

Ein Keramikziegel aus dem 14. Jahrhundert, der wahrscheinlich aus der Alhambra stammt. Die blaue Porzellanmalerei verzweigt sich zu einer herrlich verschlungenen rhythmischen Arabeske aus Zweigen, Blättern und Vögeln, die den Stil der europäischen Renaissance und des islamischen Ottomanen-Reiches vorwegzunehmen scheint. In dieses Blattmuster eingewoben sieht man die Waffen des Nasriden-Sultans – eine Sitte, die von den christlichen Nachbarn übernommen wurde.

zugänglich. In einem vom Gesetz gelenkten Universum war das ebenso ein Glaubensartikel wie dessen Umkehrung, daß rationale Erklärungen einfach geglaubt werden mußten.

Diese Argumentation zugunsten eines Naturgesetzes war ein gewichtiges Plädoyer für die Naturwissenschaften, eine theoretische Rechtfertigung ihrer Ergebnisse. *Der Schritt der Weisheit,* ein Buch über Alchemie, das im 11. Jahrhundert verfaßt wurde, setzte beim ausführenden Alchemisten Kenntnisse der griechischen Schriftsteller, das Studium der Mathematik, Geschicklichkeit der Hände, eine gute Beobachtungsgabe und Reflexionsvermögen voraus. Denn die Natur blieb immer gleich, und das gleiche Ergebnis konnte nie auf verschiedene Art und Weise hervorgebracht werden. Indem er die Gesetzmäßigkeiten der Natur beachtete, war der Alchemist wie ein Arzt, der versucht, im Körper eines Patienten die natürlichen Kräfte zu aktivieren, um die natürliche Balance wiederherzustellen, die zuvor auf ebenso natürliche Weise aus dem Gleichgewicht geraten war. Generationen von Alchemisten hatten große Mengen von Informationen über chemische Vorgänge zusammengetragen, während sich viele ihrer Kollegen lieber mit der Herstellung von Bronze, von Stahl, Gold, Silber, Glas, Glasuren, Farbstoffen und Färbemitteln beschäftigten. Ohne die gleiche Freiheit für Experimente am Objekt zu haben, wurden die Ärzte Experten in der Kunst, den Verlauf einer Krankheit nur durch Beobachtung zu diagnostizieren und bei der Behandlung von Kranken vor allem Heilkräuter und Medikamente anzuwenden, ohne sich der Chirurgie zu bedienen. Als der Schwarze Tod in den Jahren 1348 bis 1349 das Königreich von Granada heimsuchte, erkannte man sofort den ansteckenden Charakter der Krankheit und die erhöhte Anfälligkeit der Hafenstadt Almería im Gegensatz zur Immunität isolierter Nomadenstämme Nordafrikas. Der Minister Lisan al-Din ibn al Khatib (Zunge der Religion, Sohn des Gebets), der wie viele Wesire der damaligen Zeit sowohl Arzt als auch Staatsmann war, erklärte aus Anlaß der Pest, daß, was auch immer die Propheten sagen mögen, die die Pest mit den Ausdünstungen der Hölle verglichen, nichts die sorgfältige Beobachtung der Krankheitserscheinungen ersetzen könne.

Die Theorie der Griechen, es gebe nur vier Grundelemente, nämlich Feuer, Erde, Luft und Wasser in ihren verschiedenen Kombinationen und physikalischen Zustandsformen, schien für den wissenschaftlichen Forscherdrang der arabischen Alchemisten kein Hindernis zu sein. Denn das Buch *Der Schritt der Weisheit* beschreibt minutiös die Herstellung von Quecksilberoxyd. Was eine wissenschaftliche Revolution dennoch verhinderte,

Die Gebetshalle der Madrasa, die Yussuf I. 1349 in Granada errichten ließ. Sie unterscheidet sich sehr von der pfeilerbestandenen Großen Moschee von Córdoba. Die Kuppel über dem muschelförmigen Mihrab wurde hier zur eigentlichen Halle, die sich von den mit Stalaktiten besetzten Bögen, die die Ecken überspannen, zu einem Oktogon zusammenschließt. Die Lampe, die die Form eines sechseckigen Sterns hat, hängt aus dem Zentrum der Kuppel herab. Ihre Form ergibt sich aus den Mustern der darüberliegenden Decke. Das seitlich einströmende Licht läßt den Stern besonders zur Geltung kommen.

Die Madrasa, die Lehrstätte für die islamischen Wissenschaften, wurde nach syrischem Vorbild erbaut und gelangte über Marokko in das Königreich Granada. Die Halle, die sowohl für Lehr- als auch für Gottesdienstzwecke verwendet wurde, hatte nach hinten hinaus einen Zugangzu einem rechteckigen Hof. Rechts und links dieses Hofes lagen die Unterkünfte der Studenten. Lehrstätten dieser Art gehen auf das Bagdad des 11. Jahrhunderts zurück und tauchten vergleichsweise spät im muslimischen Westen auf. Als fromme Stiftungen konnten sie eine regelmäßigere religiöse Erziehung gewährleisten, als man sie bis zu diesem Zeitpunkt in den großen Moscheen und in den Häusern der Lehrmeister erhalten konnte. In mancher Beziehung erinnerten sie an die zur gleichen Zeit entstandenen College-Einrichtungen in Oxford und Cambridge, aber die Madrasa entwickelte sich nie zu einer festgefügten Körperschaft, ebensowenig war sie in der Lage, die große Bandbreite von Wissensgebieten zu lehren, wie das an den europäischen Universitäten geschah.

waren Hindernisse ganz anderer Art, nämlich theologische Verbote und gesellschaftliche Tabus. Ehrerbietung gegenüber den Toten erlaubte es den Ärzten nicht, Leichen zu sezieren. Ehrerbietung gegenüber den Lebenden und zweifellos vor allem Angst vor einem Fehlgriff machten Operationen zum letzten Mittel der Heilkunst. Unwissenheit war häufig das Ergebnis solcher Widerstände, und diese Widerstände wurden durch Unwissenheit weiter gefördert. So blieb für diesen wichtigen Zweig der Medizin nur der Rückgriff auf die Schriften des großen Abu l-Qasim (Abulcasis) al-Zahrawi, des Leibarztes des Kalifen Hakam II. Sein medizinisches Lehrbuch war für viele Jahrhunderte die Grundlage der Chirurgie. Im Falle der Alchemie kam man auf der Suche nach Gold immer mehr vom Gebrauch des Schmelztiegels als Experimentierhilfe ab. Die Überzeugung, daß alle Metalle Zusammensetzungen von Schwefel und Quecksilber seien, verlangte nach anderen Formen als dem bloßen Experimentieren. Denn obwohl die Verbindung von Quecksilber und Schwefel nur schwarzen Stein hervorbrachte, es mußte doch möglich sein, die Zusammensetzung in einem basischen Metall so zu verändern, daß etwas Wertvolleres dabei herauskam. Was man dazu brauchte, war der Stein der Weisen. Der Glaube an die Existenz eines solchen Steines, der in der ganzen arabischen Welt verbreitet war, geht auf die frühe Antike zurück. Der Stein soll auf einer smaragdenen Tafel in geheimnisvoller Schrift erwähnt worden sein, die der Leichnam des Hermes Trismegistos (Dreimal der Größte, Thoth, Erbauer der Pyramiden) in den Händen gehalten haben soll. Dieses Elixier soll nichts Geringeres gewesen sein als die Seele des Universums, reduziert auf einen Festkörper. Einmal gefunden, würde dieser Stein „der Weisheit letzten Schluß“ bringen, das Gemeinsame in der Vielfalt aufzeigen, das nicht nur das Leben der Menschen, sondern auch die Bahn der Gestirne bestimmt. Die Suche nach diesem größten Geheimnis der Welt war nicht länger Angelegenheit von Physikern. Hayy ibn Yakzan, der Romanheld Ibn Tufayls, suchte nach einer Wahrheit, für die Gold kaum mehr als ein Symbol sein konnte. Wie groß die Befriedigung auch gewesen sein mag, die die Suche nach dem Stein der Weisen den Suchenden gebracht hat, der Welt hat sie nicht viel mehr als die Geschichte vom „alchemischen Gras“ gebracht.

Die Pflanzen der Kräuterkundigen hatten sowohl medizinische wie magische Eigenschaften. Und die Beobachtungen am Sternenhimmel mußten für Horoskope und Orakel herhalten. Diese „Nebenprodukte“ wirkten sich nicht gerade günstig auf die Wissenschaften aus. Noch ungünstiger aber wirkten sich die sozialen Bedingungen aus, unter

denen Wissenschaft betrieben werden konnte. Der Wissenschaftler war nicht eng spezialisiert. Nachdem er in den Islam-Schulen seine Kenntnisse des Islam, der arabischen Sprache und der Literatur erworben hatte, ging er in der Regel daran, die Weisheit der Griechen zu studieren. Doch dieses enorme Wissen fand in der Praxis nur wenig Anwendung, denn der Gelehrte war gezwungen, bezahlte Aufträge anzunehmen. Das Wissen, für das die Leute auch bereit waren zu zahlen, war vor allem die Sterndeuterei und die Medizin. Seit der Zeit, als im 10. Jahrhundert die griechischen Wissenschaften im muslimischen Osten Fuß faßten, war die Mehrheit ihrer Vertreter entweder „Männer der Sterne" oder Ärzte oder beides zugleich. Mit diesen Ärzten und Astrologen gelangten die neuen Wissenschaften an die Fürstenhöfe: Dort standen Wissenschaftler neben Dichtern und Schreibern im Dienst der Monarchen. Manchmal, wie im Fall der königlichen Leibärzte Ibn Zuhr (Avenzoar), Ibn Tufayl und Ibn Ruschd, stiegen sie in den Rang königlicher Wesire auf. Mit anderen Worten: es gehörten auch die großen Wissenschaftler jenem Personenkreis an, der von Hof zu Hof, von Sultan zu Sultan wanderte, immer auf der Suche nach Gastfreundschaft und Aufnahme in die Dienste des Herrschers. Unter diesen Umständen blieben die Intellektuellen mehr eine abgeschlossene Clique. Das wird besonders an der großen Zahl von Juden deutlich, die in diesen Positionen anzutreffen waren. Solomon ben Gabirol (Avencebrol) war im 11. Jahrhundert der erste Philosoph von Rang im Maghreb. Im 12. Jahrhundert nahm Ibn Maymun (Maimonides) den gleichen Rang ein wie Ibn Ruschd. Die enge Verbindung der Juden mit den neuen Wissenschaften und deren bedeutenden Vertretern half ihnen dabei, als Beschützer der Minorität wirksam zu werden, der sie angehörten.

Philosophen und Naturwissenschaftler bildeten eine Elite. Obwohl der Vorwurf, den man Ibn Ruschd machte, er stelle die Vernunft über den Glauben, wohl nicht ganz gerechtfertigt war, kann doch kein Zweifel daran bestehen, daß er der Ansicht war, daß der Glaube etwas fürs einfache Volk sei, das Verständnis des Glaubens im Licht der Vernunft aber das Privileg einer geistigen Aristokratie. Das Ausmaß der Isolation, in der diese Elite lebte, erwies sich im 12. Jahrhundert, dem Zeitraum, in dem sie ihre größten Leistungen hervorbrachte, besonders deutlich. Im Rahmen einer Judenverfolgung wurde auch Ibn Maymun gezwungen, nach Kairo zu flüchten. Dort wurde er niemand Geringerer als der Leibarzt des Sultans, des großen Saladin, des ritterlichen Gegenspielers von Richard Löwenherz. Zwanzig Jahre später, beim Tod des Almohaden-Kalifen Abu Yakub, fiel auch Ibn Ruschd in Ungnade. Obwohl er sich für kurze Zeit mit dem Kalifen Abu Yussuf al-Mansur aussöhnen konnte, verbrachte er seine letzten Jahre unter den schweren Angriffen der Anhänger der orthodoxen Theorie von der „fortgesetzten Schöpfung".

Doch aktive Intoleranz dieser Art war ungewöhnlich. Seit der zweiten Hälfte des 13. Jahrhunderts war mit der Annexion des Herzstücks Andalusiens durch Portugal, Kastilien und Aragón eine ganz andere Art von Druck entstanden. Die Höfe Nordafrikas und Granadas, so glanzvoll sie auch gewesen sein mochten, lagen jetzt in hartem Wettstreit mit Sevilla, der Hauptstadt des neuen christlichen Königreiches. Der Prozeß, der jetzt begann, war beim Fall Toledos im Jahre 1085 deutlich geworden, als Alfons VI. den Astronomen Ibn al-Zarkali überreden konnte, in die Stadt zurückzukehren. Unter Alfons dem Weisen erlebte die Abwerbung von Wissenschaftlern von den islamischen Höfen einen neuen Höhepunkt. Alfons ließ sein Hauptwerk, die „Alfonsinischen Tafeln", die die Sternenbewegungen aufzeichneten, von zwei Juden anfertigen. Juda Cohen und Isaak Hazan faßten darin die Erkenntnisse jahrhundertelanger arabischer Astronomie zusammen. Noch Astronomen wie Galilei und seine Nachfolger bedienten sich dieser *Tafeln* als Handwerkszeug. Ihre Entstehung ist typisch für die systematische Förderung arabischer Wissenschaft durch die Könige von Aragón und Kastilien. Ebenso ist Al-Idrisis *Buch von Roger* ein Ausdruck der Förderung durch die Könige von Sizilien.

Die größten Nutznießer der christlichen Schirmherrschaft waren die Juden, die noch zweihundert Jahre lang in Spanien die Traditionen arabischer Wissenschaften pflegten. Ihre privilegierte Stellung verdankten sie der Tatsache, daß ihre reiche und gebildete Gemeinde, die sowohl von den christlichen Untertanen als auch von den muslimischen Feinden getrennt lebte, für die christlichen Machthaber politisch keine Gefahr darstellte. Muslime wie der Reisende Ibn Battuta zogen es ihrerseits vor, nach Osten zu gehen. Der Geschichtsphilosoph Ibn Khaldun wies eine Einladung Pedros von Kastilien, wieder zu seiner Familie nach Sevilla zurückzukehren, ab und ging lieber nach Tunis. Als er dort von politischen und akademischen Gegnern angegriffen wurde, emigrierte er weiter nach Kairo. Für ihn wurde die Reise zu einer Tragödie, denn als er zwei Jahre später seine

Oben: Das Judenviertel Sevillas. Im Jahre 1492, in dem Jahr, in dem Granada fiel, wurden die Juden aus dem spanischen Königreich vertrieben. Die jüdische Architektur entwickelte sich aus der Architektur der Mudejaren und brachte einige hübsche Synagogen hervor. Doch schließlich wurden die Juden Opfer der neuen religiösen Intoleranz, die mit der Gründung des neuen Reiches Hand in Hand ging, welches aus der Verbindung der beiden Königreiche Ferdinands und Isabellas hervorging.

Oben rechts: Diese Darstellung eines portugiesischen Segelschiffs, das den Ozean befährt, zeigt die Macht Portugals. Schiffe dieser Art verwendeten die Portugiesen, als sie die afrikanische Westküste auf dem Seeweg nach Indien erforschten. Diese Keramikschale wurde von den Mudejaren in den Töpfereien von Manises in der Nähe Valencias hergestellt. Dort arbeiteten im frühen 15. Jahrhundert muslimische Handwerker im Auftrag eines christlichen Adligen.

Familie nachkommen ließ, verschwand diese auf hoher See. Für den muslimischen Westen erscheint seine Abreise im Jahre 1382 wie das Ende eines Zeitalters. Im folgenden 15. Jahrhundert konnten sich keine muslimischen Wissenschaftler mehr einen Namen machen.

Die Juden von Mallorca gaben im Dienst der Könige von Aragón dem Weltbild eine völlig neue Klarheit. Ihre *Portulane,* Karten des Mittelmeerraumes, welche Listen mit Kompaßpeilungen enthielten, gaben erstmalig die Küsten des Mittelmeeres exakt wieder. Von Abraham Cresques entwickelt, um eine Weltkarte zu zeichnen, ging das Prinzip des Portolans auch in die Vorbereitungsarbeiten für die Seereisen Heinrichs des Seefahrers, des Prinzen von Portugal, ein. Dies war der letzte und größte Triumph des arabischen Lehrsatzes, der die Erde als rund und als Mittelpunkt der Welt beschrieben hatte. Eine direkte Folge dieses Lehrsatzes war die Suche nach einem Seeweg nach Indien, die schließlich zur Entdeckung der Neuen Welt führte. Doch die Zukunft der arabischen Philosophie und Naturwissenschaft war schon in den Tagen des Ibn Khaldun und seines Freundes, des Lisan al-Din ibn al-Khatib, entschieden. Der launische Wechsel der Stimmungen und die geringen Möglichkeiten, die sie in ihrem Heimatland vorfanden, standen in krassem Gegensatz zu dem Wissensdurst und Bildungshunger Europas. Mehr noch als ein Schirmherr fehlte dem Ibn Khaldun eine Öffentlichkeit, die sich für seine Ideen interessierte. Seine Werke mußten nach seinem Tod so lange auf Publikum warten, bis sie im 19. Jahrhundert in den Bibliotheken des Nahen Ostens wieder entdeckt wurden. Doch noch zu seinen Lebzeiten, der zweiten Hälfte des 14. Jahrhunderts, waren die Namen seiner Vorgänger, in ihrer exotischen latinisierten Form wie Abulcasis, Abenragel, Avencebrol, Arzachel, Avenzoar, Avempace, Abentofal, Alpetragius, Maimonides, Averroes und vieler mehr, an den Universitäten von Paris, Padua, Oxford und Prag bereits ein Begriff. Der ungeheure Wissensdurst jener Epoche stellte sicher, daß die Werke der arabischen Denker gelesen, gelehrt und debattiert wurden, und zwar nicht nur von einigen wenigen, sondern von den vielen Menschen, die die ständig größer werdenden Universitäten des Spätmittelalters bevölkerten. Aus der kritischen Auseinandersetzung, die einerseits eng auf das Technische beschränkt, andererseits aber äußerst spekulativ war, entstanden die Theorien, denen die arabischen Denker ausgewichen waren, die aber im 17. Jahrhundert in der wissenschaftlichen Revolution der modernen Welt mündeten.

Krieg und Frieden

„Als der Befehlshaber der Muslime sich an der Spitze seiner siegreichen Armee mit all der Beute, die Gott ihm gewährt hatte, nach Ecija wandte, kam die Warnung, daß Don Nuño mit dem christlichen Heer im Anmarsch sei. Deshalb versammelte er die Scheiks der Banu Marin, um mit ihnen zu beratschlagen, wie man den Ungläubigen am besten entgegentreten solle. Doch die Männer sahen bereits die Linien der christlichen Reiter auftauchen, die zu Tausenden und Tausenden einhergeritten kamen. Vor ihnen her marschierte die Infanterie Reihe um Reihe. In ihrer Mitte war der Nazarener-Hauptmann, Don Nuño González de Lara. Der Verfluchte wollte gegen den Befehlshaber der Muslime Krieg führen. Im Schatten der Banner, die über seinem Kopf flatterten und knallten, und unter dem Dröhnen der langen Trompeten ritt er in die schwarze Nacht der Schlacht, die wie die tobende See hin und her wogte.“[1]

So konnte nur der Satan selbst die höllische Brut gegen die Söhne Gottes in die Schlacht führen. Die Schlachtordnung der Kastilier, bei der die Infanterie die Ritter bis zum Augenblick des Zuschlagens schützend umgab, erzielte genau den erwünschten Effekt, nämlich den, die Feinde in Schrecken zu versetzen. Nur Gebete konnten noch den Triumph der Gerechten über eine solche Kriegsmacht ermöglichen:

> „Der Befehlshaber der Muslime stieg von seinem Roß, wusch sich die Hände und das Gesicht, den Kopf und die Füße, bevor er sich zweimal verneigte und mit erhobenen Händen zu beten begann – wie der Prophet (Gott segne und behüte ihn) für die Gemeinschaft der Brüder gebetet haben mag, die in der Schlacht von Badr gekämpft hatten. Die Männer seiner Armee unterstützten den Sultan mit lautem Flehen und Wehklagen. Dann bestieg er wieder sein Schlachtroß, scharte seine Truppen um sich und rief: ‚Armee der Muslime und Kämpfer für den wahren Glauben, dies ist ein herrlicher Tag! Heute hat das Paradies seine Pforten für euch geöffnet, und euch zu Ehren haben sich seine Bewohner geschmückt. Legt alle eure Kräfte in den Kampf mit denen, die den Alleinigen Gott verleugnen, denn wer heute stirbt, der stirbt als Märtyrer. Wer den heutigen Tag überlebt, wird reichlich belohnt werden mit Ruhm und Wohlstand. Seid deshalb stark, und steht fest zusammen in den Reihen! Vertraut auf Gott, daß er euch den Sieg schenke!‘ Als die Männer diese Worte hörten, waren sie für den Märtyrertod bereit, und mit klopfenden und brechenden Herzen umarmten sie sich zum Abschied.“[2]

Doch, so sagt der Chronist, wie Gott das Gebet Mohammeds in der berühmtesten Schlacht des Islam erhört und ihm den Sieg über die Übermacht geschenkt hatte, so schenkte er auch jetzt seinem Volk den Triumph in dieser Schlacht, die die letzte einer langen Reihe war:

Im Friedhof von Chellah vor den Toren Rabats wird der „Garten des Jenseits“ von alten Bäumen beschattet. Die Toten liegen, ganz in Weiß gehüllt, auf der rechten Seite und blicken nach Mekka. Am Tag des Jüngsten Gerichts werden sie sich erheben und wie Heuschrecken ausschwärmen, um ihre endgültige Bestimmung zu erfahren.

„Ihre Stimmen schwollen zu einem einzigen Schrei an, als sie Gott den Allerhöchsten priesen. Als die Schlacht im Gange war und der Kampf immer wütender tobte, war nichts anderes mehr zu sehen als die Pfeile, die sich wie herabstürzende Meteoritenschwärme als nicht enden wollende Plage auf die Feinde des Allerhöchsten ergossen. Man sah, wie die Schwerter, die vom Blute troffen, die Schädel der Ungläubigen spalteten und sie von den Leibern hackten. Denn wie die Löwen des Waldes warfen sich die Besten der Banu Marin auf die Feinde und richteten sie mit dem Schwert und ließen sie den bitteren Geschmack des Todes kosten. Als der Kommandant der Ungläubigen, Don Nuño, getötet wurde und seine Truppen sich zur Flucht wandten, gab Gott seinen Soldaten den Sieg und seinen Anhängern den Triumph. Der Befehlshaber der Muslime gab Anweisung, den gefallenen Feinden die Köpfe abzuschlagen und diese zu zählen: Es waren gute 1800. Dann inspizierte der Sultan seine Truppen und sah nach denen, die im Kampf gefallen waren. Unter denen, die durch Gottes Fügung eine glückliche Erlösung gefunden und das Siegel des Märtyrertums erlangt hatten, waren neun von den Banu Marin, fünfzehn Araber und Männer aus Andalusien und acht Freiwillige.“[3]

Die Mauren reiten unter ihren charakteristischen Kriegsbannern in die Schlacht. Im Vergleich zu den christlichen Rittern in ihren schweren Kettenhemden sind sie leicht bewaffnet und äußerst beweglich. Der große Bildausschnitt zeigt Jakob den Eroberer, den König von Aragón, der sich auf die Eroberung Mallorcas vorbereitet. Beide Ausschnitte stammen von Fresken aus Barcelona, auf denen die Invasion und die Eroberung der Insel dargestellt sind.

Aus diesem Bericht ist die Überlegenheit der üblichen muslimischen Schlachtordnung deutlich abzulesen. Die Infanterie, die aus knienden Bogenschützen und Speerwerfern bestand, wehrte den ersten Ansturm der Feinde ab. Wenn sich die Gelegenheit ergab, öffnete sie die eigenen Reihen und gab so der Reiterei die Möglichkeit, Attacken zu reiten und sich wieder zurückzuziehen, nur um dann von neuem wieder anzugreifen. Unterlegenheit in der Panzerung sah man keineswegs als Nachteil an. Im 14. Jahrhundert gab die Armee von Granada zugunsten größerer Beweglichkeit und Schnelligkeit die schwere Rüstung, auf die man sich bisher verlassen hatte, wieder auf. Aber die Bedeutung des großen Ereignisses und die dichterische Ausschmückung des Geschehens lassen solche technischen Einzelheiten etwas in den Hintergrund treten. Erst bei der Nachlese wird der Sieg dann in den richtigen Zusammenhang gerückt:

„In Briefen an alle Gläubigen Nordafrikas und Andalusiens ließ der Befehlshaber der Muslime den großen Sieg verkünden. Zur Freude der Gläubigen wurden diese Briefe von allen Kanzeln der Moscheen des muslimischen Westens verlesen. Aus Dankbarkeit gegen Gott feierten die Menschen, gaben Almosen oder gaben ihren Sklaven die Freiheit, während der Sultan mit der Beute und den Gefangenen nach Algeciras zog. Gefesselt und mit Ketten aneinandergebunden wurden die christlichen Anführer vor dem Sultan einhergeführt. Der Kopf des Don Nuño wurde vom Sultan an Ibn al-Achmar, den Herrscher Granadas, geschickt. Doch Ibn al-Achmar ließ den Schädel in Moschus und Kampfer einbalsamieren und schickte ihn dem König Alfons, um sich mit diesem gutzustellen. In der Zwischenzeit teilte der Sultan in Algeciras die Kriegsbeute, die Gott ihm gewährt hatte, indem er – wie es das Gesetz befiehlt – ein Fünftel für den Staatsschatz nahm und den Rest unter den Kriegern seines Heeres aufteilte. Die Anzahl der Rinder betrug 12 400 Stück, während die Schafe so viele waren, daß man sie nicht mehr zählen konnte. In den Straßen von Algeciras konnte man damals für ein einziges Silberstück ein Schaf bekommen. 7830 gefangene Männer, Frauen und Kinder wurden gezählt. Schwerter, Rüstungen und Kriegsgerät hatte man in unübersehbarer Menge erbeutet. 1400 Pferde und 600 000 Maultiere und Esel wurden gezählt. Als der Befehlshaber der Muslime jedermann, ob hoch oder niedrig, Edelmann oder Sklave, seinen Anteil übergab, waren die Hände der Muslime reich gefüllt, und alle waren vermögend geworden.“[4]

Die Schlacht war in der Tat der Höhepunkt eines großen Viehtreibens gewesen, das in den Jahren zuvor im Tal des Guadalquivir stattgefunden hatte, bei dem es den christlichen Viehdieben immer wieder gelungen war, die Verfolger zurückzuschlagen. So hatten sie ihr Vermögen an Rindern und Sklaven im Lauf der Jahre beträchtlich anwachsen lassen. Diese Schlacht des Jahres 1275 war ein später Nachkomme der großen Vergeltungsfeldzüge, die einst das Zentralplateau der Iberischen Halbinsel verwüstet hatten. Nachdem es auf den alten Schlachtfeldern, welche jetzt hoch im Norden des Landes lagen, ruhig geworden war, verlief nun die neue Grenze des Konflikts am Fuß der Sierra Nevada, der letzten Bastion des muslimischen Spanien. Sich durch Raubzüge und Plünderungen am ehemaligen Feind schadlos zu halten war eine überaus populäre

Anschauung bei der christlichen Bevölkerung, deren Bedürfnis nach Rache noch lange nicht gestillt war.

Der Lohn für die Seele, den die Muslime im Kampf gegen die Mächte des Unglaubens gewinnen konnten, wurde bei solchen Gelegenheiten noch zusätzlich durch materiellen Lohn versüßt. Der Mariniden-Sultan Abu Yussuf konnte sich im Ruhm seiner Freigebigkeit sonnen. Als er die Kriegsgefangenen als Arbeitskräfte für den Bau der Großen Moschee von Fes mit nach Hause führte, war sein Machtanspruch endgültig gesichert. Durch die Briefe, die seinen großartigen Erfolg verkündeten, stieg sein Prestige auch im Ausland. Der Schädel des Don Nuño sollte auch weiterhin großen politischen Wert haben. Er diente ursprünglich dazu, den Herrscher Granadas zu beschämen, doch statt dessen wurde der Schädel zu einem Instrument für Ibn al-Achmars eigene Diplomatie. Daß dieser die Trophäe dem christlichen Alfons zum Geschenk machte, war nichts Außergewöhnliches, denn ein Christ konnte nicht nur ein Feind, sondern ganz leicht auch ein Verbündeter werden. Acht oder neun Jahre später mischte sich Abu Yussuf selbst zugunsten des christlichen Königs in die inneren Angelegenheiten Kastiliens ein. Der Heilige Krieg hatte seinen Dienst getan, und der große Sieg von 1275 war keineswegs ein Hindernis für Beziehungen ganz anderer Art.

Diese Einstellung fand bei den Alfons und den Jakobs, den Sanchos und Ferdinands, den Garcías und Ramóns durchaus ihr Gegenstück. St. Jakobus der Ältere, Santiago Matamoros, „der Maurenschlächter" genannt, war der vom Himmel gesandte Ritter, mit dessen Hilfe die Rückeroberung Andalusiens gelang. Den Pilgern, die auf ihrer Reise nach Compostela sein Bild als Abzeichen in einer Muschelschale mit sich trugen, gewährte er ebenso Schutz wie denen, die gegen Mohammed, den falschen Propheten, hinaus in die Schlacht zogen. Die Ritter seines Ordens – einer der drei großen Mönchsorden, die im 12. Jahrhundert gegründet wurden – übernahmen von ihren Feinden dieses Gelöbnis zum Heiligen Krieg, als dessen Inbegriff das Wort Ribat galt. Das arabische Wort Ribat taucht denn auch tatsächlich in der Form *Rebato* im Spanischen als Name für „schnelle Attacke" auf. Beim Rebato kopierten die christlichen Ritter den arabischen Reitstil, die *Jinete,* zu der kurzer Steigbügel und flacher Sattel

gehörten, was ihnen ein schnelleres Manövrieren erlaubte. Großen Feldzügen gegen die Muslime gab man den Namen Kreuzzüge. Solche Kreuzzüge wurden im Namen der ganzen europäischen Christenheit geführt. In jenen Küstenstreifen Andalusiens zu gehen, wo die Muslime mit dem Rücken zum Meer darum fochten, daß der Islam auf dem europäischen Festland einen Stützpunkt behielt, war für Ritter des Kreuzes eine religiöse Pflicht geworden. Der englische Dichter Chaucer läßt in seinen „Canterbury Tales" seinen Ritter erzählen:

> *„In Gernade at the seege eek hadde he be*
> *Of Algezir, and riden in Belmarye."*[5]

Belmarye heißt Banu Marin, und Banu Marin steht für Marokko. Durch eine Fehlinterpretation der fremden Worte wird aus einem Volksstamm ein geographischer Begriff. Bald nahmen auch Legendengestalten den Platz der Realität ein. Auf dem Schlachtfeld standen den christlichen Rittern plötzlich nicht mehr die maurischen Krieger, sondern der Riese Farragut, eine groteske Goliath-Gestalt, gegenüber, der sich dem christlichen David entgegenstellt.

Roland, der im Sterben noch sein Horn blies, um die Truppen des Kaisers gegen die Sarazenen-Horden zurückzurufen, ist ein Archetypus: Das *Rolandslied* ist ein Mythos vom Kampf des Guten gegen das Böse. Der Cid dagegen hat selbst in der Legende in seinem Umgang mit dem islamischen Feind den Ruch des Fragwürdigen an sich. Zu seinen Lebzeiten war seine Religionszugehörigkeit überhaupt kein Hindernis für ihn gewesen, in der Armee der Muslime Dienst zu nehmen. Im 10. Jahrhundert war das Königreich Navarra zum ständigen Verbündeten des Königreichs von Córdoba geworden. Die berühmte Königin Theuda von Navarra ließ die Fettsucht ihres Enkels von dem jüdischen Arzt Hasday ben Schaprut, dem Leibarzt des Kalifen, kurieren. Sie machte ihren Enkel dann mit einem großen muslimischen Heer zum König von León. Etwa dreißig Jahre später gab der König von Navarra, Sancho II. Garces, seine Tochter dem großen Almanzor zur Frau. Das Kind aus dieser Ehe trug den Namen Sanchuelo, „kleiner Sancho". Als der König von Navarra nach Al-Zahira, dem Palast Almanzors kam, küßte er dem Baby als Zeichen seiner Ergebenheit Hände und Füße. Nachdem Sanchuelo in der Revolte, die das Reich des Kalifen in den Jahren 1009 bis 1010 erschütterte, getötet wurde, war Navarra an der Reihe, das muslimische Spanien tributpflichtig zu machen. In den Zeiten zwischen den großen Kriegen und den seltenen christlichen Siegen regelten jedoch Verträge das Verhältnis der Nachbarn zueinander.

Verträge waren Abkommen zwischen zwei Parteien, die einander respektierten. Ob man den Partner insgeheim als gleichgestellt, als überlegen oder unterlegen betrachtete, spielte dabei keine Rolle, und so war es nur recht und billig, daß in der Präambel der Briefe und Verträge die Stellung des Adressaten voll gewürdigt wurde. In solchen Präambeln tauchten Christus und Mohammed als gleichwertige Größen auf, und der Gott der jeweiligen anderen Partei wurde stillschweigend respektiert. Im Jahre 1183 erhielt der Kalif der Almohaden folgenden Brief:

> „An den äußerst vortrefflichen und durchlauchten Herren Josef, Elmire Elmomini, König der Könige und Herr der Herren, Emir aller Emire von Ubaldus, Erzbischof von Pisa, Primas von Sardinien und Gesandter des Heiligen Stuhls, der gemeinsam mit den Konsuln, Ratsherren und der Bürgerschaft von Pisa dessen vertrauensvoller gehorsamer Diener ist. Möge Gott ihn in seiner großen Gnade verteidigen, schützen und erhalten!
>
> Wir, Eure vertrauensvollen Freunde, stellen Euren Frieden und Eure Freundschaft über alles und wünschen Eurer Hoheit in allen Dingen zu Diensten zu sein. Da wir Eure gehorsamen Diener sind und in Euch die größte Hoffnung und größtes Vertrauen setzen, sind wir sehr erstaunt, daß in Eurer Stadt Bijaja (Bougie an der algerischen Küste) unsere Leute daran gehindert werden, Leder zu exportieren, bei ihrer Ankunft in Haft genommen werden und ihnen die Abreise verwehrt wird. Aus diesem Grunde bitten wir Eure Herrlichkeit, unsere Leute genauso gut zu behandeln, wie Ihr das bisher zu tun beliebtet, und Eure Beamten in Bougie dahingehend zu unterweisen, daß sie die Pisaner nicht am Lederhandel oder sonstigen Handel hindern, sondern sie aus Eurem Land ausreisen lassen, wann immer sie wollen, damit wir Eurer Hoheit unseren tiefsten Dank ausdrücken können."[6]

Das war die Sprache, in der Geschäfte miteinander getätigt wurden.

Der Friedensvertrag, der nach dem Tod König Ludwigs IX. im Jahre 1270 bei der Belagerung der Stadt Tunis mit den Kreuzfahrern geschlossen wurde, war typisch für das Verhältnis von muslimischen oder christlichen Herrschern zu ihren andersgläubigen Untertanen. Punkt für Punkt wurde darin festgehalten, daß alle Muslime, die Untertanen des Fürsten Hafsid al-Mustansir waren, im Machtbereich des Königs von Frankreich vor Angriffen zu Wasser und zu Lande sicher sein sollten. Widrigenfalls werde eine Entschädigung fällig. Umgekehrt sollten alle Christen im Land des Emir mit all ihrem Eigentum unter dem Schutz Gottes stehen, solange sie sich nur um ihr Geschäft kümmerten. Alles, was man ihnen schuldete, sollte anerkannt werden. Weder die Muslime noch die Christen sollten die Feinde der anderen Partei unterstützen, ebenso sollten alle Gefangenen ausgetauscht werden. Die Kreuzritter mußten sofort das Land verlassen, wofür sie als Gegenleistung 210 000 Unzen Gold (fast sechs Tonnen), jede Unze sollte fünfzig Silberstücke wert sein, erhielten. Der Vertrag enthielt noch den außergewöhnlichen Zusatz, der es Mönchen und Priestern gestattete, sich in Tunis niederzulassen. Außerdem wurde eine Klausel angefügt, die die Ansprüche Karls, des Grafen von Anjou, in seiner Eigenschaft als König von Sizilien befriedigen sollte: fünf Jahre Zahlungsrückstand des Tributes, welcher früher an Friedrich II. gezahlt wurde, sollten beglichen werden, und in Zukunft sollte der alljährliche Tribut verdoppelt werden. Dieser Vertrag, der eingehend geprüft und in viele Sprachen übersetzt wurde, blieb fünfzehn Jahre lang gültig.

Doch der Zwist zwischen den beiden Gruppen blieb bestehen. Der Unterschied zwischen den Angehörigen der einzelnen Religionsgemeinschaften spiegelte sich auch im Alltag wider. Keine Verträge konnten das Bewußtsein dieser Trennung verwischen. Dieses Bewußtsein wurde immer dann bestimmend, wenn es darum ging, ob man Untertan eines muslimischen oder eines christlichen Staates sein wollte. Für die abnehmende Zahl der Christen unter Muslim-Herrschaft wurde das Maß an religiöser Toleranz allmählich von der Staatsmacht eingeschränkt. Ebenso erging es den Mudejaren, der großen muslimischen Bevölkerungsschicht Siziliens und Spaniens, die als *Mudajjan,* als „Gezähmte", unter christliche Herrschaft geraten waren. Schließlich war die Zeit der Toleranz ganz vorbei: Religionswechsel oder Vertreibung hieß die Alternative für die wenigen in Nordafrika oder Al-Andalus verbliebenen Christen. Ein ähnlich hartes Los traf die Muslime und die Juden in den christlichen Königreichen Spaniens. Vor diesem allgemeinen Hintergrund war die vorsichtige Aufrechterhaltung bereits vorhandener Kontakte schon das Höchste an Gemeinsamkeit.

Wenn es ein Wort ist, das die Barriere zwischen den religiösen Gruppen, aber auch die durchlässigen Stellen dieser Barriere, nämlich den Handel und die traditionellen Kontakte, die die Gesetze noch erlaubten, beschreibt, so ist es das Wort „Diwan". Das Wort ist arabisch, hat aber persischen Ursprung und bedeutete zunächst „Sofa", dann die Versammlung von Männern bei einer Beratung, aber auch eine Gedichtsammlung oder die Zusammenstellung von ministeriellen Anordnungen und Vorschriften. Der ministerielle Diwan, mit dem es der ausländische Kaufmann zu tun bekam, wenn er das Land zum Geschäftemachen betrat, war der Zoll. Diese Bedeutung des Begriffs „Diwan" ging ins Spanische als „Aduana", ins Italienische als „Dogana" und ins Französische als „Douane" ein. Durch diesen Diwan kontrollierte der Sultan die Aktivitäten der verschiedenen Nationalitäten in seinem Land, ob es sich dabei um das Betreiben von Gasthäusern oder Fabriken oder um Geschäfte handelte. Für diese Aktivitäten erhob er Gebühren. Auf diese Weise wurden zum Beispiel die Regierungen von Tunis und Tlemcen am Handel mit Wolle, Wachs, Leder und Gold im Austausch für Waren aus Frankreich und Italien reich. Die Stadt Bijaja gab der französischen Wachskerze (Bougie) den Namen. Die Mariniden standen für das Merino-Schaf Pate, das, am Ende des 13. Jahrhunderts aus Nordafrika importiert, dem verwüsteten Ackerland von Al-Andalus einen neuen Reichtum brachte.

Viele Begriffe aus dem Arabischen haben Eingang ins Spanische oder Portugiesische gefunden und sind damit ein Echo der großen Erfindungen und Leistungen der Araber im westlichen Mittelmeerraum. Viel von ihren handwerklichen Fähigkeiten und ihrem Stilgefühl gelangte aus den muslimisch beherrschten Gebieten durch die Hände der Mozaraber und der maurischen Handwerker nach Frankreich und Italien. In Le Puy, einem der größten Sammelpunkte für die Pilgerfahrt nach Santiago de Compostela, ist die Fassade der Kathedrale ein Abbild der Arkaden der Großen Moschee von Córdoba, und im Kirchenschiff finden sich die architektonischen Formen der großen Kuppeln von Ifrikija wieder. Die „Lute", das Instrument des mittelalterlichen Troubadours, hat ihren Namen von der arabischen Bezeichnung für Holz = *al-ud* erhalten.

Oben: Keramikschale aus der ersten Hälfte des 14. Jahrhunderts aus Málaga. Auf der Rückseite der Schale steht ein Name. In der Zeit des Nasriden-Königreichs von Granada wurde Málaga das Zentrum einer bedeutenden Keramikindustrie. Die Tradition dieser Art von Glasuren, für die man Silber-, Kupfer- und Eisenoxyde in Essig auflöste, um einen Goldeffekt zu erzielen, wurde im 10. Jahrhundert aus Ägypten eingeführt. Obwohl sich der Schwerpunkt der Keramikindustrie im 15. Jahrhundert von Málaga ins Mudejaren-Zentrum von Manises bei Valencia verlagerte, wurden Handwerksstücke dieser Art in Italien unter dem Namen Maiolica (Málaga) bekannt. In Frankreich gab man ihnen den Namen Faïence, was vom Namen der Stadt Faenza, einer der Städte Italiens, in denen diese Keramik auch hergestellt wurde, abgeleitet war.

Links: Eisernes Zeremonienschwert mit einem Kupferknauf, das aus dem Granada des frühen 14. Jahrhunderts stammt.

Am Tag des Jüngsten Gerichts steht Babylon in Flammen. In dieser Illustration aus dem Kommentar zur Apokalypse des Beatus von Liébana, die im Jahre 1047 gemalt wurde, ist Babylon eine maurische Stadt, die vom Feuer verschlungen wird. In den vielen illustrierten Kopien des Werkes, die die Mozaraber, die arabisierten Christen des muslimischen Spanien, herstellten, gaben sie ihrer mißlichen Lage Ausdruck. Als schwindende Minderheit in ihrem eigenen Land, von den Christen des Nordens verabscheut und abgelehnt, sahen sie dem Ende der Welt mit Hoffnung entgegen. Zur Jahrtausendwende war der muslimische Herrscher Almanzor in ihren Augen der personifizierte Antichrist.

Versuche, den Liedern der Troubadoure und den Idealen der höfischen Minne in der ritterlichen Gesellschaft des europäischen Mittelalters – von der Zeit des Richard Löwenherz bis zur „Morte d'Arthur" im 15. Jahrhundert – einen arabischen Ursprung oder doch arabischen Einfluß zu unterstellen, sind weitgehend fehlgeschlagen. Die Bemühungen, Übersetzungen aus dem Arabischen zu machen, mit deren Hilfe man einen direkten Beweis eines arabischen Einflusses hätte antreten können, beschränkten sich vornehmlich auf die Übersetzung wissenschaftlicher und philosophischer Werke ins Lateinische. In Salerno übersetzte Konstantin der Afrikaner, einer der letzten in Karthago gebürtigen Christen, ein medizinisches Buch aus dem Arabischen. Im Toledo des 12. Jahrhunderts widmete sich der Italiener Gerhard von Cremona als einer der bedeutendsten Gelehrten Europas vollkommen der Erschließung griechischer Weisheit, deren Übermittler die Araber waren. Robert von Ketton, Adelard von Bath, Robert von Chester, Michael der Schotte, sie alle trugen dazu bei, daß Namen wie Rhazes und Alpharabius, Avicenna und Averroes innerhalb eines Jahrhunderts zu festen Begriffen für die gelehrte Welt Europas wurden. Schließlich, im 14. und 15. Jahrhundert, kam die

Erforschung der arabischen Wissenschaften in Europa zu einem Abschluß, denn sie hatten ihren Zweck für den Wissensdurst Europas erfüllt. Ein kultureller „Diwan" hatte gewählt und sich genommen, was er verwerten konnte.

Der Versuch, für das Erhaltene eine Gegenleistung zu erbringen, ist vollkommen gescheitert. Robert von Ketton hatte den Koran in der Hoffnung übersetzt, man könne daraus mehr über das Wesen der Konkurrenzreligion erfahren. Hundert Jahre später unternahm man auf der Basis dieses Wissens den Versuch, der muslimischen Welt das Christentum zu predigen. Jene Mönche und Priester, denen im Vertrag von 1270 der Aufenthalt in Tunis gestattet worden war, waren Missionare, die sich vor allem mit der Auslösung christlicher Gefangener befaßten, aber auch ihren Glauben verbreiten wollten. Seit der Zeit, als in Marrakesch im Jahre 1220 fünf Franziskaner hingerichtet worden waren, war jedem klar, was für ein riskantes Unternehmen die Missionierung war. Einige dieser Mönche forderten den Märtyrertod heraus in der Hoffnung, daß Taten mehr zählen würden, wo Worte versagt hatten. Die meisten dieser Missionare aber zogen es vor, unter dem Schutz der Verträge die weisen Männer der Scharija in Debatten zu verwickeln. Raimund Lull, ein Mallorcaner von den zurückeroberten Balearen, versuchte sich in beidem. Nachdem er zweimal dem Tod durch Steinigen entgangen war, weil christliche Kaufleute und muslimische Gelehrte sich für ihn eingesetzt und ihn außer Landes gebracht hatten, kehrte er 1314 nach Ifrikija zurück, wo er es eher auf Konfrontation als aufs Predigen anlegte. Dort starb er im Alter von über achtzig Jahren – der Legende nach durch Steinigen, wahrscheinlich aber einfach an Altersschwäche. Der Islam blieb unbekehrt.

Die abgrundtiefe Unkenntnis, die man in Europa trotz der Aktivitäten von Männern wie Raimund Lull hatte, zeigt sich in der Mär von dem Götzen Baphomet, der angeblich in den geheimen Tiefen der Moscheen der Muslime verehrt wurde. Doch jenseits von Theologie und Glaubenskampf gab es doch auch positive Einflüsse. In der Literatur tauchten immer mehr Themen aus dem arabischen Raum auf. In der mittelalterlichen Liebesgeschichte von Aucassin und Nicolette ist der junge Ritter Aucassin, der an den Ufern der Rhône nach seiner Geliebten sucht, niemand anderer als Al-Qasim. Mündliche Übermittlung erzeugte Ähnlichkeiten in der dichterischen Auffassung. Die Ähnlichkeit des „Roman de la Rose" mit den arabischen Oden oder des „Decamerone" Boccaccios mit „Tausendundeiner Nacht" ist nicht zu übersehen. Je mehr die Dichtung die Theologie verdrängte, desto mehr wurde ein gemeinsamer Boden der beiden verschiedenen Kulturen entdeckt.

Und trotzdem: für eine direkte Übernahme von Themen läßt sich kein schriftlicher Beweis erbringen. Es kann gut sein, daß Dante, als er die „Göttliche Komödie" schrieb – die Geschichte einer Reise, die durch die Hölle, das Fegefeuer und schließlich ins Paradies führt –, nie das „Buch von der Leiter" gelesen hat, die Geschichte einer nächtlichen Reise Mohammeds durch Himmel und Hölle. Als Dante die Figur der Beatrice erfand, wegen deren Liebe er mit Gottes Gnade durch alle Gefahren und Nöte des Todes bis zur höchsten Seligkeit geleitet wurde, konnte er die Werke des Mystikers Ibn al-Arabi nicht gekannt haben. Und dennoch: in den Werken des florentinischen Dichters finden sich viele Motive wieder, die schon in den Schriften des Muslim aufgetaucht waren.

Keusche Liebe, die Leidenschaft des sich selbst verleugnenden Liebenden, durch die der Erzähler der „Göttlichen Komödie" erlöst wird, waren ein Thema, das sowohl in der arabischen als auch in der christlichen Dichtkunst verbreitet war. Für den arabischen Dichter, der seinen Blick gen Himmel richtete, war das ein besonders schwerwiegendes Paradoxon: Der Garten des Paradieses wurde zwar von lieblichen Frauen bevölkert, doch die irdische Freude an den Frauen wurde vom islamischen Gesetz stark reglementiert. Das Problem, das die Frauen für den frommen Muslim darstellten, ließ sich zwar ästhetisch darstellen, aber nicht lösen:

„Sie wollt' mich gerne lieben, doch der Teufel
Durfte nicht obsiegen, ich wies sie zurück.

Nackt lag sie da, die Dunkelheit der Nacht
Entblößte und verhüllte ihren Reiz.

Ich zähmte meine Lust durch göttliche Gebote,
Denn nur Enthaltsamkeit war mir das Glück.

So stand ich dürstend da wie ein Kamelkalb,
Das mit verbundnem Maul nicht trinken kann.

Der Prophet Michäas. Diese Federzeichnung aus einer illustrierten Bibel der mozarabischen Gemeinde des 10. Jahrhunderts zeigt eine Gestalt mit Turban und Heiligenschein. Außer bei solchen Traditionstexten gebrauchten die „Möchte-gern-Araber" die arabische Schrift, in der sie auch die romanische Mundart schrieben, die sie mit der muslimischen Bevölkerung gemein hatten. Die gleichermaßen arabisierte jüdische Gemeinde bediente sich des hebräischen Alphabets, wenn sie arabische Texte schrieb. Genau wie die Juden führten die Mozaraber neben ihren muslimischen Nachbarn das Leben einer religiösen Minderheit. Sie hatten ihr eigenes Gesetz und ihre eigenen Würdenträger, von denen sie am Hof des Kalifen vertreten wurden.

Ein Kerzenhalter aus Elvira, einer Stadt in unmittelbarer Nachbarschaft Granadas, die ihren Namen von der römischen und westgotischen Stadt Illiberis erhielt. Sie wurde im 11. Jahrhundert von Granada verschluckt, als eine Berber-Dynastie der Kleinen Könige ihre Festung auf einem Hügel gegenüber der Alhambra errichtete. Bei diesem seltsamen Werkstück aus Eisen steht ein sechseckiger Turm auf zwölf Säulen. Auf den Zinnen des Turmes sitzen sechs Vögel. Solche dreieckigen gestuften Zinnen kann man auch an den Mauern der Großen Moschee von Córdoba sehen. Diese Form, die bald ein beliebtes Motiv bei Ziegelarbeiten und in der Architektur wurde, stammt aus dem Nahen Osten und wird von der Form einer Pflanze hergeleitet. Oberhalb des Turms wird der Dorn des Kerzenhalters von einer durchbrochenen Scheibe abgeschlossen, die die Form eines sechseckigen Sterns hat.

In diesem Garten durfte ich nicht ernten,
Nur Duft und Anblick waren mit vergönnt.

Ich darf nicht mit der fremden Herde weiden,
nicht einmal eine Blume dann und wann.[7]"

Zu der Thematik des Ibn Zaydun, der den Verlust und die Untreue der Liebsten beklagt, die er einst besessen hatte, paßt auch das Seufzen des Abu l-Bahr über seine Weigerung, eine Liebe zu besitzen, die wie der Neumond auf ihn herabschien.

Liebende verlieren sich in Liebe,
verfangen sich in ihrem Widerspruch.[8]

Diese Worte Ibn al-Arabis, die er in Mekka im ersten Jahr nach seiner Flucht aus Andalusien schrieb, waren der Ausgangspunkt seiner eigenen geistigen Reise, in der die Pausen der Kasida, der klassischen Ode, auch zu Rastplätzen seines eigenen Geistes auf seinem Weg zu Gott wurden. Seine Beatrice, seine Eingebung und seine Führerin, war die Tochter des Mannes, von dem er seine Weisheit gelernt hatte. Sie hieß Nizam, „Sonnenauge", und ließ die himmlische Schönheit aufleuchten wie ein Blitz, der zur Erde herniederfährt und ebenso schnell wieder verschwindet. Nur die Erinnerung an einen unaussprechlichen Verlust blieb zurück, die Erinnerung an den Augenblick der Einheit mit dem Göttlichen, nach dem ein Mensch sein ganzes Leben lang suchen mag, ohne ihn jemals wiederzuerlangen. Das höchste Glück, jenseits aller irdischen Freuden, bestand in dem Geschenk Gottes an jene, die ihm ihre Sinne und ihre Herzen ganz zuwendeten.

Muhyi al-Din ibn al-Arabi war ein Sufi, ein „in Wolle Gehüllter", ein Name, der von der charakteristischen Kleidung der Asketen herrührte. Er war der Vertreter eines Mystizismus, welcher zu dem Zeitpunkt (1201), als er Spanien im Alter von 38 Jahren verließ, bereits die Gestalt von Lehrsätzen, von Gebeten und Ritualien angenommen hatte. Der heilige Ali, der Sohn des Yussuf ibn Taschfin, hatte die Bücher des Theologen Al-Ghazzali, der in einem seiner Werke versucht hatte, die Lehre der Sufi-Mystiker mit der Scharija in Einklang zu bringen, verbrennen lassen. Trotzdem wurde Muhyi al-Din im Sinne des Sufismus erzogen, der im Spanien der Philosophen Ibn Bajja und Ibn Tufayl noch lebendig war. Als er die sieben Stufen Buße, Keuschheit, Enthaltsamkeit, Armut, Geduld, Gottvertrauen und Zufriedenheit durchlief, kamen seine Überlegungen zu dem Schluß, daß das Universum selbst eine Offenbarung und eine Widerspiegelung des Göttlichen sei. Meditation legte auch die Koran-Sure des Lichtes nahe, die folgenden Vers enthält:

„Gott ist das Licht des Himmels und der Erde. Sein Licht ist wie das Licht aus einer Nische oder einem Leuchter, in dem eine Lampe steht. Die Lampe ist in einer Glasfassung, das Glas ist wie ein strahlender Stern, der von einem gesegneten Baum angezündet wurde. Der Baum ist ein Olivenbaum, wie man ihn weder im Osten noch im Westen finden kann. Sein Öl brennt fast, ohne angezündet zu werden. Licht über Licht. Gott führt zu seinem Licht nur die, die er dort haben will, und spricht in Bildern zur Menschheit, er, der alles weiß."[9]

Das war eine sehr islamische Meditation. Ibn al-Arabi folgte in seiner Überlegung dem Ḥayy ibn Yakzan, der Romanfigur des Ibn Tufayl, nicht in den Bereich, in dem man auf die Notwendigkeit der Offenbarung verzichten kann und deshalb auch nicht der schriftlichen Überlieferung der Religion bedarf. Für ihn war der schreckliche Spalt zwischen dem Schöpfer und seiner Schöpfung in dem Weg ausgedrückt, den die Seele auf ihrer Reise zu Gott zurücklegen mußte. Die Metapher der Kasida, die eine Reise durch die Wildnis vom trostlosen Zeitpunkt des Aufbruchs bis zum glücklichen Wiedersehen beschreibt, war eine Möglichkeit, diesen dünnen, gefährlichen Pfad, auf dem sich die Seele voranbewegt, vor Augen zu führen.

Doch Poesie hat ihre Schwierigkeiten. Sie bedarf oft eines Kommentars des Dichters, um dem Leser die tiefere Bedeutung des Inhalts begreiflich zu machen. Jedes in der Dichtung gebrauchte Bild ist ein Symbol, das vor dem Hintergrund des Islam, seiner Theologie und seiner Literatur verstanden werden muß. Die Kamele, die sich in der klassischen Ode im Morgengrauen erheben und das Lager leer in der Wildnis zurücklas-

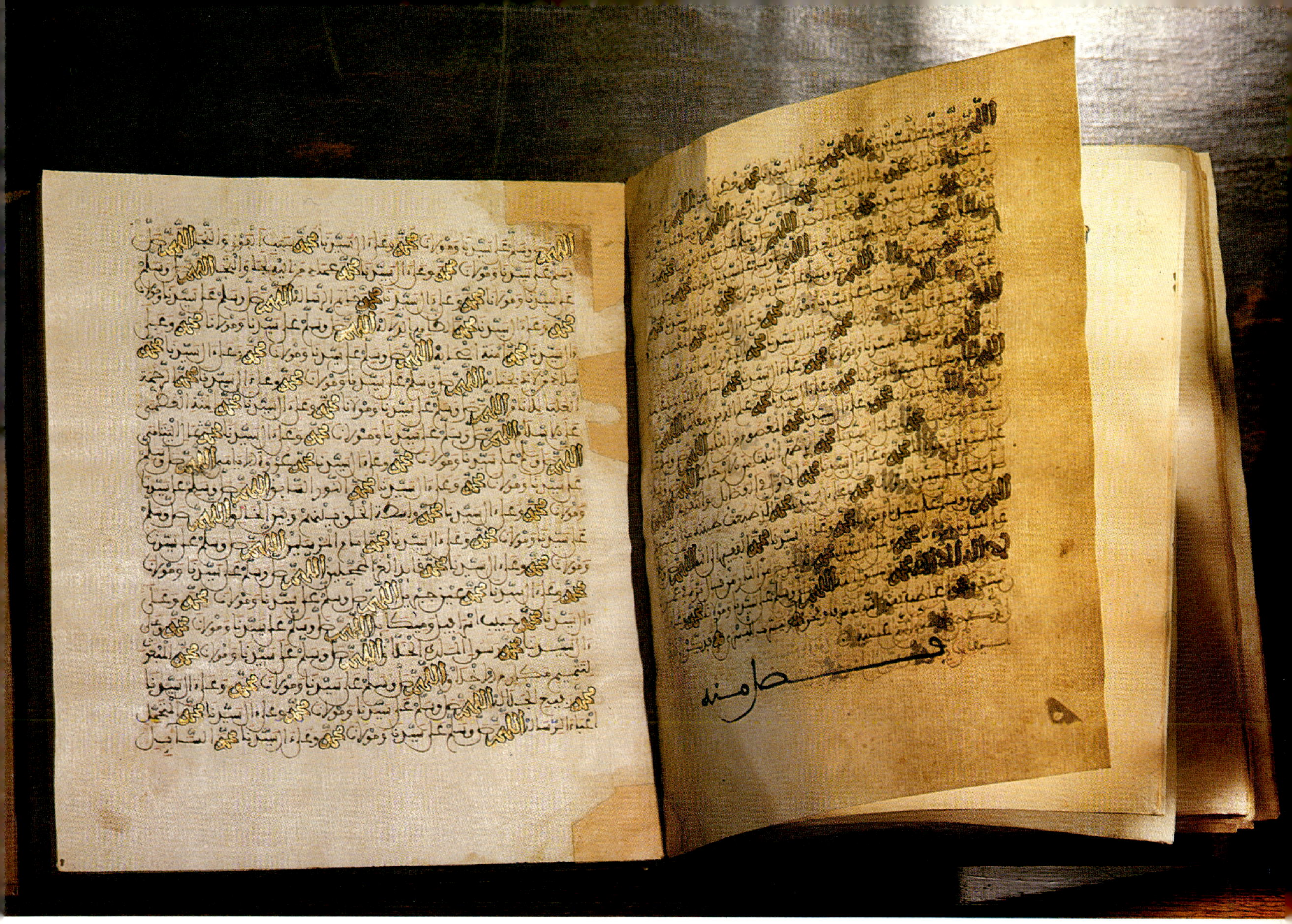

sen, sind die Handlungen, die ein Mensch durch Gottes Willen vollbringt. Auf ihrem Rücken, verborgen in den Sänften, sind die Mädchen, die die Seele dieser Handlung, die Absichten des Menschen, verkörpern. Diese guten Geister sind die Geliebten, die sich auf die Reise zum Himmel machen und ihm, dem Zurückgebliebenen, nur einen kleinen Blick durch die Schleier auf ihre Schönheit gestatten. Ihre niederschmetternde Schönheit ist für ihn ein größeres Wunder, als er ertragen kann; ist die Enthüllung der göttlichen Weisheit, die die Welt regiert. Diese Weisheit trägt den Namen Balkis, Königin von Saba. Auf seiner Reise durch die himmlischen Sphären erscheint sie dem Mohammed und läßt den Begleiter des Propheten, den Engel Gabriel, vor Schrecken über soviel Selbstenthüllung Gottes in Ohnmacht fallen. Balkis, die Tochter eines Kobolds und einer Frau – Geist und Fleisch zugleich –, ist eine Gestalt aus dem Koran. Nachdem sie im Verlauf ihrer Konfrontation mit Sulajman (Salomon) einen Glasboden für eine Wasserwand gehalten hatte, unterwarf sie sich dem Willen Gottes, sie, die zuvor stolz und unabhängig gewesen war. Als Personifizierung des Göttlichen und dessen Widerspiegelung in der Welt wurde Balkis für Ibn al-Arabi das Sinnbild seiner Sehnsucht. Durch sie konnte der Mensch im Augenblick des Todes aus der Zersplitterung des irdischen Daseins zur letzten Wahrheit gelangen:

„Am Tag des Aufbruchs weigerten sich die Kamele,
ohne die Pfauen zu gehn, die Mädchen auf ihren Rücken,
deren Blicke töten, gleich Engeln in all ihrer Macht.
Jede der Balkis gleich, der Herrin des Perlenthrones.

Als sie nun selbst erschien in der gläsernen Halle,
Saba, der Sonne gleich, das herrlichste aller Geschöpfe,
weckt' ihre Stimme alle, die einst ihr Anblick getötet,
als der Herr Jesus sie vor sein Gericht befahl.

„O GOTT, segne und schütze unseren Herrn und Meister MOHAMMED und die Familie unseres Meisters MOHAMMED, bei dem alle Zuflucht und Hilfe ist. O GOTT, segne und schütze unseren Herrn und Meister MOHAMMED und die Familie unseres Meisters MOHAMMED, Brief und Siegel der göttlichen Botschaft. O GOTT, segne und schütze unseren Herrn und Meister MOHAMMED und die Familie unseres Meisters MOHAMMED, Botschaft und Zeichen. O GOTT…"

Dalail al-khayrat, „Zeichen des Segens", so heißt das Buch der „Gebete im Namen des Propheten", welches der marokkanische Heilige und Mystiker Al-Jazuli im 15. Jahrhundert schrieb. Die endlose Wiederholung der gleichen Formel mit ihren systematischen Variationen ist ein sprachliches Gegenstück zur Arabeske der Schrift. Wenn die Worte gesprochen werden, sollen sie das Gehirn von allem frei machen, außer dem Gedanken an Gott. Dieses Buch war weit verbreitet. In dieser Ausgabe sind die Worte „O Gott" und „Mohammed" in Goldbuchstaben gehalten und ergeben ein sichtbares Muster. Al-Jazuli war ein Prediger, der Marokko an der Spitze seiner Anhängerschaft durchwanderte. Nach seinem Tod trug man seinen Leichnam im ganzen Land umher. Seine Lehren wurden von seinen Jüngern bewahrt, die die Sufi-Bruderschaft der Jazuliya bildeten.

Die Madrasa Al-Attarin, die Schule der Parfümmacher. Sie wurde so genannt, weil sie im Souk der Parfümhändler in der Qaysariya, dem Zentralmarkt von Fes, bei der Qarawiyin-Moschee, stand. Die Madrasa wurde im Jahre 1325 vom Mariniden-Sultan Ibn Said als eine von dreien gegründet. Die zweite steht jenseits des Flusses bei der andalusischen Moschee und die dritte in der Königsstadt des Neuen Fes. Zur Jahrhundertmitte hatte es in Fes sechs oder sieben solcher Lehrstätten gegeben, die alle königliche Stiftungen waren. Sie bezeugen die Frömmigkeit der Nasriden, aber auch ihren Bedarf an gebildeten Männern, die der Regierung dienen konnten oder die Traditionen der islamischen Gelehrsamkeit bewahren halfen. Die Lehre war immer eng mit den großen Moscheen verbunden, vor allen Dingen der Qarawiyin-Moschee. Die Einrichtungen der Madrasas zogen Studenten aus allen Teilen des Landes an und führten dazu, daß Fes bald die kulturelle Hauptstadt des Landes wurde. Die Zahl der Ulama, der „Männer des Lernens", die die Schulen hervorbrachten, wuchs ständig an Einfluß und Bedeutung. Ihr Einfluß beherrschte bald die Stadt und schuf eine öffentliche Meinung, die der Herrscher nicht ignorieren konnte. Im Jahre 1465 lösten sie die Revolte aus, die den letzten Mariniden-Herrscher Thron und Leben kosten sollte. Die Macht der Ulama gründete sich auf ihrer Kenntnis des islamischen Gesetzes, was einer der Hauptlehrgegenstände war. Fünf Tage in der Woche wurden vom frühen Morgen bis zum späten Nachmittag Vorlesungen gehalten. Die Schüler, die um ihren Meister herum auf dem Boden saßen, lasen aus den Texten, die der Meister, wenn es nötig war, kommentierte. Anschließend ging ein Assistent des Meisters die Themen noch einmal durch, um Mißverständnisse auszuräumen. Die Gebetshalle, die dem Eingang zum Innenhof der Madrasa gegenüberlag, wurde oft für solche Sitzungen verwendet. Der Raum war prächtig ausgestattet. Der Hof der Al-Attarin zeigt herrlich geschnitzte Bögen aus Zedernholz unter den überhängenden Dachtraufen. Die Wand unter den Bögen ist mit Stuckarbeiten und Mosaiken verziert. Die Bögen spannen sich über den Fenstern der Studentenquartiere und über dem großen Eingangstor, das auf die Straße führt. Soviel Pracht war nicht gerade billig, und die königlichen Madrasas von Fes überschritten den Rahmen des Üblichen bei weitem. Doch das Konzept des Zusammenlebens und Zusammen-Lernens, das in den Madrasas entwickelt wurde, wurde von der Zawija, der „Nische" der heiligen Männer, die ihre Jünger lehrten, ihnen auf dem Weg der Sufi zu folgen, übernommen. Die Madrasa mit ihrer Moschee, ihrer Schule, den Eß-, Wohn- und Schlafräumen, die um das Grab des Gründers herum errichtet wurden, war eine typische Einrichtung des religiösen Lehrbetriebs im islamischen Westen.

Sie, die Tafel der Thora, die mich geleitet,
wie einst Moses, als seine Blindheit schwand.
Geistliches Gut, und ganz ohne jeden Zierat,
doch erleuchtet vom Lichte des wahren Gotts.

Fehlerlos und ganz in sich selbst beschlossen,
wie das Grab in marmornen Mauern ruht.
Sie ist über alles Ergrübeln erhaben,
über Rabbis, Priester und große Gelehrte.

Deutet mit weisendem Finger nur auf die Lehre,
daß ihre Weisheit auch uns zu Heiligen mache.
Und an dem Tag, als sie auf dem Weg entschwunden,
wurde das Banner des Muts erneut über mir entrollt.

Mög' es auch künftig mutig im Winde stehen
bis zu dem Tag, an dem meine Seele heimgeht.
Schützt mich dann vor dem Hochmut, daß ich wie Gott sei,
jener letzten Versuchung des höllischen Geistes.

Weinend klagt' ich beim Schwinden der Karawane:
‚Entführt sie mir nicht in unerreichbare Ferne!' "[10]

In seiner eigenen *Nächtlichen Reise zum Allerhöchsten* bedient sich Ibn al-Arabi der Geschichte des Miraj, des Aufstiegs Mohammeds von Jerusalem zum Thron Gottes, als des Ausdrucksmittels, das seine Gedanken weit besser wiedergeben kann als die klassische Kasida. Hier wie auch sonst in der immensen Fülle seines großen Werkes entwickelt er mit Hilfe seiner Verse bildhafte Andeutungen, die dem großen Werk gerecht werden. Die Eindringlichkeit der Thematik bleibt bestehen. In dem Maße, wie die einzelnen Sphären der Himmel zurücktreten, muß auch der Philosoph – wie Dantes Vergil – zurückbleiben. Nur dem Gläubigen ist es erlaubt weiterzugehen. Gott nimmt sein Geschöpf wieder zurück zum Ursprung des ewigen göttlichen Gedankens.

Dieser Gedanke kehrte, und zwar in Gestalt des Al-Khadir, „des Grünen", auf die Erde zurück. Als Schutzpatron des Islam im Westen spielte er die gleiche Rolle, die St. Jakobus von Compostela für die Christen Spaniens innehatte. Als Herrscher über dieses abgelegene Ende der Welt, das vom Meer umgeben war, symbolisierte er die äußerste Grenze der muslimischen Welt. Er war es, der dem Heiligen Krieg gegen die Ungläubigen Gottes Segen gab und dem Kämpfer für den wahren Glauben den Sieg bescherte. Indem sie die Grenzen der wahren Religion verteidigten, schlugen die Murabitun, die Männer des Ribat, seine Schlacht. Gleichzeitig brachte er der Menschheit die Erleuchtung, manchmal den Ungläubigen, besonders aber den heiligen Männern Gottes. Unter seiner Schutzherrschaft wurde der Murabit, der wilde Krieger, zum frommen Grübler. In dem Maße, wie der Sufismus im Westen seine Verbreitung fand, entwickelte sich auch eine vergeistigte Lebensauffassung. Im 13. Jahrhundert erhielt der Ribat den Namen Zawija, „die Nische", und war der Rückzugsort des heiligen Mannes, der das Licht der göttlichen Gnade auf die Menschen strömen ließ. Als Andalusien verloren war, begann die Zawija sich zu verbreiten.

Eine Zawija wurde um das Grabmal ihres Gründers errichtet. Daneben baute man eine Moschee für das tägliche Gebet, und ein Schulraum, Schlaf- und Speiseräume erlaubten es dem heiligen Mann und seinen Jüngern, gemeinsam miteinander zu leben und zu meditieren. Geistig und materiell war dieser Haushalt auf Gastfreundschaft eingestellt. Der Scheik, der heilige Mann, „bereitete den Tisch": er speiste seine Schüler mit Essen und Weisheit. Diese Schüler hatten ein sehr unterschiedliches Alter, es gab sowohl Knaben als auch Männer, und manchmal wuchs ihre Zahl auf mehr als hundert. Ihre Diener und deren Familien mochten die Zahl auf das Doppelte erhöht haben. Man hatte ständig Gäste, und die Armen aus der Nachbarschaft durften mit einem regelmäßigen Almosen rechnen. Es war eine Art Weiterverteilung, denn die Zawija bestritt ihren eigenen Unterhalt durch fromme Geschenke, die manchmal die Form einer regulären Stiftung haben konnten, aber auch aus Naturaliengaben bestanden. Das galt als lobenswertes Verhalten, denn die Bewohner der Zawija lebten – zumindest in ihrer Idealvorstellung – von der göttlichen Vorsehung, das heißt von der Hand in den Mund. Der Scheik Al-Jadidi aus dem Kairuan des 14. Jahrhunderts pflegte einmal im Jahr eine große Schüssel mit Süßigkeiten zu machen, wofür er Butter, Honig, Früchte, Mehl und Nüsse verwendete. Einmal gab es keine Butter, doch da erschien im allerletzten Moment, völlig unerwartet, aus einem weit entfernten Dorf ein Mann mit einer Eselsladung Butter. Die Speise wurde zubereitet und die Schüssel mit der Süßigkeit in die Mitte des Hofes gestellt, so daß jeder, der eintrat, davon essen konnte. Nach der Vorstellung der Muslime hatte sich alles so zugetragen, wie es sein sollte.

Meine Seele spricht: Der Tod packt den Sünder.
Du gehst hinüber, ganz ohne Wegzehrung.

Da antworte ich: Sei still meine Seele.
Was brauch' ich Wegzehrung zum Tor der Vorsehung?[11]

Wir wissen nicht, wie die großen Säle der Alhambra im Alltag des Monarchen und seines Hofstaates verwendet wurden. Ihre Funktion ist größtenteils ungeklärt. Diese Säle sind Dokumente des Geistes, der hier geherrscht hat: einmal durch die komplizierten Konstruktionen und zum andern, weil sie eine politische Demonstration der fürstlichen Macht darstellten. Doch wie sich das Leben in diesen Räumen abspielte, ist uns völlig unbekannt. Die Legende hat sie mit Geschichten von gefangenen Prinzessinnen, ermordeten Männern, verliebten Damen und weisen Königen bevölkert. Architektonisches Können und größte Geschicklichkeit trafen beim Bau dieses kleinen Pavillons zusammen. Dieser Pavillon ragt an der Ostseite des Löwenhofes heraus, er bildet den Eingang zum Saal der Könige und überdacht den kleinen Kanal, in dem das Wasser zum Brunnen in der Mitte des Hofes fließt. In der Qarawiyin-Moschee von Fes stehen zwei ähnliche Pavillons, die an beiden Seiten des langen Innenhofes Brunnen beherbergen, an denen sich die Gläubigen waschen können. In der Alhambra ist diese Funktion vollkommen verlorengegangen. Die Pavillons hier haben nur noch Symbolwert.

Anmerkungen

Die Gesellschaftsstruktur, Seite 39–57

[1] Anon, *Dhakhirat al-saniya,* Hg. M. Ben Cheneb, Algier 1921, S. 186–88.

[2] *The Arts of Islam,* Ausstellungskatalog, Hayward Gallery, 8. April – 4. Juli 1976, Arts Council of Great Britain 1976, S. 306, Nr. 487.

[3] 'Abd al-Wahid al-Marrakushi, *History of the Almohades,* Hg. R. P. A. Dozy, Leiden [2]1881, Reprint Amsterdam 1968, S. 239.

[4] Ibn Khaldun, *Kitab al-Ibar,* Beirut 1956–61, VII, S. 347.

Das Wesen des Islam, Seite 59–71

[1] Koran, III, 21.

[2] Ebd., XXII, 23.

[3] Ibn Naji, *Maalim al-iman,* Tunis, AH 1320, 15–18, Zeilen 1–18 (Ibn Rashik).

[4] *Inscriptions Kairouanaises,* Hg. B. Roy und P. Poinssot, Bd. II, Fasz. 2, Paris 1958, S. 502, Nr. 363.

[5] Koran, LVII, 20.

[6] E. Lévi-Provençal, „En relisant le ‚collier de la colombe'", *Al-Andalus,* XV (1950), 335–75, Appendix I, 361–62.

[7] Ibn Bassam, *Al-Dhakhira fi mahasin ahl al-Jazira,* Teil IV, Bd. I, Kairo 1945, S. 231 (Anon).

Die Mentalität der Araber, Seite 73–89

[1] Koran, I, 1–5.

[2] Ibn Bassam, *Al-Dhakhira,* IV, I, 182 (Ibn Scharaf).

[3] Ebd., 181 (Ibn Scharaf).

[4] Ebd., 168 (Ibn Scharaf).

[5] Ebd., (Ibn Scharaf).

[6] Ibn Said, *El Libro de las Banderas de los Campeones,* Hg. und spanische Übersetzung: E. García Gómez, Madrid 1942, S. 84 (Ibn al-Zakkak).

[7] *Al-Dhakhira,* IV, I, 168 (Ibn Scharaf).

[8] *Las Banderas,* 45; Arberry, 67 (Abu Hafs).

[9] Ebd., 33; 47 (Ibn Mukana).

[10] Ebd., 31; 42–43 (Ibn Jakha).

[11] *Al-Dhakhira,* IV, I, 178 (Ibn Scharaf).

[12] *Las Banderas,* 86; Arberry, 144 (In Harik).

[13] *Al-Dhakhira,* IV, I, 181 (Ibn Scharaf).

[14] *Las Banderas,* 43; rberry, 63 (Ibn Schuhayd).

[15] *Al-Dhakhira,* IV, I, 183–84 (Ibn Scharaf).

[16] Al-Umari, *Masalik al-absar,* Bibliothèque Nationale, Paris, Nr. 2327, Fol. 44 vo. (Ibn Scharaf).

[17] *Las Banderas,* 67; Arberry, 107 (Ibn Said).

[18] Ebd., 84; 140 (Ibn al-Zakkak).

[19] Ebd., 88; 148 (Ibn Khafaja).

[20] Ebd., 62; 96 (Ibn Farsan).

[21] Ebd., 71; 114 (Ibn Said).

[22] Ebd., 52; 79 (Al-Hajjam).

[23] Ebd., 19; 19 (Al-Liss).

[24] Ibn Idhari, *Kitab al-Bayan al-Mughrib,* Hg. G. S. Colins und E. Lévi-Provençal, Bd. II, Leiden 1951, 227.

[25] *Al-Dhakhira,* I, I, 22.

Krieg und Frieden, Seite 109–121

[1] Ibn Abi Zar, *Rawd al-Qirtas,* lith. Fes, AH 1303, 228–30.

[2] Ebd.

[3] Ebd.

[4] Ebd.

[5] Chaucer, *The Canterbury Tales,* Prolog, Zeilen 56–57.

[6] De Mas Latrie, *Traites de paix et de commerce concernant les relations des chrétiens avec les Arabes de l'Afrique septentrionale au moyen-age,* Paris 1966, 27.

[7] *Laş Banderas,* 72–73; Arberry, 116 (Ibn Faraj).

[8] Ibn al-Arabi, *The Tarjuman al-Ashwaq; a collection of mystical odes,* Hg. und literar. Übersetzung: R. A. Nicholson, Oriental Translation Fund, New Series, XX, Royal Asiatic Society, London 1911, S. 15, Nr. 1, Zeile 4; Übers. 48.

[9] Koran, XXIV, 35.

[10] Ibn al-Arabi, *Tarjuman,* S. 15–16, Nr. 2; Übers. und Kommentar, 49–53.

[11] *Las Banderas,* 99; Arberry, 163 (Al-Munsafi).

Worterklärungen

Abd Sklave, Diener, Anbeter; üblicherweise in Verbindung mit Eigennamen, z. B. Abd al-Rahman, „Diener des Erbarmers".

Abu Vater; üblicherweise in Eigennamen, bedeutet oft ältester Sohn, z. B. Abu Yussuf Yakub, „Jakob, Vater von Josef".

al- Bestimmter Artikel (der, die, das).

Alim, Mehrzahl: *Ulama* „Mann der Weisheit," Schüler der Religionswissenschaften, besonders des islamischen Rechtes.

Allah = Al-Ilah, der Gott = Gott.

Almukantarat = al-Mukantar Wörtlich „gebogen, gekrümmt," Linie des Breitengrades, welche im Astrolab eingraviert ist.

Amir Führer, Befehlshaber, Herrscher; Titel des Herrschers.

Amir al-Muminin „Herrscher der Gläubigen", Titel des Kalifen.

Amir al-Muslimin „Herrscher der Muslime", Titel der Almorawiden- und Mariniden-Herrscher.

Azimut = al-Samt Wörtlich „der Weg", Linie des Himmelslängengrades.

Banu Söhne, für Familienzugehörigkeit gebraucht, z. B. Banu Omajja, „Söhne von Omajja", Omajjaden (siehe auch ibn).

Kalif = Khalifa Stellvertreter, Nachfolger (Mohammeds als Führer der Muslim-Gemeinde; im Falle des Mahdi Ibn Tumart als Nachfolger der Almohaden).

Diwan Register, Ministerium, Ratssitzung, die gesammelten Werke eines Dichters.

Genie = Dschinn Übernatürliches Wesen, Mittelding zwischen Engel und Teufel

Hammam Badehaus (türkisch).

ibn Sohn, als verwandtschaftliche Bezeichnung gebraucht, z. B. Ibn Khaldun, „Sohn des Khaldun" (siehe auch Banu).

Imam Führer der Muslim-Gemeinde.

Imam Einer der Titel der Fatimiden-Kalifen.

Islam Unterwerfung.

Islam Unterwerfung (unter Gott), der wahre Glaube.

Koran = Quran Das, was vorgelesen wird, das Buch von Gott.

Madrasa Ort des Studiums, Schule, Kollegium.

Mahdi „Der Rechtgeleitete", der von Gott geschickt wurde, um die himmlische Gerechtigkeit neu zu errichten.

Maghreb Der Westen oder, enger gesehen, Nordafrika.

Malikiten Anhänger der Malikiten-Schule des Rechts, eine der vier orthodoxen sunnitischen Schulen. Ihr Ursprung liegt in Medina, und im muslimischen Westen wurde sie die wichtigste Schule.

Mihrab Halbkreisförmige Nische in der langen Süd- oder Südostwand der Gebetshalle einer Moschee, welche die Gebetsrichtung anzeigt, nach der sich alle Gläubigen beim Gebet wenden müssen.

Moschee = Masdschid „Platz des Gebets", ein Gebäude, das vor allen Dingen zu Gebetszwecken errichtet wurde.

Mozaraber = Mustaribun „Möchte-gern-Araber", Christen, die im muslimischen Spanien lebten, aber arabisch sprachen und arabische Lebensweisen angenommen hatten.

Mudejar = Mudajjan Wörtlich „die Gezähmten", Muslime, die in Spanien nach der Reconquista Mitte des 13. Jahrhunderts unter christlicher Herrschaft lebten.

Muezzin = Muadhdhin „Rufer", der Ausrufer, der die Gläubigen zum Gebet herbeiruft.

Muktasib Wörtlich „der, der überwacht und Rechenschaft fordert", der Beamte, der den Marktplatz beaufsichtigte.

Muminun Der Gläubige, ursprünglicher Name für die arabischen Gemeindemitglieder.

Murabit Wörtlich „Mann des Ribat", Kämpfer im Heiligen Krieg, heiliger Mann.

Al-Murabitun Die Almorawiden, Berber-Nomaden aus der Sahara, die Anhänger Ibn Yasins.

Musallah Gebetsplatz, ein offener Platz vor den Toren der Stadt für Versammlungen und Massengebete.

Muslim Der Unterwerfer

Muslim Der für Gott unterwirft, Anhänger des Islam.

Al-Mowahiddun Die Almohaden, die die Einheit Gottes verkünden, Berber aus dem Hohen Atlas, Anhänger des Mahdi Ibn Tumart.

Muwallads Wörtlich „angenommene Kinder", spanische Christen, die, angefangen mit der westgotischen Aristokratie, zum Islam übergetreten sind und Araber wurden.

Muwaschschah Wörtlich „angebetet", arabische Dichtung im muslimischen Spanien, die sich spanischer Reime und Refrains aus der spanischen Volkssprache bediente.

Kadi Richter, der nach dem islamischen Recht richtet

Kasba Alcazaba, Festung, Zitadelle.

Kasr Alcázar, Festung, Palast.

Kasida Ode, klassische arabische Versform (Dichtungsart).

Kairawan Karawane, Rastplatz oder Lager einer Armee; das Wort gab auch der Stadt Kairuan ihren Namen.

Ribat Garnison, Festung zur Verteidigung der muslimischen Grenze gegen die Ungläubigen; Aufenthaltsort der heiligen Männer; der Heilige Krieg; sich dem Heiligen Krieg widmen.

Risala Brief, Titel einer Zusammenfassung des islamischen Rechts nach der Malikiten-Doktrin, verfaßt von Ibn Abi Zajd

Scharija Das islamische Recht.

Scheik Ältester, geistiger Führer.

Souk = Suq Markt (-Platz oder -Straße).

Sufi „Mann in Wolle", muslimischer Mystiker.

Sufismus Muslimische Mystik, Andacht.

Sultan „Mann der Macht", Macht, Herrscher, Staatsregierung.

Sunna „Sitte" (des Propheten), das Leben nach dem islamischen Recht, wie es von Mohammed vorgelebt worden war.

Tiraz Gewebtes Seidentuch; Inschriftenband auf dem Tuch; Fabrik, in der das Tuch hergestellt wird.

Al-Ud Das Holz, Lute (franz.).

Ulama Plural von Alim (s.o.).

Umm Mutter, findet in Eigennamen Gebrauch, gewöhnlich in Verbindung mit dem Namen des Erstgeborenen, z. B. Umm Mallal (Ziriden-Prinzessin).

Umran Zivilisation.

Zajal Versform im muslimischen Spanien, die im Alltagsarabisch verfaßt wurde.

ZEITTAFEL

SPANIEN (ANDALUSIEN)	MAROKKO	IFRIKIJA
		670 Gründung Kairuans
		700—705 Schaffung der Provinz Ifrikija
711 Tarik erobert Spanien		
732 Die Araber werden bei Poitiers besiegt		
	739 Berber-Revolution, ihr folgen Aufstände der Araber	
	750 Die Omajjaden werden in Damaskus von den Abbasiden gestürzt	
755 Ankunft des Omajjaden Abd al-Rachman in Spanien. In Andalusien wird eine Omajjaden-Dynastie errichtet	Die Berber werden unabhängig	
778 Karl der Große greift Saragossa an		Die Abbasiden gewinnen die Herrschaft von den arabischen Rebellen zurück
788 Hischam I. folgt Abd al-Rachman I. auf den Thron	Idris gründet Fes. Errichtung der Idrisiden-Dynastie	
796 Auf Hischam I. folgt Hakam I. In den Städten gibt es eine Reihe von Aufständen		
		800 Ibrahim ibn al-Aghlab gründet die Aghlabiden-Dynastie
813 Aufständische aus Córdoba siedeln sich in Fes, Ifrikija und Ägypten an		
822 Abd al-Rachman II. wird Nachfolger Hakams I.		In den Städten und in der Armee gibt es eine Reihe von Aufständen, bevor die Dynastie gesichert ist
Starker Einfluß abbasidischer Moden bei Hofe		**825** Auswanderung aus Kairuan nach Fes
		827 Eroberer aus Ifrikija dringen nach Sizilien ein. Die Eroberung dauert noch 100 Jahre an
852 Muhammad I. folgt Abd al-Rachman II. Christliche Märtyrer werden hingerichtet		
886 Al-Mundhir folgt Muhammad I.		
888 Al-Mundhirs Bruder Abd Allah folgt ihm auf den Thron		
In Bobastro herrscht Ibn Hafsun, die Autorität der Omajjaden beschränkt sich auf Córdoba		**890** Bei den Kutama taucht der Fatimiden-Missionar Abu Abd Allah auf
		909 Abu Abd Allah vertreibt die Aghlabiden aus Kairuan. Ubaid Allah al-Mahdi gründet eine fatimidische Kalifen-Dynastie
912 Abd al-Rachman III. al-Nasir folgt seinem Großvater Abd Allah auf den Thron Die Omajjaden erringen die Macht zurück		
		916 Die Fatimiden gründen Mahdia
927 Bobastro wird eingenommen		
928 Abd al-Rachman III. nimmt den Titel Kalif an („Herrscher der Gläubigen")	In Marokko Krieg zwischen Omajjaden und Fatimiden und deren verbündeten Berbern. Der Krieg dauert bis ans Ende des 10. Jahrhunderts.	
961 Hakam II. folgt Abd al-Rachman III.		
		969 Die Fatimiden erobern Ägypten
		972 Der Fatimiden-Kalif zieht nach Kairo um. In Ifrikija setzt er als Stellvertreter die Ziriden ein
976 Der minderjährige Hischam II. folgt Hakam II, auf dem Thron Ibn Abi Amir al-Mansur (Almanzor) wird der Regent der Omajjaden. Krieg mit den Christen Nordspanies		
1002 Tod Almanzors		
1009 Almanzors Sohn wird besiegt		
1013 Zerstörung Córdobas		
1031 Ende der Omajjaden-Dynastie. Zeitalter der Kleinen Könige der Stadtstaaten unter Führung Sevillas		
	1040 Ibn Yasin gründet die Almorawiden-Bewegung in der Sahara und beginnt den Heiligen Krieg	**1048** Der Ziride Muizz verweigert den Fatimiden die Gefolgschaft
		1052 Muizz wird vom Araberstamm Banu Hilal geschlagen und von seinen Untertanen im Stich gelassen.
	1057 Ibn Yasin stirbt, ihm folgt Abu Bakr	**1057** Muizz gibt Kairuan auf und geht nach Mahdia
	1069 Abu Bakr gründet Marrakesch und setzt Yussuf ibn Taschfin ein	Ifrikija löst sich in Stadtstaaten und Stammesterritorien auf
1085 Kastilien nimmt Toledo ein. Die Muslime wenden sich an Yussuf ibn Taschfin um Hilfe	Unter Yussuf erobern die Almorawiden Marokko	

SPANIEN (ANDALUSIEN)	MAROKKO	IFRIKIJA
1086—90 Yussuf ibn Taschfin erobert Andalusien und schickt die Kleinen Könige nach Marokko ins Exil		
1094 El Cid erobert Valencia		
1099 El Cid wird in Valencia belagert Yussuf ibn Taschfin nimmt den Titel „Herrscher der Muslime" an. Unter den Almorawiden werden Marokko und Andalusien vereinigt		
1106 Yussuf ibn Taschfin stirbt, ihm folgt sein Sohn Ali nach		
1118 Der König von Aragón erobert Saragossa		
	1120 Im Hohen Atlas gründet Ibn Tumart die Almohaden-Bewegung	
	1130 Ibn Tumart stirbt, Nachfolger ist sein Kalif Abd al-Mumin	
		1135 Die Normannen von Sizilien erobern Dscherba
	1141 Adb al-Mumin beginnt seinen Feldzug gegen die Almorawiden	
1143 Nach Ali ibn Yussuf ibn Taschfins Tod folgt ihm sein Sohn Taschfin		
	1145 Die Almohaden besiegen die Almorawiden, Taschfin stirbt	
		1146—49 Die Normannen erobern Tripolis, Gabes, Sfax, Mahdia, Sousse
1147 Die Almohaden erobern Sevilla. Der Almorawide Ibn Ghanija flieht nach Mallorca. Andalusien unabhängig. Ibn Mardanisch wird Herrscher von Murcia	**1147** Die Almohaden erobern Marrakesch	
		1152 Abd al-Mumin erobert den Zentral-Maghreb
		1159 Die Almohaden erobern Ifrikija und vertreiben die Normannen aus den Küstenstädten
	1163 Abd Al-Mumin stirbt, ihm folgt sein Sohn Abu Yaqub	
1172 Abu Yakub nimmt Murcia ein. Andalusien, Marokko und Ifrikija werden zu einem Almohaden-Reich mit den Hauptstädten Sevilla und Marrakesch vereint		
1184 Abu Yakub stirbt, ihm folgt sein Sohn Abu Yussuf. Die Kontroverse zwischen dem Almohaden-Kalifen und den Almohaden-Scheiks beginnt		
1195 Bei Alarcos werden die Kastilier von den Almohaden besiegt		Die Almorawiden von Mallorca dringen in Ifrikija ein
1199 Abu Yussuf stirbt, ihm folgt sein Sohn Al-Nasir		
1203 Die Almohaden erobern Mallorca von den Almorawiden zurück		
		1205—07 Al-Nasir besiegt die Almorawiden und macht Abu Muhammad al-Hafsi in Tunis zum Vizekönig
1212 Bei Las Navas de Tolosa werden die Almohaden von den Christen geschlagen		
1213 Al-Nasir stirbt, ihm folgt sein Sohn Al-Mustansir		
1227 Der Kalif Al-Adil wird ermordet. Sein Bruder Al-Mamun lehnt die Almohaden-Doktrin ab, marschiert in Marokko ein, besiegt die Almohaden-Scheiks und ergreift in Marrakesch die Macht		
	Das Almohaden-Reich löst sich auf	
1230 In Andalusien ergreift Ibn Hud die Macht	Yaghmurasin ergreift in Tlemcen die Macht und gründet die Zijaniden-Dynastie	Abu Zakarija al-Hafsi übernimmt die Führung der Almohaden und gründet in Tunis die Hafsiden-Dynastie
1236 Ferdinand von Kastilien erobert Córdoba, Portugal erobert die Algarve, Aragón erobert Valencia		
1248 Ferdinand erobert Sevilla Ibn al-Achmar, der Gründer der Nasriden-Dynastie von Granada, wird muslimischer Herrscher Spaniens		
	1250 In Fes entsteht die Mariniden-Dynastie	
		1270 Ludwig IX., König von Frankreich, greift mit Kreuzfahrern Tunis an
1275 Der Marinide Abu Yussuf dringt nach Spanien ein		
	1276 Das „Neue Fes" wird gegründet	
	1299—1307 Der Mariniden-Herrscher Abu Yakub belagert Tlemcen	
	1331 Der Marinide Abu 1-Hassan besteigt den Thron	
	1337 Die Mariniden erobern Tlemcen	
1340 Die Christen besiegen die Mariniden in Spanien		
1344 Algeciras fällt, und die Mariniden werden vertrieben		
		1347 Der Marinide Abu l-Hassan erobert Ifrikija
	1348 Abu Inan rebelliert gegen seinen Vater	
	1351 Abu l-Hassan stirbt, ihm folg Abu Inan auf den Thron	
		1352—57 Abu Inan erobert Ifrikija zurück
	1358 Tod Abu Inans. Die Macht der Mariniden ist geschwächt. Die Zijaniden kehren nach Tlemcen zurück	
1362—91 In Granada regiert der Nasride Muhammad al-Ghani		Die Hafsiden kehren nach Ifrikija zurück
	1415 Die Portugiesen erobern Ceuta	
	1458—91 Die Portugiesen nehmen Alcazarquivir, Tanger, Larache und Azemmour	
1479 Ferdinand und Isabella heiraten		
1492 Die beiden christlichen Monarchen erobern Granada		

Literaturhinweise

Unabhängig von nachfolgender Literaturauswahl in deutscher Sprache verweisen wir darauf, daß die meisten Bücher und Artikel zu diesem Thema in Französisch und Spanisch erschienen sind. Eine Erforschung aller Quellen war nicht möglich. Besondere Erwähnung verdient Oleg Grabars *Die Alhambra,* wegen seiner Diskussion der Ideen in Zusammenhang mit dem Festungspalast.

Battuta, Ibn, *Reisen ans Ende der Welt 1325–1353.* Das größte Abenteuer des Mittelalters, Tübingen [2]1975.

Brauer-Bergmann, Helmut, *Maurisches Spanien,* Berlin 1977.

Brönnle, P./Dieterici, F., *Die Staatsleitung von Alfarabi,* mit einer Einleitung „Über das Wesen der arabischen Philosophie" (Nachdruck der Ausgabe Leiden 1904), Frankfurt 1978.

Burckhardt, Titus, *Maurische Kultur in Spanien,* München 1970.

Die arabische Welt. Geschichte, Probleme, Perspektiven (Arabien-Ploetz), Freiburg 1978.

Die Verwandlung der Mittelmeerwelt, Hg. Maier, Franz (Fischer TB 9), Frankfurt 1980.

Diewald, Susanne, *Arabische Philosophie und Wissenschaft in der Enzyklopädie Kitab Ihwan as-safa',* Wiesbaden 1975.

Dozy, Reinhart P., *Geschichte der Mauren in Spanien bis zur Eroberung Andalusiens durch die Almoraviden 711–1110,* 2 Bde. (Nachdruck der Ausgabe 1874), Darmstadt 1965.

Grabar, Oleg, *Die Alhambra,* Köln 1980.

Hoenerbach, Wilhelm, *Araber und Mittelmeer.* Anfänge und Probleme arabischer Seegeschichte, Kiel 1967.

–, *Islamische Geschichte Spaniens,* Übersetzung der A'mal al A'lam (und ergänzender Text), München 1980.

Hunke, Sigrid, *Allahs Sonne über dem Abendland* (Fischer TB 6319), Frankfurt 1976.

Lauder, H./Niermann, H., *Lehm-Architektur in Spanien und Afrika,* Königstein 1980.

Lexikon der arabischen Welt. Historisch-politisches Nachschlagewerk. Hg. Ronart, N./Ronart, St., München 1978.

Lexikon der islamischen Welt, Hg. Kreiser, K./Diem, W./Maier, H. G., 3 Bde., Stuttgart 1974.

Mack, Heinrich, *Arabisch-Maurische Impressionen.* Von Andalusien zu den Königsstädten und Kasbahs von Marokko, Bovenden 1973.

Norwich, John J., *Die Normannen in Sizilien 1130–1194,* Wiesbaden [2]1973.

–, *Die Wikinger im Mittelmeer.* Das Südreich der Normannen 1016–1130, Wiesbaden 1968.

Palm, Rolf, *Die Sarazenen.* Weltreich aus Glaube und Schwert, Düsseldorf 1978.

Pellat, Charles, *Arabische Geisteswelt,* München 1978.

Ploetz, der große (Auszug aus der Geschichte) Freiburg [29]1980.

Ritter, Heinrich, *Über unsere Kenntnis der arabischen Philosophie.* (Nachdruck der Ausgabe Göttingen 1845), Frankfurt 1980.

Scholten, Arnhild, *Länderbeschreibung und Länderkunde im islamischen Kulturraum des 10. Jahrhunderts,* Paderborn 1977.

Schreiber, Hermann, *Halbmond über Granada.* Acht Jahrhunderte maurischer Herrschaft in Spanien, Bergisch Gladbach 1980.

Schumann, Olaf H., *Der Christus der Muslime,* Gütersloh 1975.

Southern, R. W., *Geistes- und Sozialgeschichte des Mittelalters.*

Strohmaier, Gotthard, *Denker im Reich der Kalifen,* Köln 1979.

Quellenverzeichnis

Werner Forman und der Verlag danken den folgenden Museen und Privatsammlungen für ihre Hilfe und die Erlaubnis zur Aufnahme der folgenden Fotos:

Biblioteca Nacional, Madrid: 16, 45, 94–95, 114, 115; Kunstgewerbemuseum, Berlin: 26; Mrs. Bashir Mohamed Collection, London: 14, 56, 74, 96, 117; Musée Archéologique, Tlemcen: 34 oben, 34 unten; Musée National du Bardo, Tunis: 11, 28 oben, 65; Museo Arqueológico Provincial, Granada: 10, 30, 116; Museo Arqueológico Provincial, Sevilla: 52 links; Museo de Arqueología Nacional, Madrid: 22, 52 rechts, 80, 81 oben, 87, 103 unten, 112; Museo Nacional de Arte Hispanomusulmán, Alhambra, Granada: 37, 69, 71; Museu d'Art de Catalunya, Barcelona: 4, 24, 67 oben, 70 oben, 110, 111; Museum für Islamische Kunst, Berlin: 1, 78 oben, 82, 92 oben, 92 unten, 113 unten; Museum of Art, Cleveland, besorgte aus dem J. H. Wade Fund: 15, 21, 29 oben; Museum of Fine Arts, Boston: 32, 49, 77; National Maritime Museum, London: 98, 99; Spink & Son Ltd., London: 53 (jetzt in der Sammlung Davids, Kopenhagen), 61, 81 unten (jetzt in einer Privatsammlung, Kuwait); Victoria and Albert Museum, London: 20, 90, 107.

Außerdem dankt Werner Forman für ihre Mithilfe:

Attmeol Ajjabi; Professor Martin Almagro Basch; Professor Klaus Brisch; Jan Fontein; Fernando Fernández Gómez; Amar Khelifa; Ursula Korneitchouk; Manuel Sánchez Mariana; Bashir Mohamed; Dr. Barbara Mundt; Ricardo Olmos Romera; Larry Salmon; Hipolito Escolar Sobrino; Dr. Johannes Zik; Juan Zozaya.

Namen- und Sachverzeichnis

Schräggedruckte Ziffern verweisen auf Abbildungen